「中國歷代繪刻本名著新編」編輯委員會

選題總策劃／周殿富

主　　編／張立華　武　學　張亞力

責任編輯／武　學　張　原

文字統籌／張　原　樂　琳　王曉彬

責任校對／宋　春　侯娟雅　王　斌

裝幀設計／張亞力　賀鵬翡　程　慧

技術編輯／王艾迪　段文輝　趙芝英

　　　　　程佳媛　樊　琪　趙洪岩

市場營銷／譚詩利　趙秀彥　楊藏藝

責任印制／劉　銀　范玉潔　熊環賓

中國歷代繪刻本名著新編

孔子三語集

孔子三語集【全四冊】

第一冊 孔子論語

第二冊 唐石刻論語

第三冊 孔子家語

第四冊 孔子集語

北京時代華文書局整理輯刊

文圖版【孔子三語集】

孔子家語

【魏】王肅 注
【明】吴嘉謨 集校
【清】黎庶昌 輯
張立華 點校

安徽人民出版社

中國歷代繪刻本名著新編

孔子家語

北京時代華文書局整理輯刊

總序

中國繪刻本圖籍上溯至唐宋拙樸的肇始，歷元明清初的宏大中發，延續到晚清民國精緻與粗劣的二元濫觴，各種綫描圖樣、彩繪册頁、圖籍畫譜千姿百態，版本浩如煙海。尤其是明清兩代宫廷專門延請了一批御用畫師與刻工，并欽命制作許多刻繪本圖籍，它無疑對刻繪本圖書臻達更高水平是一種推助。但可惜的是，歷經天災人禍，戰亂事變，西方列强的盗掠，許多優秀版本流失損毁頗多。而存世的版本或束藏于各大博物館、圖書館，或鎖閉于幽幽藏家之手，尋常讀者難得一見。或有今人整理出版，大多精装細裹索價不菲，一般讀者難以問津。至今仍使「文人畫」、「文人書」封禁在文人圈、官商場中，這無疑是一種對文化特權的維護。因而，如何讓那些古典繪刻本圖籍進入民間，以廉價、簡装的出版形式，讓大衆讀者買得到、買得起、讀得懂，讓古典繪刻本圖籍在新生代讀者手中傳承延續、發揚光大，就成爲了出版界的一個重要課題。

北京時代華文書局創社伊始即展開了這個專項的編輯出版工作。編輯們追尋購買國内外圖籍版本踪跡，致力資料搜求鈎沉累積，策劃、創意、精選、新編出版了這套以《中國歷代繪刻本名著新編》爲題的普及本文圖版叢書。

這套叢書在版本收録選擇上涵蓋了歷史上多種類的繪本、刻本、軸卷及典籍中的極品、精品；在體例上合縱連横、取捨有緒、融匯貫通地闡述表現一個主題；在編排上以圖爲主，導入典籍文獻、補述内容、新編增撰文字，間有簡體字譯注、補白，以便于識讀；在整理制作上著意凸顯原作原版圖像之美、書法之美、畫工刻工印工之美，保有傳統圖書的墨香、紙香、書卷之氣。而不拘泥于原版局限，重在讓讀者看得懂，買得起。這是本套叢書的出版宗旨。而本套叢書的可貴之處還在于它並不是簡單的影印、複制，而在于整理新編適于大衆閲讀上，而且還有諸多版本是一種文字與名畫的組合新編，具有市場品種唯一性的價值。這是本套叢書與任何一種已經面世的影印版不同的主要特徵。《中國歷代繪刻本名著新編》是一套順應時尚閲讀潮流、因繁就簡、平裝價廉、便于賞讀的嶄新古典繪刻本圖籍讀本。第一批選題近四十册，以後將陸續推出。誠望它的問世，能爲廣大讀者的精神文化生活增添一道精美而清新的膾炙之餐。是爲序。

張亞力　壬辰年冬月于北京謹識

《孔子三語集》點校前言

中國儒家創始人孔子，一生「述而不作」，故而這位偉大思想家、教育家的重要思想言行，都是由其弟子記錄整理並由後代學者編纂在《論語》、《集語》、《家語》等典籍中。西漢劉歆《六藝略》云：「《論語》者，孔子應答弟子時人及弟子相與言而接聞於夫子之語也。當時弟子各有所記，夫子既卒，門人相與輯而論纂，故謂之《論語》。」《論語》成書於戰國初期。因秦始皇焚書坑儒，到西漢時期僅有魯人口頭傳授的魯《論語》二十篇，齊人口頭傳授的齊《論語》二十二篇，以及從孔子舊宅夾壁中發現的古《論語》二十一篇。西漢末年，著名經學家張禹根據魯《論語》，參照齊《論語》，另成《張侯論》，成為當時的權威讀本，齊《論語》和古《論語》不久便亡佚。

對於《論語》書名的含義，宋邢昺解釋說：「鄭玄云：『……論者，綸也，輪也，理也，次也，撰也。』以此書可以經綸世務，故曰綸也；圓轉無窮，故曰輪也；蘊含萬理，故曰理也；篇章有序，故曰次也；群賢集定，故曰撰也。鄭玄《周禮》注云：『答述曰語。』以此書所載皆仲尼應答弟子及時人之辭，故曰語。」（《論語注疏解經序》）

《論語》現存二十篇，四百九十二章，其中記錄孔子與弟子及時人談論之語約四百四十四章，記孔門弟子相互談論之語四十八章。孔子是《論語》描述的中心，正如南朝梁劉勰在《文心雕龍·徵聖》所言：「夫子風采，溢于格言。」注解《論語》始於漢朝，但基本上都已亡佚，今所存最早且最有影響的是三國魏何晏的《論語集解》。

除了《論語》之外，還有一部記錄孔子言行的著作，這就是《孔子家語》。本書最早著錄於《漢書·藝文志》，只說「二十七卷」，沒有其他信息。唐顏師古注《漢書》加了一句「非今所有《家語》」，所謂「今所有《家語》」，指的是三國魏王肅注釋的十卷本《孔子家語》。王肅在自序中認為，東漢鄭玄注經「義理不安，違錯者多」，使得「聖人之門，方壅不通，孔氏之路，枳棘充焉」。於是，「奪而易之」，「開而辟之」，為《孔子家語》做注。並說該書是孔子二十二世孫孔猛家藏的先人之書。

王肅注的這部《孔子家語》又名《孔氏家語》，簡稱《家語》。今傳本共十卷四十四篇，除了有王肅注之外，書後還附有王肅序和《後序》。《後序》分為兩部分，前半部分內容以孔安國語氣所寫，一般稱之為「孔安國序」，後半部分內容為孔安國以後的人所寫，故稱之為「後孔安國序」，其中收有孔安國的孫子孔衍關於《孔子家語》的《奏言》。

宋代王柏著《家語考》，質疑《孔子家語》的真實性。清代姚際恒（《古今偽書考》）、范家相（《家語證偽》）、孫志祖（《家語疏證》）等也認為《孔子家語》是偽書。紀曉嵐在《四庫全書總目》中說：「反復考證，其出於肅手無疑。特其流傳已久，且遺文軼事，往往多見於其中，故自唐以來，知其偽而不能廢也。」但宋代理學家朱熹卻不以為然，清陳士珂和錢馥的《孔子家語疏證》序跋、黃震《黃氏日鈔》等也不認為《孔子家語》是偽書。

一九七三年，河北定縣八角廊西漢墓出土的竹簡《儒家者言》，內容與今本《家語》相近。一九七七年，安徽阜陽雙古堆西漢墓也出土了篇題與《儒家者言》相應的簡牘，內容同樣和《家語》有關。《孔子家語》偽書之說，不攻自破。

除了《論語》和《孔子家語》之外，還有兩種孔子言行事蹟彙編的《孔子集語》：一是宋朝薛據輯的兩卷本，二是清朝孫星衍輯的十七卷本，後者不但從文字數量上超出前者六七倍，而且從編輯品質上也大大超過前者。

孫星衍，字伯淵，一字淵如，是清朝著名的考據學家、金石學家、訓詁學家。孫星衍對薛氏輯本很不滿意，於是在晚年引疾歸田後，與其族弟星海、侄婿龔慶一起檢閱群籍，從《易經》的《十翼》、《禮記》的《小戴記》、《春秋左氏傳》、《孝經》、《論語》、《孟子》、《孔子家語》、《孔叢子》、《史記·孔子世家》、《史記·仲尼弟子列傳》以外的八十三種典籍中，采輯了八百一十三條孔子言行記錄，並仿照《說苑》的體裁按類編排，共分十四篇十七卷，前十篇反映孔子的基本思想，後四篇多屬於孔子的生平事蹟和寓言故事。初稿纂成之後，又請著名學者嚴可均進行審校，前後歷時六年成書。孫氏輯本不僅重視材料的收集，還注明每一條材料的出處，並把內容相同或相近的材料排列在一起，而且對疑誤之處加上校勘按語，具有很高的學術價值。

我們這次編纂《中國歷代繪刻本名著新編》，將《論語》、《孔子家語》與孫星衍的《孔子集語》合編為《孔子三語》，並配以唐閻立本繪的《孔子弟子畫像》，以飨讀者。

《論語》選用日本南朝後村上天皇正平甲辰本《論語集解》與唐代石刻《論語》。正平甲辰為中國元順帝至正二十四年（一三六四年），該本是根據隋唐舊鈔刻印的，字句與今本差異甚夥，但往往合于唐陸德明的《經典釋文》，「字畫亦奇古」，因而具有極為重要的版本價值。另附有清阮元校刻本《論語》簡體標點原文，以便進行比較閱讀研究。

唐代石刻《論語》為唐石刻十二經之一。唐初詔命經學大師賈公彥、孔穎達訂正經籍，著名書法家、文字學家、「筆虎」李陽冰提議鐫刻大唐石經。他在《上李大夫論古篆書》中说：「常痛孔壁遺文，汲塚舊簡，年代浸遠，謬誤滋多。」「魚魯一惑，涇渭同流，學者相承，靡所遷復。每一念至，未嘗不廢食雪泣，攬筆長歎焉。」「誠願刻石作篆，備書六經，立於明堂，為不刊之典，號曰大唐石經。使百代之後，無所損益。」李陽冰的建議虽然當時並沒有被採納，但唐之建言立石經者以此為朔。

大曆十年（七七五年），詔儒官校定經本，送尚書省。翌年，國子司業張參詳定五經，書於長安務本坊國子監講論堂東西廂之壁。大和七年（八三三年）二月，御史大夫鄭覃（後任宰相）上奏：「請召宿儒奧學，校定六籍。準後漢故事，勒石於太學，永代作則，以正其闕。」鄭覃長於經學，稽古守正，且頗受唐文宗賞識。文宗遂敕唐玄度覆定九經字體，多以張參五經文字為準。十二月，有詔刻石經於講論堂兩廊，至開成二年（八三七年）完成，以拓本及石經圖一軸呈進。計有：《周易》九卷、《尚書》十三卷、《毛詩》二十卷、《周禮》十二卷、《儀禮》十七卷、《禮記》二十卷、《春秋左傳》三十卷、《公羊傳》十一卷、《穀梁傳》十二卷、《孝經》一卷、《論語》十卷，凡二百二十七石，六十五萬二百五十二字，每石兩面鐫刻。後世所稱「十三經」，只缺《孟子》。諸經皆白文無注，每卷卷題次行書某某注者，以明所據之本。其中《論語》十卷，用三國魏何晏集解本。

唐代石經，不僅是現存最早、最完整的儒學經典石刻，是「古本之終，今本之祖」，而且具有很高的書法藝術價值。石經的書寫鐫刻者艾居晦、陳玠、段絳、章師道、楊敬之等均為當時著名的書法鐫刻家，字體參用歐陽詢、虞世南、褚遂良和薛稷的楷書筆法，唯各卷題首及各經後的字數一行為隸書。

因為經書文字校勘的緣故，唐石經在大和、開成年間，就有隨刻隨改的情況。乾符三年（八七六年），張參的後人自牧又磨修補刻了一些文字。嘉靖三十四年（一五五五年）地震，經石撲損。萬曆十六年（一五八八年），西安府學官葉時榮、生員王堯典等，案舊文集其缺字，別刻小石立於碑旁。一些拓本的裝裱者就直接把小石補刻的文字嵌入正本的闕文中。後人不察，誤從裝裱本以補字之紕繆，反倒滋生了不少訛誤。

五代後唐長興三年（九三二年）二月，中書門下奏請依據唐代石經文字刻《九經》印板。敕令國子監集博士儒徒，將唐代石經本，「各以所業本經，廣為鈔寫，子細看讀。然後顧召能雕字匠人，各部隨帙刻印，廣頒天下。」歷經宋、元、明，各種刻本層出不窮，轉刻轉誤。清代校勘家嚴可均，根據新拓本之未裝冊者撰成《唐石經校文》十卷，對唐石經摹刻本中的磨改、殘損、訛誤、奪衍等做了認真的考訂。民國十五年（一九二六年），山東掖縣張氏（宗昌）皕忍堂依據唐石拓本影摹刻板印刷《景刊唐開成石經》，包括十二經、五經文字、九經字樣和嚴氏《唐石經校文》等共十四函七十四冊，成為唐代石經最權威的摹刻本。今據此版影印其中的《論語》。為了便於閱讀，在每頁之下附上簡體標點釋文，書中的避諱字和明顯的訛誤字，全部改為通用正字。

《孔子家語》選用明萬曆年間吳嘉謨集校的《孔子家語圖》本，「圖按聖跡之遺，文仍王本之舊」，「庶同志者統觀家語，可以窺聖經之全，而首按其圖，又可以窺聖人之跡」。書前有吳嘉謨的自序和常熟王鏊的題辭，書後有楊士經的跋。孫星衍的《孔子集語》用清嘉慶二十年冶城山館本，此為該書首刊本，因係孫星衍組織編撰刻印，故通稱「陽湖孫氏本」，又因收入《平津館叢書》，亦稱「平津館原本」。每頁都有簡體標點原文，以便閱讀。

郁達夫先生說：「沒有偉大的人物出現的民族，是世界上最可憐的生物之群；有了偉大的人物，而不知擁護、愛戴、崇仰的國家，是沒有希望的奴隸之邦。」孔子是中華民族最偉大的人物，正是因為有了偉大的孔子，我們纔脱離了「最可憐的生物之群」，我們這個民族纔稱得上偉大的民族！正是因為我們擁戴、崇仰孔子，我們這個國家纔脱離了「沒有希望的奴隸之邦」！

孔子的思想智慧是全人類最寶貴的精神財富。西班牙思想家葛拉西安說：「他人的機智語言，他人的非凡事蹟，任何有才之人借鑒，都能播下敏鋭的種子。悟力使這些種子萌芽，繁滋而為豐富的花蕾，終而結實為機智的收成。」印度大詩人、諾貝爾文學獎得主泰戈爾說：「教育的最大目的是『叩擊心靈』。」孔子的言行幾乎盡在《孔子三語》中，「仰之彌高，鑽之彌堅」，他那機智語言，他那非凡事蹟，將叩擊每一位中國人的心靈。孔子的思想將在每一位中國人的腦海中播下敏鋭的種子，繁滋為豐富的花蕾，結實為機智的收成！

張立華　壬辰初冬記于北京後沙峪居廣居

孔子家語圖　目録

孔聖家語圖

《孔子家語圖叙》（明吴嘉謨）003
《孔子家語圖叙》簡體標點釋文 009
《孔聖家語圖題辭》（明王鏊）010
《孔聖家語圖題辭》簡體標點釋文 013
《孔聖家語圖叙》（明王世貞）014
《孔聖家語圖叙》簡體標點釋文 018
《家語圖》凡例 019
《家語圖》凡例簡體標點釋文 023
《孔聖家語圖》原目録 025

卷之一

先聖像 031
先聖孔子異質 032
先聖孔子異質簡體標點釋文 033
禱嗣尼丘 034
麟吐玉書 036
誕聖降祥 038
天樂文符 040
戲陳俎豆 042
筮仁委吏 044
載官乘田 046
賜鯉名兒 048
學琴師襄 050
問禮老聃 052
訪樂萇弘 054
觀周欹器 056
在齊聞韶 058
嬰沮齊封 060
退修授業 062
爲宰中都 064
夾谷會盟 066
誅亂兩觀 068
請墮三都 070
受東遺行 072

圍匡自信 074
次乘衛靈 076
習禮宋郊 078
東門貽誚 080
陳庭辯矢 082
寄心擊磬 084
禮衰去衛 086
厄陳絶糧 088
反蔡問津 090
臨河傷類 092
觀臺釋戮 094
楚封見沮 096
季康幣迎 098
刪述六經 100
著作告成 102
西郊泣麟 104
夢奠兩楹 106
葬魯泗上 108
漢高崇祀 110

附歷代贊咏

唐睿宗御制宣聖贊 112
宋太祖御制宣聖贊 112
真宗御制宣聖贊 112
徽宗御制宣聖贊 113
高宗御制宣聖贊 113
理宗御制宣聖贊 113
正考父贊 114
小引贊 114
石刻像贊 115
謁廟贊 115
顔母山贊 116
手植檜贊 116
手植檜聖像贊 117

杏壇銘 118
手植檜銘 118
魯壁銘 119
詩禮堂銘 122
金絲堂銘 124
宋人詩 126
題祖聖詩二首 126
題祖聖手植詩檜詩 126
題手植檜詩 127
謁孔廟詩 128
題孔林詩 129
元人詩 129
三人相和詩 130
國朝詩 133
祖陵懷古 136
孔壇老杏詩 136
題尼山毓聖祠詩 137
題宣聖墓詩 137

卷之二
相魯第一 138
始誅第二 145
王言解第三 150
大婚解第四 158
儒行解第五 163
問禮第六 171
五儀解第七 177

卷之三
致思第八 188
三恕第九 205
好生第十 214

卷之四
觀周第十一 228
弟子行第十二 234
賢君第十三 247
辨政第十四 254

孔子家語

卷之五
六本第十五 264
辯物第十六 279
哀公問政第十七 291
卷之六
顏回第十八 300
子路初見第十九 307
在厄第二十 315
入官第二十一 322
困誓第二十二 330
五帝德第二十三 340
卷之七
五帝第二十四 348
執轡第二十五 352
本命解第二十六 363
論禮第二十七 369
卷之八
觀鄉射第二十八 378
郊問第二十九 383
五刑解第三十 388
刑政第三十一 394
禮運第三十二 398
卷之九
冠頌第三十三 416
廟制第三十四 420
辯樂解第三十五 426
問玉第三十六 433
屈節解第三十七 440
卷之十
正論解第三十八 456
曲禮子貢問第三十九 483
曲禮子夏問第四十 499

曲禮公西赤問第四十一　515

卷之十一

本姓解第四十二　524
終記解第四十三　529
七十二弟子解第四十四　533
孔子家語圖跋（明楊士經）　554
《孔子家語圖跋》簡體標點釋文　556

四部从刊本《孔子家语》简体标点

卷一

相鲁第一　558
始诛第二　559
王言解第三　560
大婚解第四　561
儒行解第五　563
问礼第六　564
五仪解第七　565

卷二

致思第八　568
三恕第九　571
好生第十　573

卷三

观周第十一　575
弟子行第十二　577
贤君第十三　579
辩政第十四　581

卷四

六本第十五　583
辩物第十六　587
哀公问政第十七　589

卷五

颜回第十八　590
子路初见第十九　592
在厄第二十　594

入官第二十一 595
困誓第二十二 597
五帝德第二十三 599

卷六

五帝第二十四 600
执辔第二十五 601
本命解第二十六 603
论礼第二十七 604

卷七

观乡射第二十八 606
郊问第二十九 607
五刑解第三十 608
刑政第三十一 609
礼运第三十二 610

卷八

冠颂第三十三 612
庙制第三十四 613
辩乐解第三十五 614
问玉第三十六 615
屈节解第三十七 616

卷九

七十二弟子解第三十八 619
本姓解第三十九 623
终纪解第四十 624
政论解第四十一 625

卷十

曲礼子贡问第四十二 630
曲礼子夏问第四十三 634
曲礼公西赤问第四十四 637

孔聖家語圖

孔子家語圖敘

余按。家語。孔安國得之魯恭王壁藏文也。篇凡四十有四。劉更生氏校讐。去其二之一。後王肅復得之孔猛家。目與安國合。則四十四篇其全文也。王文恪公嘗錄其全而家藏之。余得其本。繹其義。遐想其公卿大夫所與接。聖賢弟子所與遊。恍若得於心目間。而恨不獲一覩其範有年矣。歲丁亥。余師澹所楊公捧冊魯藩過闕里。謁孔林。獲所傳聖蹟圖。歸而授余。覽之生平行縣具見於繪帙中。昔日羣侯卿大夫之所接。弟子之所遊。展冊輒了了。余感而嘆曰。士君子後孔氏而生。即不獲坐杏壇中側聞大聖人咳末亦。不獲邇郰魯鄉晉接大聖人動止。僅僅口其遺書。目其遺蹟。而大聖人垂訓範於當年

者。一一若面揍而躬承。則萬世而後。聿存
聖人之語與其遺跡而俾後學之士。宛如
化雨中人。而大聖人之遺訓遺範。亦賴以
不泯則圖語皆道之寄也。統之不可廢置。
家語固當與諸聖經並傳。而此圖所繪與
語中所載大都相表裏。必合圖與語而大
聖人之言動始全。余患目弗獲赴戊子省
試。養靜山房者數越月。因取王氏藏本。按

孔氏全書與揚師所授圖。考究其槩。或不無異同缺畧之差。余遂緝爲一書。圖按聖蹟之遺。文仍王本之舊。其先後則以孔氏全書爲據。編秊則尊周而次及于魯衛及于列國。考古名公釋論。而以意按之。其毀蝕無考者。則俟博學君子補焉。名曰孔聖家語圖。僭以按之。剞劂氏庶同志者統觀家語。可以窺聖經之全。而首按其圖。又可

以見聖人之蹟刻

今天子明黜異學，諸不在孔氏之書者禁不得進，則家語固聖經所散見，而此書之行，未必無裨于聖教之萬一也。或曰：安國附會聖經，以誣來學，而重附會之，則誣生乎？無一樹立，而妄以意按其事，則僭；語與圖本不相類，而敢于牽合其說，則謬。嗟嗟，茍其有裨于聖教之萬一，則僭耶，誣耶，謬耶。余又何辭。
萬曆己丑歲孟春人日。武林後學吳嘉謨
謹敘。

《孔子家语图叙》简体标点释文

余按：《家语》，孔安国得之鲁恭王壁藏文也，篇凡四十有四。刘更生氏校雠，去其二之一，后王肃复得之孔猛家，目与安国合，则四十四篇，其全文也。王文恪公尝录其全而家藏之，余得其本，绎其义，遐想其公卿、大夫所与接，圣贤、弟子所与游，恍若得于心目间，而恨不获一睹其范有年矣。岁丁亥，余师澹所杨公捧册鲁藩，过阙里，谒孔林，获所传《圣迹图》，归而授余。览之，生平行概具见于绘帙中，昔日群侯、卿大夫之所接，弟子之所游，展册辄了了。余感而叹曰：「士君子后孔氏而生，即不获坐杏壇中侧闻大圣人咳末，亦不获迩邾鲁乡晋接大圣人动止，仅仅口其遗书，目其遗迹，而大圣人垂训范于当年者，一一若面接而躬承，则万世而后，幸存圣人之语与其遗迹而俾后学之士，宛如化雨中人。而大圣人之遗训遗范，亦赖以不泯，则图语皆道之寄也。统之不可废置，家语固当与诸圣经并传。而此图所绘，与语中所载大都相表里，必合图与语而大圣人之言动始全。余患目弗获赴戊子省试，养静山房者数越月，因取王氏藏本，按孔氏全书与杨师所授图，考究其概，或不无异同缺略之差。余遂缉为一书，图按圣迹之遗，文仍王本之旧。其先后则以孔氏全书为据，编年则尊周而次及于鲁，旁及于列国。考古名公辩论，而以意按之，其毁蚀无考者，则竢博学君子补焉，名曰《孔圣家语图》。僭以授之，剞劂氏庶同志者统观《家语》，可以窥圣经之全，而首按其图，又可以见圣人之迹。矧今天子明黜异学，诸不在孔氏之书者禁不得进。则《家语》固圣经所散见，而此书之行，未必无裨于圣教之万一也。或曰：「安国附会圣经，以诳末学，而重附会之，则诬生平无一树立。而妄以意按其事，则僭语与图本不相类，而敢于牵合其说则谬。」嗟嗟，苟其有裨于圣教之万一，则僭耶、诬耶、谬耶，余又何辞？万历己丑岁孟春人日，武林后学吴嘉谟谨叙。

孔聖家語圖題辭

常熟王鏊題

予少則讀家語。閲它書有云事見家語者無之訝焉而莫知所謂。一日。閲漢藝文志。載家語二十七卷顔師古註云。非今所有家語也乃知家語所有不同徧索舊本不可得。一日至書館。有家語曰王肅註者。閲之則今本所無多具焉。乃知今本爲近世妄庸所冊削也。序稱家語皆當時公卿大夫及諸弟子咨訪問荅之語。弟子取其正實切事者爲論語。其餘集之爲家語。屬文下辭。頗有繁而不要者。弟子材或有優劣故也。漢初散在人間。好事者或各以意增損故使事同而辭異。孔衍爲戴聖以禮記不足。乃取家語及子思孟軻荀卿之書以裨益之。後人見其文已見禮記。則除家語本篇。是爲滅其原而存其末也。然則家語出諸弟子。固有不同。漢初則紊之戴聖。又紊之近世妄庸。又紊之經。三紊亂孔氏之舊存者幾何。幸王肅本尚存。而人間已難得。以何燕泉之好古謂不可得。而予偶得之。豈亦天之未喪斯文也歟。

《孔圣家语图题辞》简体标点释文

常熟王鏊题

予少则读《家语》，阅它书有云事见《家语》者无之，讶焉而莫知所谓。一日，阅汉《艺文志》，载「《家语》二十七卷」，颜师古注云：「非今所有《家语》也。」乃知《家语》所有不同，遍索旧本不可得。一日至书馆，有《家语》曰王肃注者，阅之则今本所无多具焉，乃知今本为近世妄庸所删削也。序称《家语》皆当时公卿、大夫及诸弟子咨访问答之语，弟之取其正实切事者为《论语》，其余集之为《家语》。属文下辞，颇有繁而不要者，弟子材或有优劣故也。汉初散在人间，好事者或各以意增损，故使事同而辞异。孔衍为戴圣以《礼记》不足，乃取《家语》及子思、孟轲、荀卿之书以裨益之。后人见其文已见《礼记》，则除《家语》本篇，是为灭其原而存其末也。然则《家语》出诸弟子，固有不同。汉初则紊之戴圣，又紊之近世妄庸，又紊之经，三紊乱，孔氏之旧存者几何。幸王肃本尚存，而人间已难得，以何燕泉之好古谓不可得，而予偶得之，岂天之未丧斯文也欤！

孔聖家語圖叙

瑯琊王世貞譔

王子曰。儒者誦法孔子。將統一聖真羽翼經傳是務。自非好學深思。攷究行事。有不能執則嚴範云顧自經統劄而為諸子諸子散而為百家。駢拇枝指。緐於詞哉。而至是乃諸籍並揭獨弁髦吾孔氏家語置弗喙。蓋余每觀都人士語玄同。譚室相。歌楚些。矣瓠落雕龍之辯。不嘗歆表家語為世儒範也。世儒徒謂家語家語耳。平平無奇。罔念中所載率孔氏當年家法。以故浸淫百氏。百氏之說茂而聖經幾蝕。維時吳生以家語圖。紹介來謁。且乞之敘。余惟黃鐘毀棄。瓦釜雷鳴。所從來久遠。顧諦相魯儒行及論禮辨樂等篇。撰聖經若出一轍。又況彼漆園傲吏托大。聖為重言。世儒至津

〻譚之。矧家語言〻孔氏吻哉。舍家語又
安所尋。孔氏枝旟篤聖經佐也。昔太史公
周游名山大川。及適魯。觀仲尼車服禮器。
至低囬留之不能去。今其言若行與蹟。脩
載是編中。世儒有能手之作如是思維。掎
樹什勛於經傳。獨柰何輕弃去顧百氏宗
也。不然尊孔氏之學以臨百氏。夫孰能不
波。猶自勤俞兒狄牙善而羞。與吾口嗛哉。

或曰。吳生是編。核而真。詳而有體。王子宜爲叙。其功不在安國下。廼胡斤〻世儒喋也。世儒置家語而宗百氏。吳生獨否。喋世儒功吳生也。若廼吳生所標次。他叙中論之盖詳。王子不贅。

《孔圣家语图叙》简体标点释文

琅琊王世贞撰

王子曰：儒者诵法孔子，将统一圣真、羽翼经传是务。自非好学深思，考究行事，有不能轨则严范云。顾自经统剖而为诸子，诸子散而为百家，骈拇枝指，繁于词哉。而至是乃诸籍并揭，独弁髦吾《孔子家语》置弗喙。盖余每观都人士语玄同，谭空相，歌楚些，多瓠落雕龙之辩。不尝欲表《家语》为世儒范也。世儒徒谓《家语》《家语》耳，平平无奇，罔念中所载率孔氏当年家法，以故浸淫百氏，百氏之说茂而圣经几蚀。维时吴生以《家语图》绍介来谒，且乞之叙。余惟黄钟毁弃，瓦釜雷鸣，所从来久远。顾谛《相鲁》、《儒行》及《论礼》、《辨乐》等篇，揆圣经若出一辙。又况彼漆园傲吏托大，圣为重言，世儒至津津谭之。刿《家语》言言孔氏吻哉，舍《家语》又安所寻？孔氏枝旟为圣经佐也。昔太史公周游名山大川，及适鲁观仲尼车服、礼器，至低回留之不能去。今其言若行与迹，备载是编中，世儒有能手之作如是思维，将树什勋于经传，独奈何轻斥去顾百氏宗也？不然尊孔氏之学以临百氏，夫孰能不波？犹自勤俞见狄牙善而羞，冀吾口嗛哉？

或曰：「吴生是编，核而真，详而有体，王子宜为叙。其功不在安国下，乃胡斤斤世儒喋也？」世儒置《家语》而宗百氏，吴生独否喋世，儒功吴生也。若乃吴生所标次，他叙中论之盖详，王子不赘。

家語圖凡例

一標題何以稱孔聖集覽曰素王之風孔聖之風化也故以孔聖標之而曰家語圖者從安國之舊名而增其圖耳

一自天子王侯學士大夫幼如童蒙遠如四夷微如市販愚如婦人女子莫不歆想見聖人之儀容故以孔廟所藏衣燕居服行教闕里小像最真繡於卷首

一先聖歷年事蹟雜見傳記諸書者多牽合附會莫可據信惟家語史記及孔氏世譜載先聖歷

年事蹟頗詳今謹據其說續以聖蹟圖彙成四十幅而以意按之於後以便考古者稽焉

一按魯壁銘云先聖當周之衰則否屬魯之亂則晦及秦之暴則廢遇漢之王則興誦斯言也頤廢興雖於孔聖無加損而使後世復覩大聖人之道皎然如上古者漢高一祀之力耶故以漢高祀先聖終其圖焉

一歷代賛詠載於諸書者甚多不能盡述兹録其一二附於一卷末俾後學者覽焉非敢有選擇云

一家語中記載間有闕畧而文不相蒙其雜見禮經子史反爲周詳而未經聖賢刪定者分行補註其闕文之下

一家語之文別見於經史百家者其註疏之說辭雖不一皆或可以發明王註之所未及乃參伍其辭以補註之

一語中所引詩書王註多與今文必異今皆以篇章之名係詩書之辭之下以便叅解

一王註簡嚴未易卒解者即按經史註疏本文節抄於王註之後

一王註傳寫雖訛無經史可據及毀蝕無文可考皆闕之以俟知者

一篇章次序今依何孟春氏編次

家語圖凡例終

《家语图凡例》简体标点释文

一 标题何以称「孔圣」？《集览》曰：「素王之风，孔圣之风化也。」故以「孔圣」标之。而曰「家语图」者，从安国之旧名而增其图耳。

一 自天子、王侯、学士、大夫，幼如童蒙，远如四夷，微如市贩，愚如妇人、女子，莫不欲想圣人之仪容。故以孔庙所藏衣燕居服行教，阙里小像最真，绣于卷首。

一 先圣历年事迹，杂见传记诸书者，多牵合附会，莫可据信，惟《家语》、《史记》及《孔氏世谱》载先圣历年事迹颇详。今谨据其说，续以《圣迹图》，汇成四十幅而以意按之于后，以便考古者稽焉。

一 按鲁壁铭云：「先圣当周之衰则否，属鲁之乱则晦，及秦之暴则废，遇汉之王则兴。」诵斯言也，顾废兴虽于孔圣无加损，而使后世复睹大圣人之道，皎然如上古者，汉高一祀之力耶。故以汉高祀先圣终其图焉。

一 历代赞咏载于诸书者甚多，不能尽述。兹录其一二附于一卷末。俾后学者览焉，非敢有选择云。

一 《家语》中记载，间有阙略。而文不相蒙，其杂见礼经子史反为周详，而未经圣贤删定者，分行补注其阙文之下。

一 《家语》之文别见于经史百家者，其注疏之说辞虽不一，皆或可以发明王注之所未及，乃参伍其辞以补注之。

一 语中所引《诗》、《书》，王注多与今文少异。今皆以篇章之名系《诗》、《书》之辞之下，以便参解。

一 王注简严未易卒解者，即按经史注疏本文节抄于王注之后。

一 王注传写虽讹，无经史可据及毁蚀无文可者皆阙之，以俟知者。

一 篇章次序，今依何孟春氏编次。

按《祖庭广记》云：先圣生有异质，凡四十九表：反首、注面〔立华按：「注」乃「洼」之讹。〕、月角、日准、河目、海口、龙颡、蚪唇〔立华按：「蚪唇」乃「牛唇」之讹。〕、昌颜、均颐、辅喉、骈齿、龙形、龟脊、虎掌、胼胁、脩肱、参膺、圩顶、山脐、林背、翼臂、注头〔立华按：「注头」一作「窐头」。〕、阜频、堤眉、地足、谷窍、雷声、泽腹、脩上、趋下、末偻、后耳，面如蒙倛，手垂过膝，耳垂珠庭；眉有一十二彩，目有六十四理；立如凤峙，坐如龙蹲；手握天文，足履度字；望之如仆，就之如升，视若营四海，〔立华按：一本此下有「耳垂珠庭，其颈似尧，其颡似舜，其肩类子产，自腰以下不及禹三寸。〕躬履谦让，胸有文曰「制作定世符」，身长九尺六寸，腰大十围。

武林弟子吴嘉谟谨述

孔聖家語圖目録

一卷

先師遺像　禱嗣尼丘
麟吐玉書　誕聖降祥
天樂文符　戲陳俎豆
筮仕委吏　載官乘田
賜鯉名兒　學琴師襄
問禮老聃　訪樂萇弘
觀周欹器　在齊聞韶
嬰沮齊封　退脩授業

為宰中都　夾谷會盟

誅亂兩觀　請隳三都

受樂遄行　圍匡自信

次乘衛靈　習禮宋郊

東門貽誚　陳庭辯矢

寄心擊磬　禮衰去衛

厄陳絕糧　反蔡問津

臨河傷類　觀臺釋戮

楚封見沮　季康幣迎

刪述六經　著作告成

西郊泣麟　夢奠兩楹
葬魯泗上　漢高崇祀
附歷代贊詠
二卷
相魯第一　始誅第二
王言解第三　大昏解第四
儒行解第五　問禮第六
五儀解第七
三卷
致思第八　三恕第九

好生第十

四卷

觀周第十一　弟子行第十二

賢君第十三　辯政第十四

五卷

六本第十五　辯物第十六

哀公問政第十七

六卷

顏回第十八　子路初見第十九

在厄第二十　入官第二十一

困誓第二十二　五帝德第二十三
七卷
五帝第二十四　執轡第二十五
本命解第二十六　論禮第二十七
八卷
觀鄉第二十八　郊問第二十九
五刑解第三十　刑政第三十一
禮運第三十二
九卷
冠頌解第三十三　廟制解第三十四

辨樂第三十五　問玉第三十六
屈節解第三十七
十卷
正論解第三十八　曲禮子貢問第三十九
曲禮子夏問第四十　曲禮公西赤問四十一
十一卷
本姓一作姶解四十二　終記解第四十三
七十二第子解第四十四
孔聖家語圖目録終

先聖像
新都程起龍伯陽甫薰沐寫
歙人黃組鐫

先聖孔子异質

按祖庭廣記云先聖生有異質凡四十九表反首注面月角日準河目海口龍顙斗脣昌顏均頤輔喉駢齒龍形龜脊虎掌胼脇脩肱參膺圩頂山臍林背翼臂注頭阜脥堤眉地足谷竅雷聲澤腹脩上趨下末僂後耳面如蒙倛手垂過膝耳垂珠庭眉有一十二彩目有六十四理立如鳳峙坐如龍蹲手握天文足履度字望之如仆就之如升視若營四海躬履謙讓腰有文曰制作定世符身長九尺六寸腰大十圍

武林弟子吳嘉謨謹述

先圣孔子异质简体标点释文

按《祖庭广记》云：先圣生有异质，凡四十九表：反首、注面〔立华按：「注」乃「洼」之讹。〕、月角、日准、河目、海口、龙颡、蚪屭〔立华按：「蚪屭」乃「牛唇」之讹。〕、昌颜、均颐、辅喉、骈齿、龙形、龟脊、虎掌、胼胁、修肱、参膺、圩顶、山脐、林背、翼臂、注头〔立华按：「注头」一作「窐头」。〕、阜颊、堤眉、地足、谷窍、雷声、泽腹、修上、趋下、末偻、后耳，面如蒙倛，手垂过膝，耳垂珠庭；眉有一十二彩，目有六十四理；立如凤峙，坐如龙蹲；手握天文，足履度字；望之如仆，就之如升，视若营四海，〔立华按：一本此下有「耳垂珠庭，其颈似尧，其颡似舜，其肩类子产，自腰以下不及禹三寸。〕躬履谦让，胸有文曰「制作定世符」，身长九尺六寸，腰大十围。

武林弟子吴嘉谟谨述

祷嗣尼丘

孔聖父母圖　一集

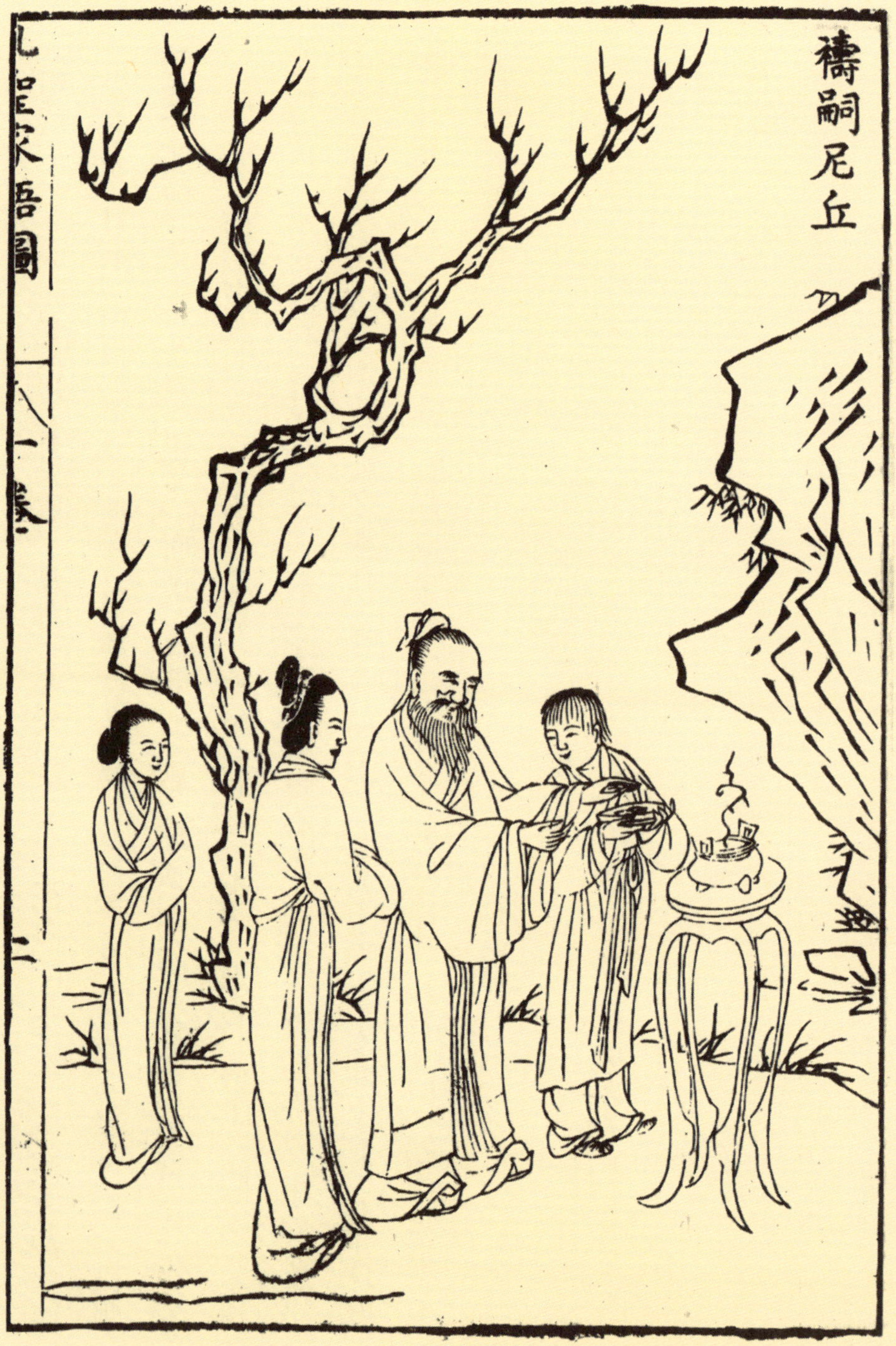

周靈王之十九年實魯襄公之二十年戊申也是年孔叔梁紇與妻顏氏徵在同禱於兗州尼丘山明年迺生孔子孔子首上圩頂象尼丘因名丘字仲尼或云字迺孔子年長時所取蓋不忘父母禱生之所自也

按新安陳氏云孔子父禱於尼丘山而生孔子故以爲名若字是獨言父也家語曰孔子母徵在禱於尼山而生孔子是獨言母也然婦人無專制無獨遊境外之理則謂父母俱禱者爲是

麟吐玉書

家傳云孔子未生時有麒麟吐玉書於闕里其文曰水精子繼衰周而爲素王顔氏異之以繡紱繫麟角信宿而去懷妊十有一月而生孔子

按玉書天樂五老二龍事不經見先儒以爲異疑而不載噫傳說自星生山甫自嶽降古昔賢哲之生皆有瑞應而况天之篤生孔聖乎張子曰麒麟之生異於犬羊蛟龍之生異於魚鼈聖人之生有以異於人何足怪哉故并録其事蹟云

誕聖降祥

孔子一歲係周靈王之二十年實魯襄公之二十一年己酉冬十月乙亥庚辰朔越二十一日庚子甲申時孔子生於魯國之昌平鄉陬邑孔子父爲鄹邑大夫故孔子生於鄹邑之官邸也孔子誕生之辰有二龍繞室五老降庭

按顏氏懷妊十一月生孔子故公羊氏與史記諸書俱以懷妊之月誤爲誕生之月遂云十一月庚子孔子生殊不知庚戌十一月内無庚子也

天樂文符

孔子誕生之夕顏氏之房聞鈞天之樂空中有聲云天感生聖子降以和樂之音故孔子生有異質凡四十九表胷有文曰制作定世符

按孔子前母施氏其生母迺叔梁紇之繼室也司馬遷曰紇與顏氏野合而生孔子註曰不合於禮曰野梁紇老而徵在少非當壯室初笄之年而配合不合禮儀故云野合觀此老少之說則孔母為繼室明矣故世傳孔子有前母有生母有庶母有九姊有一兄信然

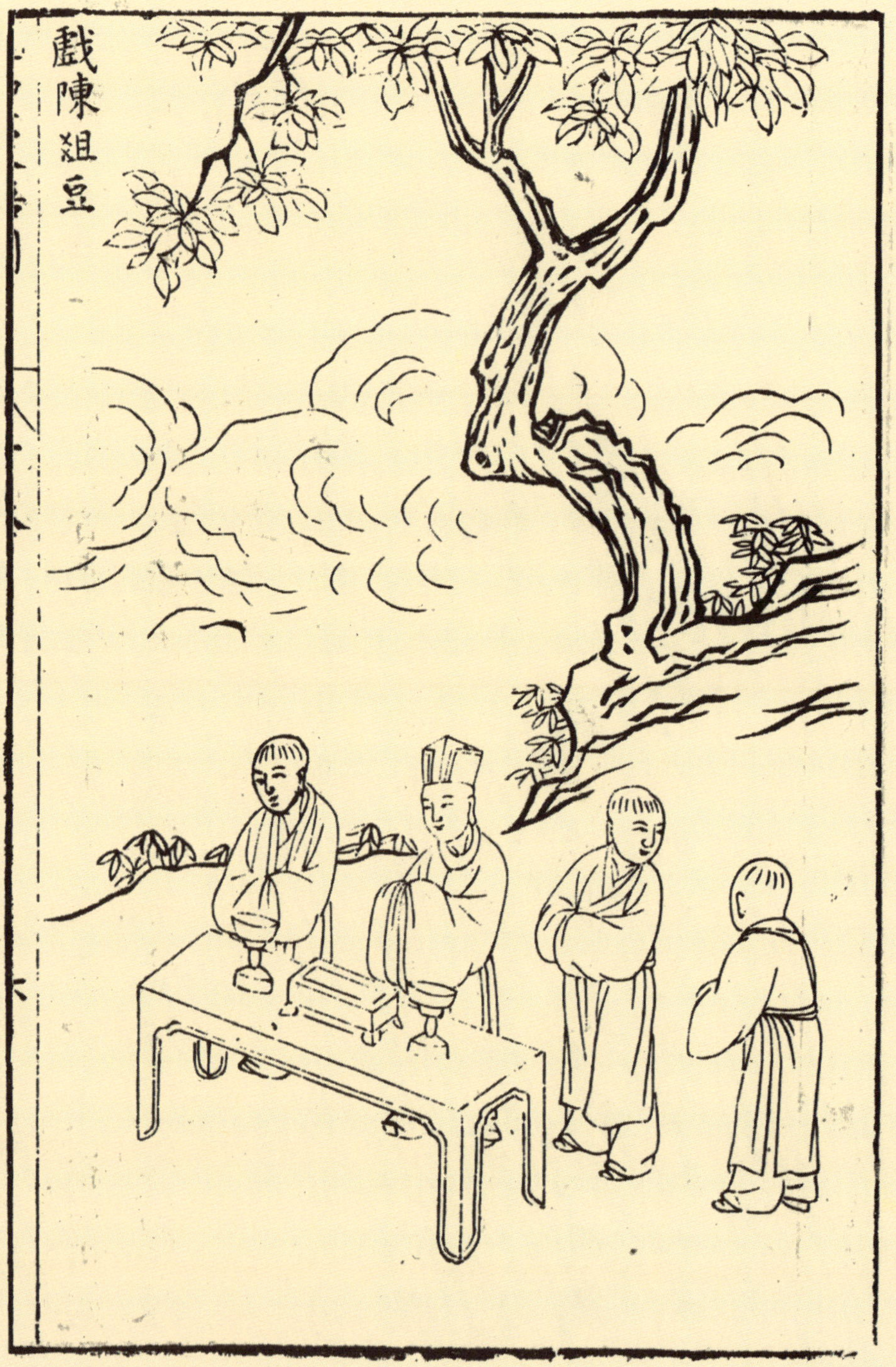
戲陳俎豆

周靈王二十三年魯襄公二十四年也聖父叔梁紇卒孔子在魯五六歲時爲兒嬉戲常陳俎豆設禮容與同戲群兒迥異盖天植其性不學而能也由是群兒化效相與揖讓名聞列國七歲入晏平仲學

按左傳襄公二十八年平仲不欲洩慶封討子雅子尾之謀則知平仲之年實長於孔子但平仲迺孔子友也謂入平仲學者豈爲童子時嘗入平仲所設之鄉學耶

筮仕委吏

周景王十三年魯昭公十年也孔子貧且賤因季平子代立爲貧而仕始爲委吏則有粢盛之供祭器祭品之設入而助祭於廟之禮故入太廟每事問盖筮仕之初禮樂度数之詳雖聖人亦有所不知故問耳或人譏之曰孰謂鄹人之子知禮乎入太廟每事問子聞之曰是禮也

按闕里誌以昭公六年爲孔子十六歲聖母卒殊不知孔子之爲委吏秉田盖以家貧親老爲祿仕以養其親也若其母卒於是年則祿仕在不爲矣

載官乘田

孔子先爲委吏即以是年爲乘田是兩官皆在一年也畜養蕃息朱子曰職讀爲樴盖繫養犧牲之所此官孟子所謂乘田

按委吏乘田官卑禄薄而孔子尚屑爲之盖欲禄養其母耳猶欲料量之必平畜養之蕃息未嘗以爲職之易稱而忽焉其不苟禄又如此故觀此二事而事親之孝事君之忠胥見之矣

賜鯉名兒

孔子二十一歲生子適魯昭公以二鯉魚賜之孔子榮君之貺故因以鯉名其子而字伯魚

按孔孟圖譜不以為委吏紀於此年非也孔子若未為臣則匹夫之名不登於仕籍君民禮隔昭公何為而有二鯉之賜乎觀此則是年為委吏也明矣或云孔子聖人也不可以此禮拘不然則魯之委吏者多矣胡獨賜鯉於孔子乎愚曰昭公果知其為聖則將委國而授之以政矣何賜鯉之外無優寵異終於一委吏秉田已哉

學琴師襄

侃

孔子三十歲周景王二十二年魯昭公十九年也孔子適晉學琴於師襄十日不進襄子曰可以益矣孔子曰未得其數也有間曰可以益矣曰未得其志也有間曰可以益矣曰未得其人也有間曰有所穆然深思焉有所怡然高望而遠志焉曰丘得其為人黯然而黑頎然而長眼如望洋非文王誰能為此也襄子避席再拜曰師蓋云文王操也

按史記以學琴事記於在衛擊磬之後夫在衛擊磬時孔子年將六十矣未有至老而後學琴者孔庭纂要諸書以學琴在于是年為得其真也

問禮老聃

周景王二十三年魯昭公二十年也孔子與南宮敬叔適周見老聃而問禮焉老聃曰子所言其人與骨皆已朽矣獨其言在耳且君子得時則駕不得時則蓬累而行吾聞良賈深藏若虛君子盛德容貌若愚去子之驕氣與多欲態色與淫志皆無益於子之身吾之所告子者若此而已

按老子楚之苦縣人或曰老萊子亦楚人著書十五篇言道家之用與孔子同時即老聃也註記禮者曰孔子吾聞諸老聃云非著五千言之老聃也二說皆誤蓋老萊子別是一（人五千言之老聃即孔子問禮之人也）

訪樂莨弘

孔子文昌圖

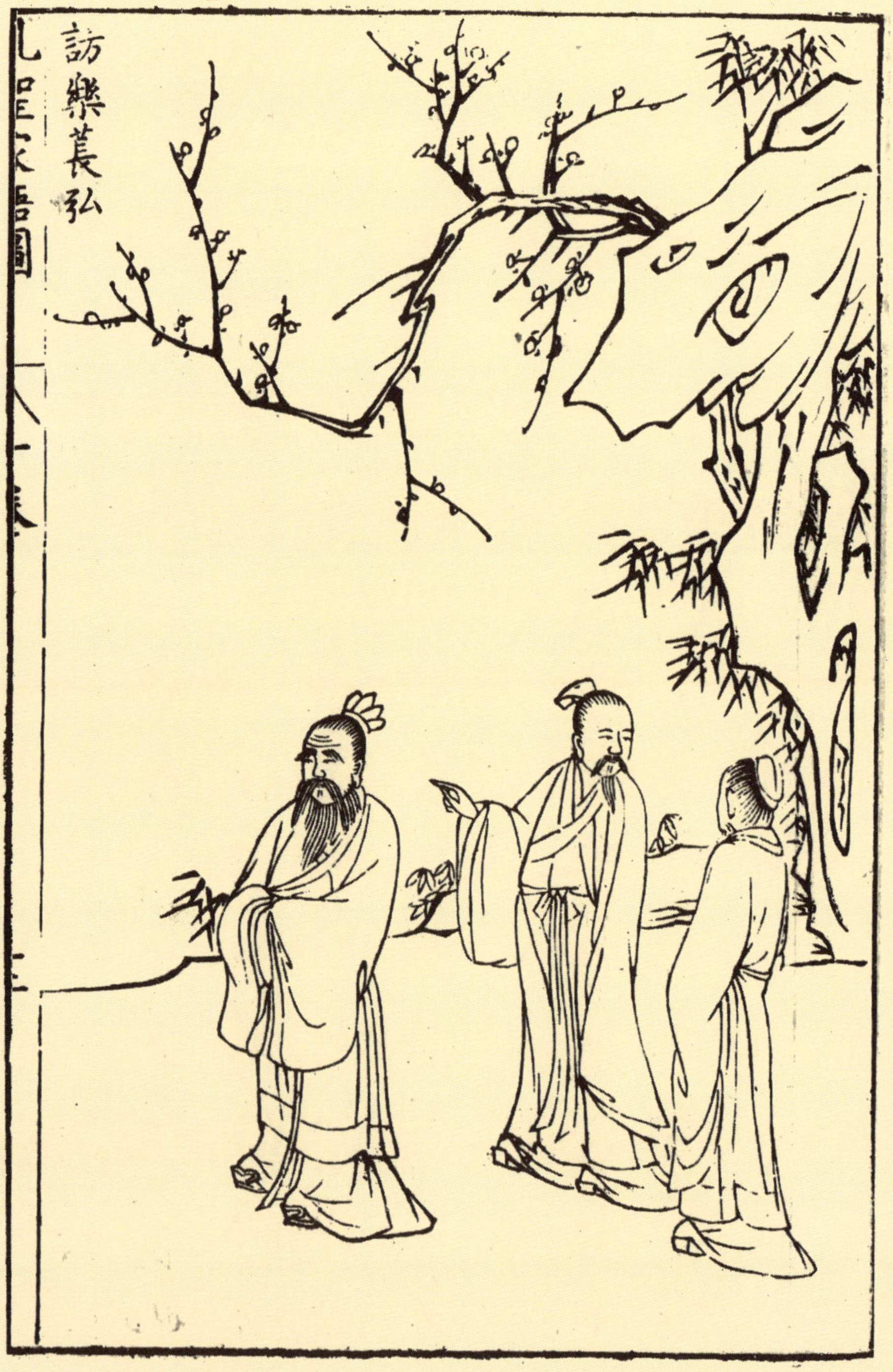

是年孔子適周問禮即訪樂於萇弘弘謂劉文公曰吾觀仲尼有聖人之表河目而龍顙黃帝之形貌也脩肱而龜背長九尺六寸成湯之形體也言必稱先王躬履謙讓洽聞強記博物不窮其聖人之興者乎

按弘乃資中人今四川成都府資縣是也周敬王時為大夫又按春秋左傳魯定公四年衛侯使祝鮀問於周大夫萇弘欲令蔡先衛歃之事則弘之仕周無疑矣故孔子適周而問禮問樂俱在一年也家語其可信乎

觀周欹器

是年孔子至周觀周桓公廟中之欹器問於守廟者此謂何器對曰此為宥坐之器孔子曰吾聞宥坐之器虛則欹中則正滿則覆明君以至誡故常置之於坐側於是告弟子以持盈之道

按家語淮南子云觀於魯廟欹器愚謂韓詩外傳劉向說苑皆云觀於周廟者為是不然何杜預謂周廟欹器至漢京東猶在御座及漢末衰亂器始不復存又孔庭纂要以此事載于孔子四十六歲愚謂孔子魯人也豈有四十六歲方入魯廟尚不知宥坐為何器而後問歟其非魯也明矣

在齊聞韶

周敬王三年魯昭公二十五年也季平子與郈昭伯以鬬雞故得罪昭公昭公率師擊平子平子與三家共攻昭公昭公師敗奔齊孔子適齊為高昭子家臣欲以通乎景公與太師語樂聞韶音三月不知肉味齊人稱之

按孔子因季平子逐昭公之亂而適齊是乃亂邦不入之義也或因以黙相昭公於齊歟聞韶音而有三月不知肉味之嘆告景公而有君君臣臣父父子子之言當在此時矣然語齊太師樂不見於經傳或亦不外于論語所載歟

嬰沮齊封
孔聖家語圖
一卷
十三

周敬王十秊魯昭公三十二年也齊景公問政孔子曰政在節財公説欲封以尼谿之田晏嬰進曰夫儒者滑稽而不可軌法倨傲自順不可以為下君欲用之以移齊俗非所以先民也後景公語孔子曰吾老矣不能用也孔子遂行

按孔子在齊最久前後與晏平仲處者八年又稱其善與人交久而敬之至是沮尼谿之封豈亦忌孔聖之見用而軋己之位形己之短歟

退脩授業

周敬王十一年魯定公元年也魯昭公卒定公立季氏僭於公室陪臣執國政故孔子不仕退而脩詩書禮樂以教弟子弟子彌衆

按季桓子嬖臣仲梁懷與陽虎有隙陽虎欲逐懷公山不狃止之其秋懷益驕虎執懷桓子怒虎因囚桓子與盟而釋之由此虎益專恣自大夫以下皆僭離於正道故孔子不仕退而修詩書禮樂弟子彌衆至自遠方莫不受業焉

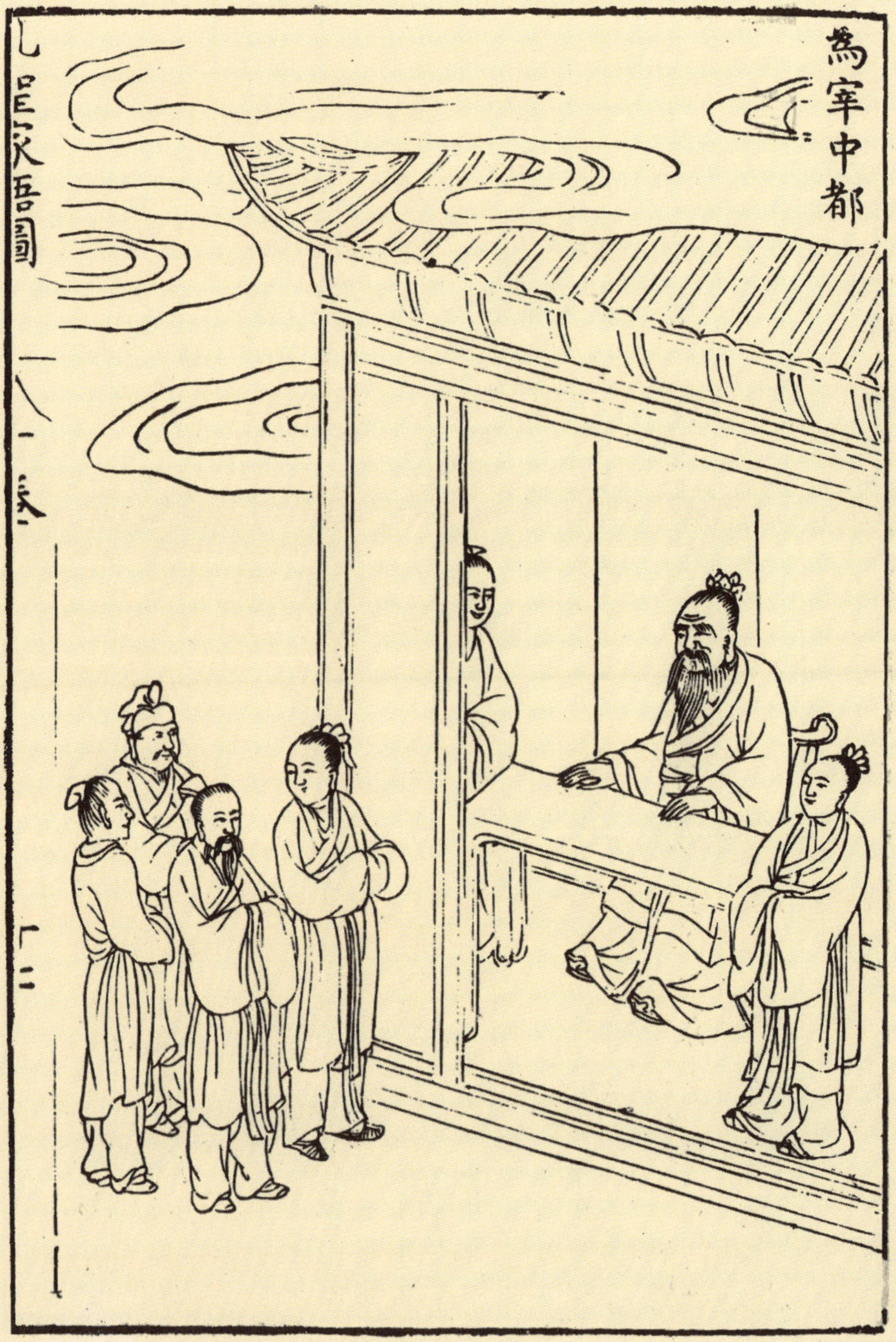
爲宰中都

周敬王十五年魯定公五年也定公以孔子為中都宰制為養生送死之節長幼異食強弱異任男女別塗路無拾遺器不彫偽四寸之棺五寸之椁因丘陵為墳不封不樹行之一年而四方之諸侯則焉

按

大明一統誌謂定公九年孔子宰於中都史記謂公山不狃之召在定公九年孔子未為中都之前是矣若云在為宰之後則孔子既尊用於魯君又見信於季氏乃欲舍魯背季而赴不狃之召豈理也哉豈人情也哉

夾谷會盟
孔聖家語圖

周敬王二十年魯定公十年春公會齊侯於夾谷孔子攝相事獻酬禮畢齊有司請奏四方之樂旌旄羽被鼓譟而至孔子趨而進曰吾兩君為好夷狄之樂何為請命有司卻之景公心怍麾而去之有頃齊奏宮中之樂倡優侏儒為戲孔子趨而進曰匹夫熒惑諸侯者罪當誅請命有司加法焉公懼有慚色於是遣使乃歸所侵魯之鄆汶陽龜陰之田以謝過

按高氏曰孔子夾谷之事人可能也而使大國失守悔過效順所不可能也此修誠之至崇德之事感於人之天譬如干羽格有苗非任智者所能測也

誅亂兩觀
孔聖家語圖

周敬王二十二年魯定公十二年也孔子由大司寇攝行相事與聞朝政七日而誅亂政大夫少正卯於兩觀之下三月而魯國大治粥羔豚者弗飾賈男女行者別於塗道不拾遺

按家語云子貢問曰夫少正卯魯之聞人也夫子為政而始誅之或者為失乎夫子告其故曰天下有大惡五而竊盜不與焉心逆而險行辟而堅言偽而辯記醜而博順非而澤五者有一於人則不免君子之誅而少正卯兼有之此乃人之姦雄也故不可赦也觀夫子去惡除姦之速如此則凡有裨於君國子民者無不舉矣宜乎國人有袞衣章甫之誦歟

請墮三都

是年夏孔子言於定公曰臣聞家不藏甲大夫無百雉之城今三家過制請損之使仲由為季氏宰墮三都收其甲兵孟氏不肯墮成圍之不克

按朱子曰孔子之墮都亦因其機而為之季氏是時自不桼陪臣何故假孔子之力以去之斯言得之矣或曰費郈固因夫子之言而墮矣何成之不肯隳邪曰欲損三家之過制以強公室夫子之本心也因其機而導之者夫子之術智也當時夫子見信於季孫季孫悦夫子之言則費郈之墮出於不意及公斂處父次第喚醒孟氏故不肯墮成矣

受樂遄行

周敬王二十三年魯定公十三年也孔子在魯與聞國政政成化行齊人聞而懼焉乃用黎彌之計選國内美女文馬以遺魯君魯君為周徧道路之遊因出觀女樂若不為女樂專往者遂受之怠于政事孔子遂行

按孔子一言大夫過制而遂墮三都之城再言顓臾之不可伐而遂寢季氏之謀至於女樂之受則不能諫止吾于是而知溪聲艷色比之貨利尤足以惑人而為人情之所易溺雖聖人亦未如之何也此貴德者所以先遠色而為邦者所以欲放鄭聲遠之放之則不為其所溺矣

圍匡自信
廿二

是年孔子去魯適衛去衛適陳過匡陽虎曾暴於匡孔子貌類陽虎匡人拘孔子五日孔子絃歌不輟曰文王既沒文不在茲乎既而甲者進曰吾初以為陽虎也遂解圍

按史記以為陽虎嘗暴於匡孔子貌似陽虎而拘焉則陽虎去魯即自齊奔晉仗趙簡子簡子勢方強横匡人豈敢犯之况陽虎聲勢氣焰自與孔子不類匡人何至惑于貌而悞其人耶盖欲解孔子非自取者而不知横逆之來雖聖人有所難免也

次乘衛靈

周敬王二十四年魯定公十四年也孔子自蒲反衛主蘧伯玉家靈公與夫人同車使孔子為次乘招遙市過之孔子醜其所為曰吾未見好德如好色者也遂去之

按靈公方逐世子蒯聵夫人南子願見孔子孔子見之人但知入國有見小君之禮而不知孔子微意將啓其母子親愛之端雖子路猶不能知故不以見南子為悅蓋聖人一身道全德備渾是天理理可見則見之何計其孰為善孰為惡孰為男孰為女乎

習禮宋郊

是年孔子去衛適曹曹人不答去曹適宋與弟子習禮大樹下宋司馬桓魋欲殺孔子伐其樹孔子微服而過宋去之時弟子欲速其行孔子曰天生德於予桓魋其如予何

按孟子云孔子不悅於魯衛遭宋桓司馬將要而殺之微服而過宋主於司城貞子為陳侯周臣則過宋適陳之事在去衛之時可證矣年表既曰定公十四年至陳而又曰哀公三年過宋與孟子文異愚謂孟子去孔子時甚近其傳聞必真也

東門貽誚
孔聖家語圖
卷一
廿五

周敬王二十五年魯定公十五年也孔子去宋適鄭與弟子相失孔子獨立郭東門鄭人謂子貢曰東門有人其顙似堯其項似皐陶其肩似子產自肩以下不及禹者三寸纍纍若喪家之狗子貢告孔子孔子笑曰形狀末也似喪家之狗然哉然哉

按孔子生亂世道不得行故有纍然而不得志之貌鄭人識而譏之亦賢矣哉殊不知孔子當宋之厄不得已而過鄭適陳以司城貞子之賢庶幾有望焉陳侯周卒不可與有為乃假其力以反魯耳

陳庭辯矢
孔聖家語圖
廿六

孔子至陳主司城貞子家歲餘有隼集於陳庭而死楛矢貫之石砮矢長尺有咫陳憫公問孔子對曰此肅慎之矢也試求之故府果得之

按肅慎之矢昔武王克商道通九夷八蠻使各以其方賄來貢使無忘職業於是肅慎楛矢石砮長尺有咫先王欲昭其令德以肅慎矢分大姬配虞胡公而封諸陳分同姓以珍玉展親也分異姓以遠方貢使無忘服也故分陳以肅慎矢家語國語作孔子答惠公此作答憫公之問為是

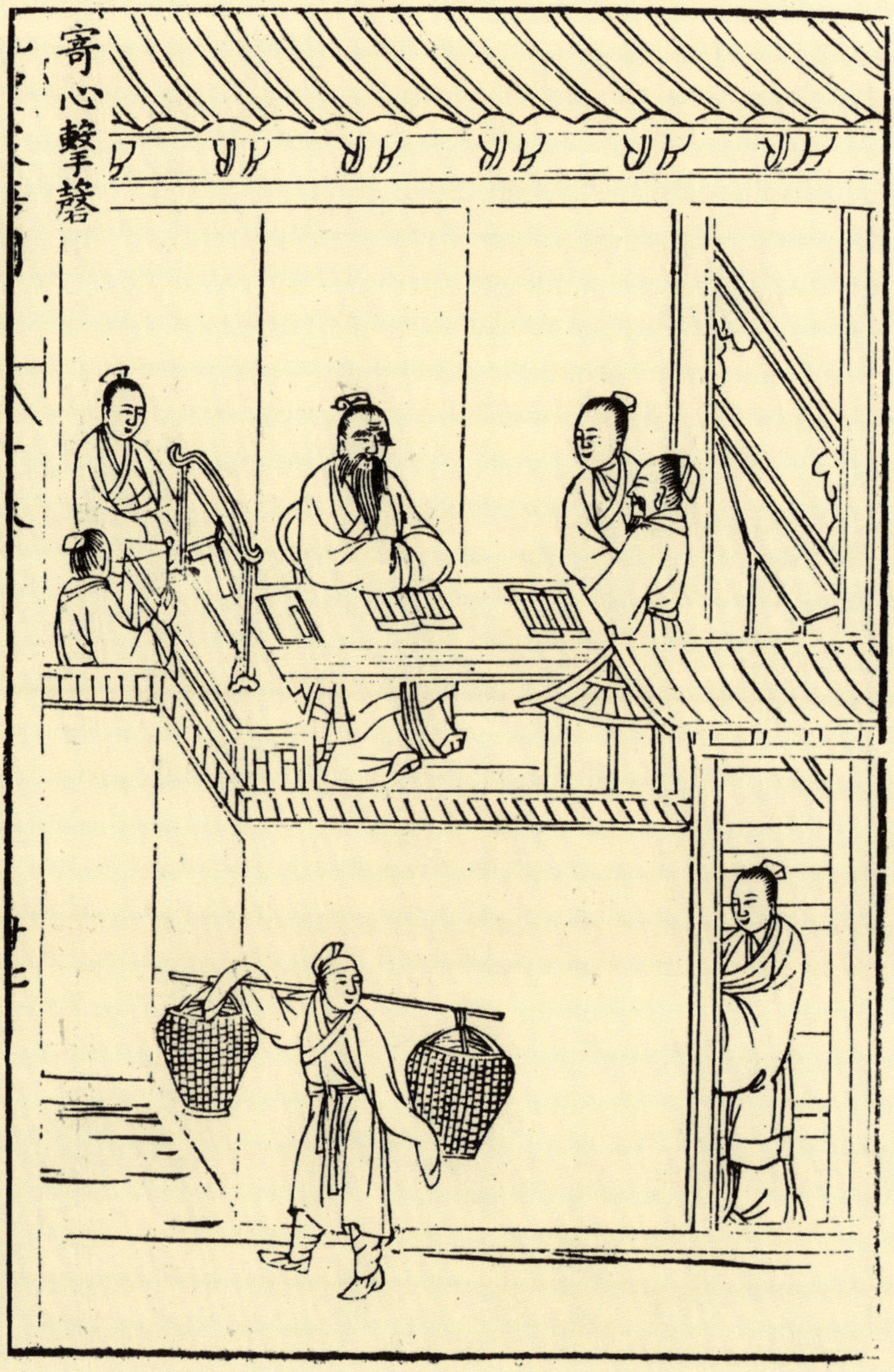
寄心擊磬

周敬王二十七年魯哀公二年也孔子與弟子擊磬于衛有荷蕢而過門曰有心哉擊磬乎既而曰鄙哉鏗鏗乎莫己知也斯已而已矣深則厲淺則揭子曰果哉末之難矣

按朱子云聖人心同天地視天下猶一家中國猶一人不能一日忘也荷蕢聞磬聲而知其有心則亦非常人矣殊不知聖人憂時憫世之心正挽回治道之微權也烏敢以莫己知必天下也耶

禮衰去衛

是年衛靈公問陳孔子對曰軍旅之事未之學也明日與孔子語見蜚鴈仰視之色不在孔子孔子見禮貌衰遂行復如陳

按舊以靈公問陳孔子明日遂行載於哀公三年非也哀公二年春秋書曰夏四月丙子衛侯元卒若謂事在三年則靈公之卒已踰一載孔子因兵陳之問蜚鴈之視而去衛如陳皆不得通矣

厄陳絕糧

孔聖之一圖

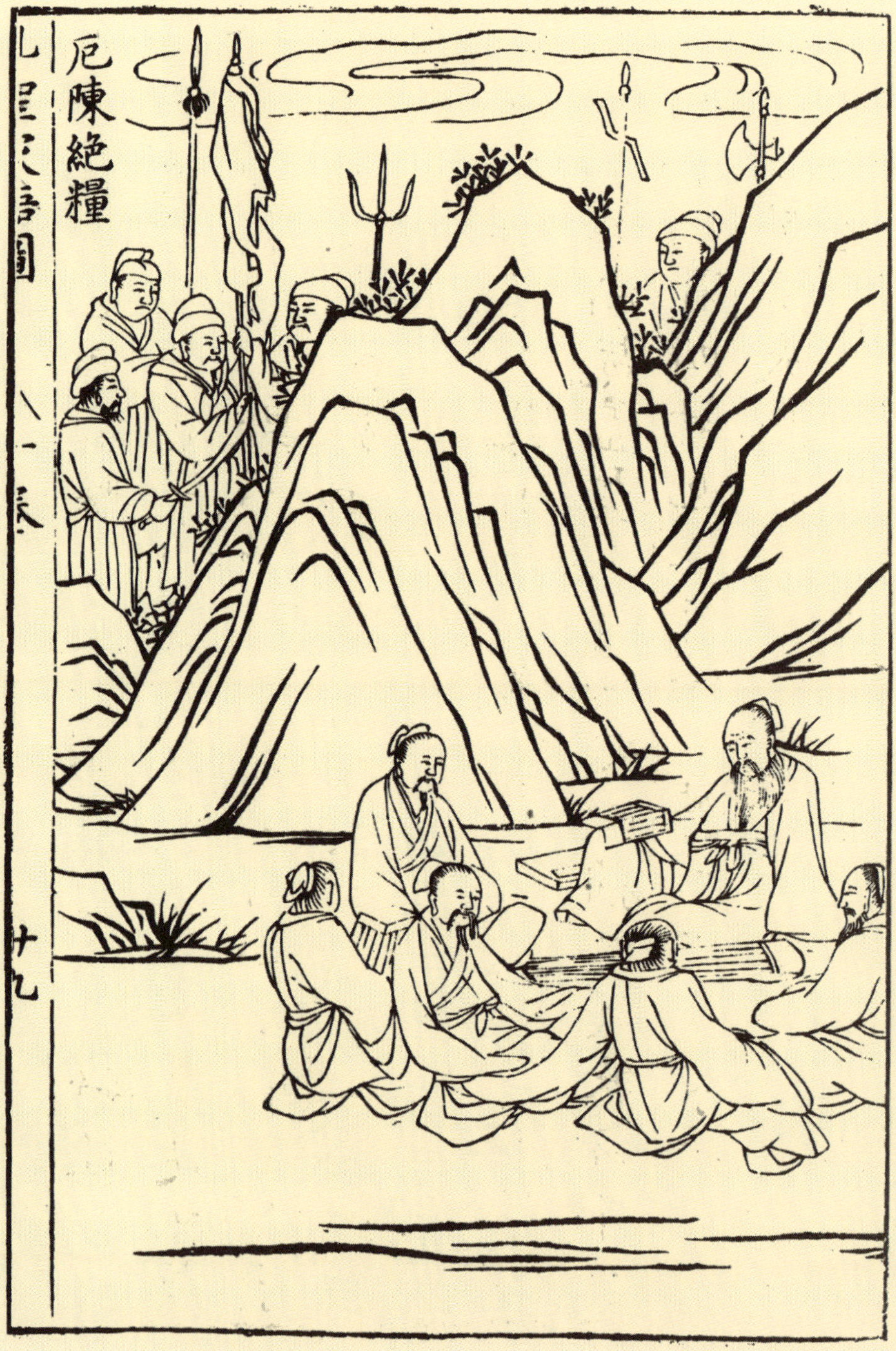

是年孔子去衛適陳楚使人聘孔子孔子將往拜禮陳蔡大夫謀曰孔子用於楚則陳蔡危矣於是相與發徒圍孔子於野不得行絶糧從者病莫能興孔子講誦絃歌不衰於是使子貢至楚昭王興師迎孔子然後得免

按危邦不入孔子何依依於陳蔡間歟噫此豈衆人所能測哉盖聖人造物之心猶之天然苟可與焉削𨁝非所計也其萬物一體天下一家之心可想見矣若夫危邦不入之言迺為未至於聖者立則耳聖人體道之大權則不可執是議之也

反蔡問津

周敬王三十年魯哀公五年也孔子去葉反於蔡忘葉邑濟渡之處見長沮桀溺耦而耕使子路問津焉沮溺不告以津處曰滔滔者天下皆是也而誰以易之且而與其從辟人之士也豈若從辟世之士哉耰而不輟

按沮溺丈人

大明一統志以為葉人是也朱子以為蔡人吳氏以為楚人者葢當時葉蔡俱服楚故以為楚人亦是

臨河傷類

是年又反衛趙簡子使人來聘孔子孔子將西見簡子至於河許聞竇鳴犢舜華之死也臨河而嘆曰美哉水洋洋乎丘之不濟此命也子貢曰何謂也孔子曰君子惡傷其類也乃弗濟河回車息於衛之鄒鄉作臨河操以哀之

按孔子曰竇鳴犢舜華晉之賢大夫也趙簡子未得志之時須此兩人而後從政及其已得志殺之乃從政故孔子聞之曰刳胎殺夭則麒麟不至其郊竭澤涸魚則蛟龍不處其淵覆巢毀卵則鳳凰不翔其邑何則諱傷其類也夫鳥獸之於不義也尚知辟之而況乎丘哉遂返乎衛主蘧伯玉家

觀臺釋戮

周敬王三十一年魯哀公六年也孔子自衛之陳陳侯起陵陽之臺未畢而死者數十人又執三監吏將殺之夫子既見陳侯與登臺而觀陳侯曰昔周作靈臺亦戮人乎對曰文王之興附者六州六州之衆以子道來不日成之何戮之有陳侯赦所執之吏遂罷

按孔子居陳三歲會晉楚爭強更伐陳及吳侵陳楚救陳軍于城父地名聞夫子在陳使人聘之則夫子久留陳蔡矣何陳蔡諸大夫所設行未聞有一事謀及於夫子惟見陵陽臺之觀而已矣宜乎後為楚所滅也歟

楚封見沮
孔聖家語圖
廿三

是年孔子至楚昭王將封以書社之地令尹子西諫曰王之使使諸侯有如子貢者乎輔相有如顏回者乎將帥有如子路者乎官尹有如宰予者乎孔丘得據土壤賢弟子為佐非楚之福也昭王迺止孔子自楚反乎衛

按昭王將以書社七百里封孔子朱子以為恐無七百里之理索隱云古者二十五家為里里必立社則七百里者七百社而二萬七千五百家也愚謂昭王欲封孔子以百里之地觀子西止之曰百里之君卒王天下今孔丘得據土壤非楚之福則其為百里無疑矣

季康幣迎
至聖家語圖

卅四

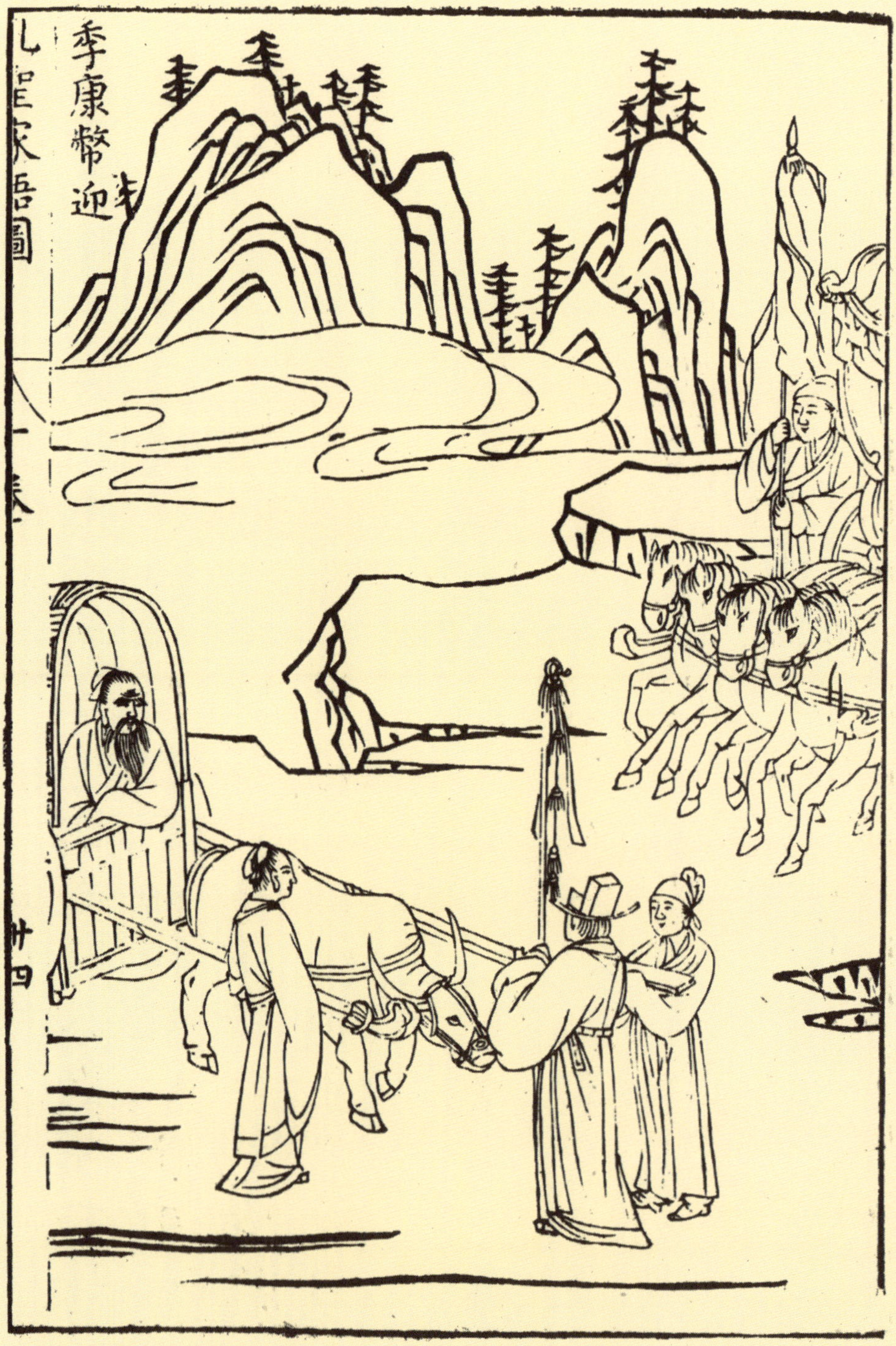

孔子在衛季康子以幣迎歸魯作丘陵之歌曰登彼丘陵峛崺其阪仁道在邇求之若遠遂迷不復自嬰屯蹇喟然四顧題彼泰山鬱確其高梁甫四連枳棘充路陟之無緣將伐無柯患滋蔓延惟以永嘆涕泪潺湲

按季康子追憶父桓子可召孔子之命欲召孔子公之魚曰昔吾先君用之不終為諸侯笑今又用之不終是又為諸侯笑康子乃召冉求求將行孔子曰魯人召求非小用之將大用之也子貢送求則誡曰即用以孔子為招云求為季氏宰於是乃幣迎孔子孔子亦不久而歸魯矣

删述六經

周敬王三十六年魯哀公十一年也孔子自衛歸魯魯終不能用孔子孔子亦不求仕乃序書傳禮記刪詩正樂序易彖象繫說卦文言弟子蓋三千焉身通六藝者七十二人

按孔子序書傳上紀唐虞下至秦繆凡五十九篇編次其事刪古詩三千餘篇上采契稷下迹殷周止存三百十一篇其理樂也追嘆曰師摯之始關雎之亂洋洋乎盈耳哉又曰吾自衛反魯然後樂正雅頌各得其所晚而喜易序彖象繫辭說卦文言讀易之勤韋編三絕曰假我數年以學易可以無大過矣

著作告成

孔子自衛反魯之後三年因著作既成乃齊戒向北斗告備忽有赤虹自天而下化為黃玉刻文孔子跪而受之

按六經告備而虹降或者以為近誣噫蒼頡制六書之字而龍蛇為之泣淵宋藝祖開文學之端而五星為之聚奎是皆精誠所格上致日星之應而下召物產之禎也況孔子德配天地而道合陰陽六經之文又所以明帝王之道而洩天人之祕閫鬼神之與者也則其北斗呈祥赤虹化玉又何疑哉

西郊泣麟

周敬王三十九年魯哀公十四年也春哀公西狩大野叔孫氏之車子鉏商獲麟折其前左足載以歸衆莫之識棄之五父之衢孔子往觀之泣曰麟也麟仁獸出而死吾道窮矣乃作春秋

按胡傳曰魯史成經麟出於野則春秋之作在於獲麟之先及按林堯叟解曰孔子先有制作之意又為獲麟所感乃作春秋非是文成而致麟也則春秋之作在於獲麟之後愚謂左丘明受經於仲尼以仲尼之言高遠難繼又為之作傳則其脩史之年月必得其實故以作經在獲麟之後者為是

夢奠兩楹
卅八

孔子七十四歲壬戌周敬王四十一年魯哀公十六年也是年四月丁巳夜孔子夢坐兩楹之間而見陳奠知其為將亡之徵也明日戊午孔子蚤作反手卻後曳杖而行逍遥於門而有泰山梁木之歌子貢來遂語以昨暮坐奠之夢自解夢奠之占云果寢疾七日而卒卒於是年四月十八日乙丑午時

按左傳作己丑日孔子卒然是年四月乃戊申朔有乙丑而無己丑己丑在五月十一日蓋己與乙字相近故誤書耳

塋魯泗上

是年六月丁巳日葬孔子於魯城北泗上弟子皆服心喪三年畢相訣而去各復盡哀惟子貢廬於冢上凡六年然後去弟子及魯人往從冢上而家者百餘家

按大夫士三月而葬者古禮也孔子嘗為大夫四月卒而六月葬則亦三月矣又按門人公西華為志以孔子聖人也乃兼用三代之禮以尊榮之其飾棺也以素為楮褚外加牆車邊置翣恐柩車傾虧又設披繩以維持之此用周制也及其送葬也乘車所建之旌旐則刻繒以崇牙之飾此用殷制也綢盛旌旐之竿而以素絲練於杠首則設尺之旐此用夏制也

漢高崇祀

魯自哀公十七年立廟歲時奉祠孔子冢後世因廟藏孔子衣冠琴書至漢二百餘年不絕高祖過魯以太牢祀焉

按湘王聖蹟圖讚曰穆穆廟庭聖德斯尊肅肅衣冠聖澤斯存漢祖崇儒躬拜闕里太牢之祀百代伊始

附歷代贊詠

唐睿宗御製宣聖贊

猗歟夫子實有聖德其道可尊其儀不忒刪詩定禮百王取則吾豈匏瓜東西南北

宋太祖御製宣聖贊

王澤下衰文武將墜尼父挺生河海標異祖述堯舜有德無位哲人其萎鳳鳥不至

真宗御製宣聖贊

立言不朽垂教無疆昭然令德偉哉素王人倫之表帝道之綱厥功茂實其用允臧升中既畢盛典

載揚洪名有赫懿範彌彰

徽宗御製宣聖贊

厥初生民自天有造百世之師立人之道有彝有倫垂世立教裒集大成千古允蹈乃嚴斯所乃瞻斯宮瞻彼德容云孰不崇

高宗御製宣聖贊

大哉宣王斯文在茲帝王之式古今之師志則春秋道由忠恕賢於堯舜日月其喻惟時載雍戢此武功肅昭盛儀海寓聿崇

理宗御製宣聖贊

聖哉尼父秉德在躬歷聘列國道大莫容六藝既作文教乃崇古今日月萬代所宗

正考父贊

王棨　魏中侍

恂恂正父應獨孔盛身為國卿族則公姓年在耆耋三葉聞政誰能不怠申慈約敬饘粥于口傴僂受命名書金鼎祚及後聖

小引贊

尹復臻　府學教授

夫子之像其初孰傳得於其家幾二千季仰聖人之容色瞻若人之衣冠信所謂溫而厲威而不猛恭而安若夫其道如神其德如天則自生民以来

肅子

未有如夫子蓋吾得而名言

石刻像賛

高天下於無者必以夫子為卑顯天下於有者必以夫子為微乃夫子之矩大中至正而無所踰非循循以從之不疾而不徐又何以瞠乎見夫子於卓爾有無高卑隱顯之間之妙用执有来瞻衣其諦思之

謁廟賛　甄槖佳台 山東僉事

於戲天地吾知其大也料數莫逃乎管圭江河吾知其至廣也泳游不過乎航葦吾夫子之德出乎

其類拔乎其萃自生民以來未之有也不江不河潤則有餘非日非月光無不及微夫子則不知其所以始微夫子則不知其所以終儀範百王憲章後世祀典常奉歷代有之孔林茂密子孫保之釋奠廟貌神其歆之

顏母山賛　孔公璜 三代學錄

厥初顏氏飽天地春毓鍾至聖卓冠群倫有光前烈垂裕後昆惟木與水探本尋源井洌寒泉廟閑白雲千秋萬禩永格明禋

手植檜賛　米芾 宋太常博士

煒東皇養百日御元氣昭道一動化機此檜植矯
龍恠挺雄質二千年敲金石紀治亂如一日百代
公蔭圭璧　　元明善

手植檜聖像賛

乙巳冬十二月拜林廟還得手植檜把握許就刻
之為宣聖顏孟十哲像且以文楷為龕像出於手
檜為難其得於煨燼之餘又為難合是二難宜為
儒家世寶𢌿百拜而為賛云
體則微理則全望之儼然就之温然見其參於前
手所植焉形所寓焉歛之管規浩浩其天是倚以

為甘棠之賢邪抑與夏鼎殷槃而傳也

杏壇銘　高德裔 金開州刺史

周室下衰王綱解紐非大聖人狂瀾莫救天挺夫子生民未有立言範世木舌金口三千之徒義由此受我瞻道壇實為教首萬代護持天長地久

手植檜銘　張頍 元導江人教授

宣聖手植檜燬於丙戌之火根或戕之歲久無遺後八十歲在癸巳是為至元三年頍來為教授甲午春仲東廡頹阯甓隙間茁馬其芽躬植復於故處矣之曰此檜日茂則孔氏日興明年春翠色葱

然又明年丙申秩滿去喜矢言之有相也銘以識
之其詞曰
茲檜之幹高參於天茲檜之根深及於泉是為手
植自古有傳去聖伊何曰歲二千氣芳而達色殷
而堅誰為崑岡良玉以瑱誰謂斧斯美茹以連嘉
種載衍有芽其卷茁乎蘢閒東廡之偏乃徙故處
全其天然孔子以興矢言有焉粵若三祀葱葱芊
芊聖道以續聖澤以延肫肫其仁淵淵其淵自今
以始千億萬年

魯壁銘

在天成象壁星主文聖人藏書所以順天也噫乾坤不可以久否故交之以泰日月不可以久晦又繼之以明文籍不可以久廢亦受之以興我夫子當周之衰則否屬魯之亂則晦及秦之暴則廢過漢之王則興其廢也賴斯壁而藏之其興也因斯壁而發之矧乎三墳言大道也述乎君則堯舜禹湯文武之業備矣述乎臣則皐夔稷契伊呂之功盡矣濟乎世則六府存矣化乎人則五教立矣向使不藏魯壁盡委秦坑焰飛聖言灰竭帝道則後之為君者不聞堯舜禪讓之德禹湯征伐之功文

武憲章之典將欵化民不亦難乎後之為臣者臯之述九德夔之和八音稷之播百穀契之遜五品伊之翊贊呂之征伐復欵致君不亦難乎世之不知六府則無火食之人有卉服之衆與夷狄攸同矣人不知五教則忘父子之慈孝兄弟之友恭與鳥獸無別矣欲見熙熙之國政平平之王道不亦遠乎嗚呼金有贏玉有櫝防之以關鍵固之以緘縢人必有竊而求之者蓋重利也斯壁藏君臣之道父子之教人無求行之者蓋輕義也恐壞斯壁毀斯文命共王以壞之伏生以誦之使夫皎然如

上古之道其大矣执銘曰

榩山高兮為秦城鑿池深兮為秦坑城之高兮胡先壞池之深兮胡先平伊斯壁兮藏家書歷秦亂兮猶不傾壞之者共王誦之者伏生發典謨訓誥之義振金石絲竹之聲如天地兮否而後泰如日月兮晦而後明秦之焚兮未盡我不為燼秦之坑兮未得爾臧其國江海涸竭乾坤傾側唯斯文兮用之不息

詩禮堂銘

明 李東陽

闕里孔廟之東有詩禮堂蓋舊名也按察僉事黃

君繡重建茲廟嘗聞故衍聖公弘泰言金章宗謁廟時爲行幄以駐蹕比去有司請撤之章宗云留爲孔氏延賓齋遂止勿撤近燬於火今稍移而東南數武許加崇廣焉因爲銘以遺今衍聖公聞韶俾識之銘曰

惟孔有庭聖訓攸在父立子過其徒是賴其訓維何維詩及禮手所刪定教自家始聖不可作庭名固存萬世是師矧惟子孫有齋延賓金所駐蹕彼夷則然矧我中國新廟既闢斯堂亦遷有來繩繩世守勿愆

金絲堂銘

金絲堂舊在孔廟左廡之東東直井前直詩禮堂嘗握地得石刻知為孔子故宅蓋世傳魯共王聞金石絲竹者也歷代之樂器藏於其間圯者廟毀而堂猶存新廟之闢堂地皆入左廡金絲則移而西與詩禮正相直東陽既各為篆額復為銘余絲之銘曰

惟孔有宅曰惟聖門魯共何人欲壞更存惟壁有書四代之文維堂有聲八音是聞此事茫昧書則真有有堂載新宅固其舊闢樂知德斯言已久金

緜在焉名不可朽昔堂在東今堂在西歆寃厥初

視我銘詩

唐玄宗詔追謚文宣王仍出王者衮冕之服以衣之

故作此詩

夫子何為者棲〻一代中地鄹鄒氏邑住近魯王

宮嘆鳳嗟時否傷麟怨道窮今看兩楹奠嘗與夢

相同

太祖高皇帝遣國子祭酒孔克堅代祀宣聖田京

御製詩以遺之

孔氏曾孫祭祖田但言農務野荒開我知蓋世民

容喜必解春風每歲来

宋人詩

題祖聖詩二首　孔道輔 四十五代孫

秦火自焚寧害聖金絲堂壁閟家書典墳啓發皆天意非謂共王好治居

門有詩書不彩華素王留得好生涯行人莫訝頻回首天下文章第一家

題祖聖手植檜詩　孔舜亮 四十六代孫

聖人嘉異種移對頌誦絃堂雙本無今古千年任雪霜右旋符地順右紐象乾剛枝覆詩書府根蟠

禮樂鄉盛同文不朽高與道相當洙泗滋榮茂龜
蒙借欝蒼毓靈金木茀鍾秀極勾茈氣爽群居席
烟凝數仞墻陰連槐市緑子落杏壇香布露周千
尺騰夌上百常傍欺半林小遠笑嶧桐黄屹若孼
天柱森如出日桑風中雕虎嘯雲際老龍驤直欲
驁魍魅瑞疑待鳳凰鱗差闕翠甲幹錯羽林槍
大節忠臣槩堅心忠士方魯宫侵不得秦火縱何
傷宣子休誇樹姬人謾愛棠松畀虐視爵花賤枉
封王誰念真儒跡何當議寵章

題手植檜詩　趙鼎兗州府知府

擢秀真儒宅垂陰數仞墻封培因聖力茂達得靈
長根踞龍蛇勢枝延鸞鷟翔勞躬師禹稷蔓草薙
韓莊偃蹇明堂幹蕭森岱嶽陽圍欺漢武栢愛奄
召公棠日月成塵刼乾坤屢戰塲恩深感樵牧忠
厚及牛羊云有神明護寧逃翦伐傷歲寒千古色
宜並子孫昌

謁孔廟詩　錢伯言

接得丹枝黼座旁至今衣袖有天香猶嗟不及成
均謝先擁朱旛拜廟堂

二首　高翊

帝王而下幾興亡，銷盡繁華作戰場。惟有東家詩
禮在，子孫萬古讀書堂。

六經不幸火於秦，日月曾何礙片雲。用舍從來關
治亂，皇天本不喪斯文。

題孔林詩

靈光殿右生秋草，曲阜城荒噪暮鴉。惟有孔林殘
昭穆，至今猶屬仲尼家。

元人詩

二首　名亡

周室東遷嘆黍離，篤生元聖在當時。六經載籍斯

文主萬世攸宗帝者師慶衍魯邦綿子姓轍環天
下仰容儀謁来瞻拜門墻下得遂平生願學私
龍顏帝子駐鑾輿魯謁先師舊宅居孔道日隆王
業盛秦坑火冷霸圖除空傷筆絶麒麟史高載壁
藏蝌蚪書還憶宋金仁聖主崇文親幸五車書

三人相和詩　　　　　　　　　　　楊奐

會見春風入杏壇奎文閣上獨凭欄淵源自古尊
洙泗祖述何人似孟韓竹簡不隨秦火冷楷林空
倚魯成寒飄零踪跡千年後無分東西老一簞

韓文獻

萋萋野草翳雩壇回首尼山一倚欄空想文風復鄒魯豈知俗學尚申韓虚堂晝夜禽聲雜高閣春深檜影寒樂道獨憐紫陽子忘情軒冕羨壺簞

劉詡

棄閑策杖上郊壇絶勝登樓静倚欄千古遺踪思孔孟百年雅集數楊韓泉通鰲背波汶冷月照龍門夜色寒此去關西有東魯栁塘沙路走壺簞

劉悳淵

七十遑遑席靡安周流列國始旋轅發明天理見經旨整頓人倫窒亂源比德唐虞賢更遠齊仁覆

載道獨尊君王師範渾無報世〻榮封裕後昆

范雯

玉振金聲仰素王此生何幸謁門牆巍〻道德乾坤大耿〻文章日月光楷木四時榮俎豆檜枝千古蔭珪璋淵源洙泗閒孫衍亹〻吾伊舊講堂

吳啓

道大如天信莫登恩酬罔極竟無能巖垣不添斯文柄闕里何由拜孔陵千頃祭田香黍熟半林楷木綠陰層一坏黃土留遺迹直與乾坤共廢興

楊文郁

悠悠往古繼来今天地無窮照孔林兩下金絲堂
下拜門生無負百年心

國朝詩

二首　彭勗

秦火靈光羨獨存斯文萬古配乾坤沂流泗水今
猶昔聖道淵源孰與倫

魯國成蓁莽惟餘闕里存年深林愈茂世遠道彌
尊地湧奎文閣天開毓粹門問今承繼數六十代
仍孫　李卞

轍還天下去遲〻忘食忘憂老不知道學振揚天地鐸文章經緯帝王師騰蛟起鳳周文廟擊玉敲金漢古碑獨有素王臺上月夜深猶似照當時

汪舜民 乙未進士

幾載窓前讀舊書今朝方造杏壇居豊牌喜在文明日老檜還同手植初秦火暫焚亡二世宋星復聚啓諸儒升堂欲繼三千末貽蹇庸材愧不如

杏壇北去無多路泰岳南來第幾峯大地一朝收間氣晴嵐千古鎖幽林六年築室人何在三世題碑跡可尋獨幸遺經能載道至今不朽淑人心

劉濬

久坐儒氈講孔書承恩喜造聖人居杏壇下拜慚無補闕里從遊幸有餘道學萬年資領袖斯文千古賴權輿也知聖德同天地歷世君王復幾如

黃仲芳　山東叅議

路入垣門一經幽素王高墓幾千秋山林岱嶽佳城壯樹入青齊泗水流華表麒麟來故宋穹碑鳥篆自東周鯫生何幸躬瞻拜未薦蘋蘩荅聖猷

徐源　工部主事

百畝青丘葬聖賢纍〻三墳卌八珠璉桓雕石榔成

何事子貢茅廬獨幾年闕里光華同皎日泗沂清泒接長天書生不忝斯文裔端拜穹碑古木前

祖陵懷古　孔公璜

清暇重臨駐驛亭儼然空仰聖儀形水通洙泗淵源碧山擁尼防秀氣青馬足風雲開輦路螭頭苔蘚獲碑銘楷文古木成孫子梃棱層霄億萬齡

孔壇老杏詩　潘禎

古木參天黛色新祖庭深處自無塵千年道德猶宗聖百世絃歌尚有人花戰東風成化雨樹留西日醉賜春遙遙駐節躬瞻拜盡是清朝老縉紳

題尼山毓聖祠詩　陳國瑞

承詔尼山寵錫封為言毓聖特褒崇五峰廌列崗巒秀一洞龍蟠氣象雄河潤應知流澤遠頂圩猶見肖形同生民未有如夫子釋奠春秋代代隆

題宣聖墓詩　李東陽

墓古千年在林深五月寒恩霑周雨露儀識漢衣冠駐驛亭猶峙巢枝鳥未安斷碑深樹裏無路可尋看

孔聖家語圖卷之二

武林後學吳嘉謨集校

相魯第一

孔子初仕爲中都宰（中都魯之屬邑）制爲養生送死之節（定生事死葬之禮使無過不及故謂之節）長幼異食（如禮五十異糧六十至九十食各以漸加異也）強弱異任（任謂力作之事各從所任不用弱也）男女別塗（男子由右女子由左）路無拾遺器不彫偽（器尚質不彫飾不許偽已上養生之節）爲四寸之棺五寸之椁（棺衾具木厚四寸椁周棺之具木厚五寸）因丘陵爲墳（因地勢高下爲界）不封不樹（不聚土爲墓不植松栢已上送死之節）行之一年而西方之諸侯則焉（魯國在東故西方諸侯皆則之）定公謂孔子曰學子此

法以治魯國何如孔子對曰雖天下可乎何但魯國而已哉於是二季定公以爲司空乃別五土之性一曰山林二曰川澤三曰丘陵四曰墳衍五曰原隰此夫子分別五土之性如此也而物各得其所生之宜百物各得土地所宜而生咸得厥所所產皆得其地先時季氏葬昭公于墓道之南先季平子逐昭公歿于乾侯平子將溝之不令近先公墓塋駕鶩曰生不能事死又離之以自旌也縱子忍之後或恥之乃葬于墓道南孔子溝而合諸墓焉溝水道季氏始欲溝昭公之墓以別於群公兆域雖因駕鶩之言不果溝而猶葬之於墓外故孔子爲溝于公墓外使與先公合也謂季桓子曰桓子平子之子也貶君以彰己罪非禮也彰己罪即駕鶩所謂自旌之意今合之所以揜夫子之不臣所以蔽平子不臣之罪夫子指平子也由司空爲大司寇設法而

不用無奸民

定公與齊侯會於夾谷孔子攝權也相事曰臣聞有文事者必有武備有武事者必有文備文乃本武乃衛二者不可偏廢古者諸侯並出疆必具官以從必具文臣武職以相隨請具左右司馬定公從之從其請也至會所同至夾谷所會之處爲壇位土階三等以遇禮相見遇禮簡畧揖讓而登賓主揖遜而後登壇獻酢既畢齊使萊人萊人東夷人也以兵鼓譟刼定公用兵張威以懼定公也孔子歷階而進以公退使定公以退避曰士以兵之吾兩君爲好修禮也裔夷之俘裔邊裔夷夷狄俘者陣中之虜也敢以兵亂之非齊君所以命諸侯也謂非齊侯所以與諸侯修好之禮也裔不

謀夏邊人不得與中國之謀夷不亂華夷人不得紊中華之法俘不干盟俘虜之人不得與盟會之事兵不偪好兵威不得近修好之所於神爲不祥在神爲不吉之事於德爲僭義在德爲過愆之義於人爲失禮在人爲失禮之愆君必不然言齊侯必不如此齊侯心怍齊侯聞夫子之言其心愧怍麾而避之使萊人等退避有頃齊奏宫中之樂俳優侏儒戲於前俳優雜劇之人侏儒矮人呈戲於兩君之前也孔子趨進歷階而上不盡一等立於中階不敢登第一等級也曰匹夫熒惑諸侯罪當誅請右司馬速加刑焉於是斬侏儒齊侯懼有慚色將盟將盟誓修好齊人加載書齊人乃執筆加于誓書上曰齊師出境言齊三軍出境界而不以兵車三百乘從我者而汝也下同魯不使三百乘兵車從

齊侯者有如此盟孔子使茲無選茲無選魯大夫也對曰而不
返我汶陽之田言汝不還前時所侵過魯國汶陽之田吾所供命者亦
如之我使齊供我之臣亦不得還齊亦如齊之盟言齊侯將設享禮齊侯將行燕享
之禮孔子以梁丘據曰以與也齊魯之故齊魯舊事吾子何不
聞焉吾子指丘據也言汝豈不聞其故乎事既成矣盟事已成而又享之又行
燕享之禮是勤執事是徒勞執事之人且犧象不出門夫犧象之尊在法不
出門嘉樂不野合樂之嘉者不於野外奏合享而既具是棄禮享禮太過
則失其禮若其不具禮苟不備是用粃糠則如用粃糠也粃谷不成粃糠似禾之草
用粃糠君辱禮用粃糠則君受辱棄禮名惡廢禮則名不美子盍圖之
子亦指丘據也言汝何不謀之夫享所以昭德也夫燕禮者明其德也不昭不

如其已享不明德不如不享乃不果享乃不行享禮齊侯歸齊侯返國責其群臣曰魯以君子之道輔其君魯國臣用君子之道以佐其主而子獨以夷狄之道教寡人責群臣言汝用夷狄之道以教寡德之人使得罪使我得罪於魯君於是乃歸所侵魯之四邑及汶陽之田齊乃還魯四縣及汶陽之田

孔子言於定公曰家不藏甲卿大夫稱家不得蓄兵甲邑無百雉之城城三堵曰雉縣有百雉過制也古之制也古法如此今三家過制三家孟孫叔孫季孫也過制築城於邑請皆損之請魯君損其過制乃使季氏宰仲由隳三都子路為季氏宰孔子使壞三家之郈城叔孫不得意於季氏叔孫不得志於季氏宰因費宰公山弗擾乃因費邑宰公山弗擾率費

人以襲魯（糾率費邑之人民舉兵以襲魯國也）孔子以公與季孫叔孫孟孫（孔子侍定公及三子）入于費氏之宮（入費邑之宮中）登武子之臺（升武子臺）費人攻之及臺側（費師攻魯公至於臺畔）孔子命申句須樂頎勒士衆下伐之（孔子使二人率衆下臺伐之也）費人北（師敗曰北）遂隳三都之城（乃壞三家都城）彊公室（尊魯國之公室）弱私家（弱三家之私家）尊君卑臣（君臣有定分）政化大行（而教化盛行）

初魯之販羊有沈猶氏者常朝飲其羊以詐市人有公慎氏者妻淫不制有慎潰氏者奢侈踰法魯之鬻六畜者飾之以儲價及孔子之爲政也則沈猶氏不敢朝飲其羊公慎氏出其妻慎潰氏越境而徙三月則

鬻牛馬者不儲價賣羔豚者不加飾男女行者別其塗道不拾遺男尚忠信女尚貞順四方客至於邑者不求有司有司常供其職客不求而有司存皆如歸焉言如歸家無所之也

始誅第二

孔子爲魯司寇定公十四年公以孔子為司寇攝行相事有喜色有喜悅之容仲由問曰由聞君子禍至不懼言氣足以配道義故禍至不恐懼也福至不喜不以動其心也今夫子得位而喜何也今夫子得行相位而喜其故何也孔子曰然有是言也不曰樂以貴下人乎不言樂以貴而下為人乎於是朝政七日而誅亂政大夫少正卯魯國有亂政大夫少正卯諸故夫子戮之戮之于兩觀之下殺之于兩宮闕之下尸

於朝三日（陳正夘尸使魯人觀之也）子貢進曰夫少正夘魯之聞人也（少正夘魯國名瞻之人也）今夫子爲政始誅之（今夫子初爲政而即誅之）或者爲失乎（託或人言夫子得無有過失歟）孔子曰居吾語汝（爾在此我爲汝言）天下有大惡者五（天下有大不美者五事）而竊盜不與焉（盜竊不美之事亦不在此五惡數內）一曰心逆而險（處心姦逆險詐）二曰行僻而堅（行偏貴乎能改今則偏執而堅苟安不改如此則不至於敗乃公事者未之有也）三曰言僞而辨（所言詐僞又且文詐）四曰記醜而愽（所行非義其惡而廣大也）五曰順非而餙（順意爲非又能潤飾）此五者有一於人（已上五惡人有其一）則不免君子之誅（不免爲君子所誅）而少正夘皆兼有之（少正夘一身兼有此五惡）其居處足以撮徒成黨（其居處與小人成群會集此則邪道）

漸長矣其談說足以飾褒榮眾其言談足以文褒揚榮眾人其強禦足以反是獨立其剛強抗禦反非為是獨立不改此乃人之奸雄者也此是大奸之長者也不可以不除不可不除去之也夫殷湯誅尹諧尹諧有惡成湯誅之文王誅潘正潘正有惡周文誅之周公誅管蔡事見別篇不具太公誅華士虛偽之士太公誅之管仲誅付乙子產誅史何付乙史何事未聞凡此七子皆異世而同誅者異世言其人不同時同誅言其皆除惡也詩云憂心悄悄慍于群小校作之辭小人成群斯足憂矣以其大而亡國敗家小而妨賢病國斯以為可憂矣

孔子為魯大司寇孔子在魯國為大司寇有父子訟者有父子相訴者夫子同狴執之孔子收父子同囚於牢獄三月不別囚之三月不與辨其是非有哀

（矜之意故也）其父請正（其父於夫子求正其訟）夫子赦之焉（不教而殺謂之虐故夫子赦之）季孫聞之不悅（季孫以夫子赦父子之訟不悅也）曰司寇欺余（言司寇罔我）曩告余曰（昔嘗與我言）國家必先以孝（國家必以孝為先務）余今戮一不孝以教民孝（以教百姓使知孝）不亦可乎而又赦何哉（何以赦為）冉有以告孔子子喟然嘆曰嗚呼上失其道（在上之人失其教民之道云）而殺其下（而殺戮其下民不能憫哀其無教之之甚矣）非理也（甚非治國之道）不教以孝（民可使由之今既不教其民徒聽其訟不可也）而聽其獄是殺不辜（則是殺無罪也）三軍大敗（三軍之敗乃是訓練有不精也）不可斬也（不可責其敗而斬之）獄行不治（牢獄不平）不可刑也（不可施刑於人）何者上教之不行（蓋是在上教化不行）罪不在民故也

非百姓之罪乃上之無告也夫慢令謹誅賊也傲慢君令專於殺者謂之賊也徵
斂無時暴也無時取於民財者則謂之暴不試責成虐也不試用於民責
其有成者則謂之虐政無此三者為政無此三者之失然後刑可即也而後
可以就刑書云義刑義殺勿庸以即汝心刑殺皆當合義勿用以就爾心
之所安惟曰未有慎事自謂未有慎事言必教而後刑也言必先告
民教之不行而後殺之可也既陳道德以先服之既施道德以服乎民而猶
不可而民不可服尚賢以勸之尊尚賢才有德之人諭之又不可勸之又不
從即廢之則棄之又不可而又不可然後以威憚之然後用以嚴威
懼之若是三年如此三年之久而百姓正矣其有邪民不從化
者若有奸民不遵主之教者如此然後待之以刑乃用刑以殺之則民咸知

罪矣則百姓皆知有罪合當就刑詩云小雅南山篇天子是毗以此教民之道輔於天子俾民不迷使百姓不迷惑是以威厲而不試於是刑法雖嚴不用施於民刑錯而不用刑置而無所施今世則不然今世則不如古法亂其教教法紛亂不一繁其刑民犯刑者多故用刑亦多使民迷惑而陷焉使百姓昏蒙陷於刑法中又從而制之又用法以制之故刑彌繁於是刑法愈多而盜不勝也而民為盜者不可勝數也夫三尺之限空車不能登者何哉峻故也百仞之山重載陟焉何哉陵遲故也陵遲猶陂池也今世俗之陵遲久矣雖有刑法民能勿踰乎

王言解第三

孔子閒居孔子燕居之時曾子侍孔子曰參乎曾子名今之君

子唯士與大夫之言聞也但聞有官之大夫與出仕之人言語至於君子之言者希君子之正言少聞也於乎嗟嘆之辭吾以王言之其不出戶牖而化天下王者之言不必出戶庭而天下自從王者之化曾子下席而對曰敢問何謂王者言孔子不應夫子嘿然不荅曾子肅然而懼參凜然恐懼摳衣而退整衣服而退負席而立倚所坐之位而起身聳立有頃須臾間孔子顧謂曰參汝可語明王之道與汝參還可與言明王道否曾子曰非敢以為足也參不敢謂弟子足可言王道請因所聞而學焉請因夫子所言聞而學之子曰夫道者所以明德也人所通行之謂道足於己之謂德依道而行者所以昭吾之德也德者所以尊道也人之有德所行之道乃尊重是以非德道不尊非道德不明

雖有國之良馬不以其道服乘之不可以（趣道）里雖有

慱地衆民不以其道治之不可以致霸王是故昔者

明王內修七教外行三至七教修然後可以守三至

行然後可以征明王之道其守也則必折衝乎千里

之外其征也則必還師衽席之上故曰內脩七教而

上不勞（在內能脩七教則君不勞而治）外行三至而財不費（在外既行三至則國無所費）

此之謂明王之道也（明王之道乃是如此）曾子曰不勞

不費之謂明王可得聞乎孔子曰昔者帝舜左禹而

右皐陶不下席而天下治夫如此何上之勞乎（如此何在上之勞哉）

政之不中君之患也（政教不得其中乃君之病）令之不行臣

之罪也（號令不行則是人臣慢君之令乃臣之過）若乃十一而稅（古者稅法君取其一民得其九）用民之力歲不過三日（君數役於民歲不過三日）入山澤以其時而無征（斧斤以時入山澤不取其稅之利）關譏市廛皆不收賦（關市但譏異服異言市廛皆不收其賦稅）及此則生財之路而明王節之（此國家生財之道明王與節約之也）何財之費乎（何至費用其財）曾子曰敢問何謂七教（參問夫子何者為七教）何孔子曰上敬老則下益孝（上之人尊敬老人則下人愈盡孝）上尊齒則下益弟（上之人尊其年齒則下愈弟於長上）上樂施則下益寬（上喜於傅施則下愈得寬）上親賢則下擇友（上親近賢者則下益擇友而交）上好德則下不隱（上好有德之人則賢者皆出）上惡貪則下恥爭（上不貪財則下以爭利為羞恥）上廉讓則下恥節（上清節謙

遜則下亦知恥守節此之謂七教此謂七數目也七教者治民之本也政教定則本正矣凡上者民之表也表正則何物不正是故人君先立仁於己然後大夫忠而士信民敦俗樸男慤而女貞六者教之致也布諸天下四方而不窕薄也納諸尋常之室而不塞窒也等之等之齊之也以禮立之以義行之以順則民之棄惡如湯之灌雪焉曾子曰道則至矣弟子不足以明之孔子曰參以為姑止乎又有焉昔者明王之治民也法必裂地以封之分屬以理之然後賢民無所隱暴民無所伏使有司日省而時考之進用賢良退貶不肖則賢者説而不

肖者，懼哀鰥寡，養孤獨，恤貧窮，誘孝弟，選才能。此七者修，則四海之內無刑民矣。上之親下也，如手足之於腹心（上之親下也，如手足與腹心相親近），下之親上也，如幼子之於慈母矣（民之親於君王，如赤子之恋慕母慈）。上下相親如此（君民如此相親），故令則從（號令則民樂從也），施則行（發達則民施行），民懷其德（百姓懷君之德），近者悅服（中國心悅誠服），遠者來附（遠方亦來臣附），政之致也。夫布指知寸，布手知尺，舒肘知尋，斯不遠之則也。周制三百步為里，千步為井，三井而埒（音劣）（封道曰埒。淮南子曰：道有行埒。又提也），埒三而矩（此說里數，不可以言井。井自方里之名，疑誤），五十里而都封，百里而有國，乃為稸積資聚焉，恤行者有無。是以蠻夷諸夏雖衣冠不同言語不合莫不來賓故曰無市而民不乏無刑而民不亂田獵罼弋（罼魚籠弋繳射也）非以盈宮室（為祭與養也）徵斂百姓非以盈府庫也（倫人倫養君子）慘怛以補不足禮節以損有餘多信而寡貌其禮可守其言可復其跡可履如饑而食如渴而飲民之信之如寒暑之必驗故視遠若邇非道邇也見明德也是故兵革不動而威用利不施而親此之謂明王之守折衝千里之外者也曾子曰敢問何謂三至（參又問何者為三至）孔子曰至禮不讓而天下治（至極之禮不在讓遜而天下自治云云）至賞不費而天下士悅（至極之賞不費而天下之士自歡悅）至樂無聲而

天下民和（至極之樂無聲音而天下之民自和）明王篤行三至（明哲之王力行此三至）故天下之君可得而知（由是天下之王可得知其明聖）天下之士可得而臣（天下之士可得而為臣）天下之民可得而用（天下百姓可得而如）曾子曰敢問此義何謂（敢問此三至之言意義如何云云）孔子曰古者明王必盡知天下良士之名（古先哲王必皆悉忠良之名譽也）既知其名又知其實（既知其名譽又知其實行）然後因天下之爵以尊之（因朝廷官爵以尊禮之）此之謂至禮不讓而天下治（此是至極之禮不遜讓而天下自治）因天下之祿以富天下之士（因其爵祿而使之富）此之謂至賞不費而天下之士悅（此是至極之賞不費用而天下士夫喜悅）如此則天下之名譽興焉（能若此則天下之名聲興起）此

之謂至樂無聲而天下之民和此所謂至極之樂無聲音而天下百姓和樂故曰所謂天下之至仁者能合天下之至親也所謂天下之至明者能舉天下之至賢也此三者咸通然後可以征是故仁者莫大乎愛人智者莫大乎知賢賢政者莫大乎官能有土之君脩此三者則四海之内供命而已矣夫明王之所征必道之所廢者也是故誅其君而改其政弔其民而不奪其財故明王之政猶時雨之降降至則民悅矣是故行施彌博得親彌衆此之謂還師衽席之上言安安而無憂

大婚解第四

孔子侍坐於哀公〔孔子侍魯哀公坐〕公曰敢問人道誰為大孔子對曰君之及此言也百姓之惠也〔百姓受公之惠〕臣敢無辭而對〔夫子稱臣豈敢無說以對君也〕人道政為大〔人之道莫大於為政〕夫政者正也〔夫政者所以正百姓也〕君為正則百姓從而正矣〔君行政於上則百姓皆得其正〕公曰敢問為政如之何孔子對曰夫婦別〔夫婦之禮宜有分別〕男女親〔男女宜相親〕君臣信〔君臣之間有信〕三者正則庶物從之〔百姓從而皆得其正〕公曰寡人雖無能也願知所以行三者之道孔子對曰古之為政愛人為大〔夫子言古人之為政莫大愛人〕所以治愛人禮為大〔所以治愛人之道莫大於禮〕所以治禮敬為大〔所以治禮之道莫大於敬〕敬之至矣〔禮至敬則極矣〕大婚為

大婚禮又為六者也大婚至矣大婚為禮之至大婚既至冕而親迎親迎者敬之至也身親迎迓敬禮之至是故君子興敬為親捨敬則是遺親也弗親弗敬弗尊也愛與敬其政之本歟愛心敬心乃為政之根本也公曰寡人願有言也然冕而親迎不已重乎孔子愀然作色而對曰合二姓之好以繼先聖之後以為天下宗廟社稷之主君何謂已重焉魯周公之後得郊天故言以為天下之主公曰寡人實固鄙陋不固安得聞此言乎寡人欲問不能為辭請少進孔子曰天地不合萬物不生大婚萬世之嗣也夫婦婚娶乃嗣續之大也君何謂已重焉孔子遂言曰內以治宗廟之禮足以配天地

之神（言宗廟天地神之次）出以治直言之禮足以立上下之敬（夫婦正則始可以治正言禮矣身正然可以正人者也）物恥則足以振之（恥事不知禮足以振救之）國恥足以興之（恥國不知禮足以興起之）故為政先乎禮

禮其政之本與昔三代明王必敬妻子也蓋有道焉妻也者親之主也子也者親之後也敢不敬與是故君子無不敬敬也者敬身為大身也者親之支也敢不敬與不敬其身是傷其親傷其親是傷本也傷其本則支從之而亡三者百姓之象也（言百姓之所法而行）身以及身子以及子妃以及妃君以修此三者則大化愾（愾滿）乎天下矣昔太王之道也（太王出亦姜女入亦姜女國無鰥民愛其身以

及人之身愛其子以及人之子故曰太王之道如此國家順矣公曰敢問何謂敬身孔子對曰君子過言則民作辭過行則民作則言不過辭動不過則百姓恭敬以從命若是則可謂能敬其身則能成其親矣公曰何謂成其親孔子對曰君子者也人之成名也百姓與名謂之君子則是成其親為君而為其子也孔子遂言曰愛政而不能愛人則不能成其身不能成其身則不能安其土不能安其土則不能樂天安土樂天易中盡性之事隨處皆安而無一息不仁安土也既知天命而又樂天理樂天也公曰敢問何能成身孔子對曰夫其行已不過乎物謂之成身不過乎物合天道也公

曰君子何貴乎天道也孔子曰貴其不已也如日月東西相從而不已也是天道也不閉而能久（不閉常通而能久言無極）是天道也無為而物成是天道也已成而明之是天道也公曰寡人且愚冥（言惷愚冥暗也）幸煩子之於心（欲煩孔子議識其心所能行也）孔子蹴然避席而對曰仁人不過乎物孝子不過乎親是故仁人之事親也如事天事天如事親此謂孝子成身公曰寡人既聞如此言無如後罪何孔子對曰君子及此言是臣之福也

儒行解第五

孔子在衛冉有言於季孫曰國有聖人而不能用（言魯）

國有聖德之夫子而不能用欲以求治是猶郤步而欲求及前人
不可得已正如退行又欲追及前行之人斷斷然無此理矣警季孫也今孔子在
衛衛將用之已已國也有才而以資鄰國吾國有賢人而不能用是
資鄰國也難以言智也季孫以告哀公公從之季孫以冉求之言告
于哀公公從其言孔子既至舍孔子既至魯傳舍哀公館焉就孔子舍也
公自阼階公先降自東階孔子賓階夫子自西階而入升堂立侍公
曰夫子之服其儒服與公謂子曰子服儒者之衣服不孔子對曰丘
少居魯少年居魯國也衣逢掖之衣衣深衣之褒大長居宋及長則居宋地
冠章甫之冠戴章甫之冠章甫儒冠名丘聞之君子之學也博君子
之學廣博其服以鄉俗所服其衣以隨鄉俗丘未知其為儒服也不知

（其為儒衣言非所重）公曰：敢問儒行。孔子曰：畧言之則不能終其物（物猶事也），悉数之則留更僕未可以對（留久也。僕大僕，君燕朝則正位掌擯相，更為之乂將倦，使之相代者也）。哀公命席，孔子侍坐，曰：儒有席上之珍以待聘（席籍也，資也，能籍先王之道以資政治也），夙夜強學以待問（蚤夜勤力務學，以待人之資問），懷忠信以待舉（心懷忠信，以待君來召），力行以待取，其自立有如此者。儒有衣冠中，動作慎，大讓如慢（所以自抗，故如慢而不敵），小讓如偽（所以致曲，故如偽而不誠），大則如

畏

威，小則如媿（大小以容貌言，大則有所不可犯，小則有所不敢為），難進而易退也，粥粥若無能也，其容貌有如此者。儒有居處齊難（齊莊可畏難也），其起坐恭敬，言必誠信，行必中正（敬也），道途不

爭險易之利，冬夏不爭陰陽之和（恕也），愛其死以有待也，養其身以有為也（不爭近小以害遠大），其備預有如此者。儒有不寶金玉而忠信以為寶，不祈（祈求也）土地而仁義以為土地，不求多積而多文以為富，難得而易祿也，易祿而難畜也。非時不見，不亦難得乎？非義不合，不亦難畜乎？先勞而後祿，不亦易祿乎？其近人情如此者。儒有委之以貨財而不貪，淹之以樂好而不淫，劫之以衆而不懼，阻（難也）之以兵而不攝，見利不虧其義，見死不更其守，鷙蟲攫搏不程其勇（鷙猛擊也，蟲疑即毛蟲羽蟲之蟲，攫左手握也，搏索持也，程限量也），引重鼎不程其力（喻勇足以犯難，力足以任重也）。

往者不悔(行必當理故不悔也)來者不豫(知足以應變故不豫)過言不再流言不極(流言相毀知足以止之詐可窮)不斷其威(常嚴莊也)不習其謀(物來順應)其特立有如此者儒有可親而不可刼(惟可以親其道不可以刼其威也)可近而不可迫(可相近不可勇迫)可殺而不可辱其居處不過(侈溢也)其飲食不溽(濃溽也)其過失可微辨而不可面數也(疏曰此句似尚氣好勝之言於理未合)其剛毅有如此者儒有忠信以為甲胄禮義以為干櫓(干楯櫓大戟也)戴仁而行抱義而處(躬行則以仁不殘暴也處已則以義不失禮也)雖有暴政不更其所(外侮已禦內志已定何物能變我守哉)其自守有如此者(守記作立)儒有一畝之宮環堵之室(方丈曰堵一堵言其小也)篳門圭窬(篳門

編荊竹為門也圭窬穿墻為窬如圭也蓬戶甕牖以編蓬為戶破甕為牖也易衣而出更相易衣而後可出并日而食并一日之糧以為一食也上答之不敢以疑道合即信而就之不逆詐也上不答之不敢以諂不合則去不患失也其為仕有如此者儒有今人以居古人以稽稽楷同今世行之後世以為楷法也若不逢世上所不援下所不推讒諂之民有比黨而危之者身可危也其志不可奪也雖危起居猶竟信其志乃不忘百姓之病也身雖危而必行其志道雖塞而不忘其民其憂思有如此者儒有博學而不窮知新故不窮篤行而不倦可久故不倦禮必以和優游和也以法有節也慕賢而容眾毀方而瓦合陶瓦者毀其圓則方合其方復圓和

而有辯也其寬裕有如此者儒有內稱不辟親外舉不辟怨程功積事不求厚祿上不求報於君推賢達能不望其報下不責報於人君得其志民賴其德苟利國家不求富貴其舉賢援能有如此者儒澡身浴德致其潔淨以洗其心也陳言而伏入告其君不揚於外言而正之上不知也默而翹之又不為急也以清靜事君因事而正則君不知默而發之不急所以為不為也不臨深而為高不加少而為多言不因勢位而自矜莊也世治不輕世亂不沮同已不與異已不非達而必以其道窮而必行其志不以同已而與不以異已而非其特立獨行有如此者儒有上不臣天子下不事諸侯慎靜尚寬砥礪廉隅強毅以與人博學以知服

服力行也近文章雖近文不勝質雖以分國視如錙銖十絫為銖八兩為錙言輕也弗肯臣仕其規為有如此者儒有合志同方營道同術竝立竝相等也則樂相下竝相讓也不厭與齊等也久別則聞流言不信義同則進不同則退同謂與友也其交友有如此者夫溫良者仁之本也慎敬者仁之地也寬裕者仁之作也作為也遜接者仁之能也禮節者仁之貌也言談者仁之文也歌樂者仁之和也分散者仁之施也儒行之八者既歷數以告哀公而終之以仁仁者百行之原也儒皆兼而有之猶且不敢言仁也其尊讓有如此者儒有不隕穫於貧賤隕穫墜割也一說憂悶不安之貌不充詘於富貴充詘驕吝也一說勇躍叅

擾之貌不溷君王不累長上不閔有司溷辱也累罣礙也閔傷也言不受於君長有司也故曰儒儒者有道術之名今人之名儒也妄常以儒相詬疾詬疑作詬毀也疾惡也妄竊儒名故為人之所毀惡也哀公既聞此言也言加信行加敬曰終歿吾世弗敢復以儒為戲矣

問禮第六

哀公問於孔子曰大禮何如子之言禮何其尊尊猶重也孔子對曰丘也鄙人不足以知大禮公曰吾子言焉孔子曰丘聞之民之所以生者禮為大非禮則無以節事天地之神祭以事天地之神皆以禮為儀節神無百神言非禮則無以

辨君臣上下長幼之位焉（禮以正名分分之嚴者外自君臣始君臣而下又各自有上下上下之中又各自有長幼必禮而後辨其位）非禮則無以別男女父子兄弟婚姻親族疏數之交焉（禮以順人情情之厚者內自男女始有男女然後有父子兄弟婦黨曰昏婿黨曰姻皆由男女有之親族由父子兄弟昏姻有之間見曰疏亟見曰數自親族言也必禮以別其交）是故君子以此（此指禮也）為之尊敬（尊敬者謂大也）然後以其所能教順百姓（易曰禮非強世所謂順也）不廢其會節（此總前言會謂理之所聚而不可遺處節謂分之所限而不可過處也）既有成事（成事謂諏日筮吉而事可成也）然後治其彫鏤（祭器）文章黼黻（祭服）以別尊卑上下之等其順之也（順謂人無違心也）而後言（猶明也）其喪祭之紀宗廟之序品其犧牲設其豕腊（乾肉曰腊）脩其

歲時以敬祭祀別其親疏序其昭穆而後宗族會宴一作燕即安其居以綴恩義卑其宮室節其服御車不彫璣器不形一作刻鏤食不二味心不淫志疑作懸以與萬民同利古之明王行禮也如此公曰今之君子胡莫之行也孔子對曰今之君子好利無厭淫行不倦荒怠慢游固如固獲之固力取也民是盡以遂其心以怨其政以忤其衆以伐有道求得當欲不以其所言苟求得當其情欲而已虐殺刑誅不以其治理也夫昔之用民者由前用上所言今之用民者由後用下所言是即今之君子莫能為禮也言偃問曰夫子之極言禮也可得而聞乎孔子言我

欲觀夏道是故之（商也）杞（夏後封杞）而不足徵也（徵證也）吾得

夏時焉（於十二月之正正夏得天心之中或謂即夏小正之屬小正夏之書名也）我欲觀

殷道是故之宋（殷後封宋）而不足徵也吾得乾坤焉（得天地陽陰之書即易也商易曰歸藏歸藏首坤次乾故也）乾坤之義夏時之等（例也）吾

以此觀之夫禮初也始於飲食（記作夫禮之初始諸飲食初始也始猶起也飲食人之大欲人以飲食而生故禮亦緣此而始此非禮之所由起也）太古之時其燔

黍擘豚（古未有釜甑以米肉加於燒石之上熟而食之）汙罇而抔飲（鑿地為罇掬手而飲）蕢桴而土鼓（束草為椎摶土為鼓）猶可以致敬於鬼神（享其德不求備物也）及其死也升屋而號曰高（高作皐引聲之言）某（死者之名）復

然後（既不復然後以下乃行死事）飲腥苴熟（始死含以珠具將塟苞苴以遣奠而送之）

形體則降魂氣則上是為天望而地藏也氣上故望天而招體降故穴地而藏故生者南嚮死者北首皆從其初也昔之王者未有宮室冬則居營窟夏則居橧巢掘地而居謂營窟土處避寒也有柴曰橧在樹曰巢木處避暑也未有火化食草木之實鳥獸之肉飲其血茹其毛毛未盡而食曰茹未有絲麻衣其羽皮後聖有作然後修火之利範金用刑範治金為器也合土和合泥土為陶器也以為臺榭宮室戶牖以炮以燔毛炙曰炮燔炙曰燔以烹以炙沇而煮之金曰烹貫而置之火曰炙以為醴酪醴醴酒酪酪漿治其絲麻以為布帛以養生送死以事鬼神故玄酒在室醴醆在戶粢醍在堂澄酒在下按禮辨酒之五齊一曰泛齊二曰醴齊三曰盎齊四曰醍

齊五曰沈齊室内在北太古用水故尊尚之戶在室稍南堂在室外下則堂下矣去古漸遠故五若各以等降設之玄酒即泛齊醆即盎齊澄即沈齊陳其犧牲備其鼎俎列其琴瑟管磬鐘鼓以其祝嘏以降其上神上神天神也與其先祖以正君臣以篤父子以睦兄弟以齊上下夫婦有所是謂承天之祜言行禮如此則神格而鬼享矣作其祝號按禮祝號有六神鬼祇牲齍幣也皆美其辭以告神也玄酒以祭薦其血毛腥其俎此三著法上古禮也熟其殽雖有所熟猶有所腥不忘古也至下合烹則無後腥矣趏趏越同剪蒲席也席以坐疏布以罩當作冪覆酒巾也質故用疏罩衣其浣布湅染以為祭胙醴醆以獻薦其燔炙君與夫人交獻以嘉魂魄嘉善樂也是謂合莫契合於冥漠之中也此以上至熟其殽法中古禮也然後退而

合烹其烹熟之體無復腥也體其犬豕牛羊體謂解其牲體而薦之也實其簠簋籩豆鉶羹簠簋詩傳瓦器以盛黍稷籩竹器豆木器以盛果核俎醢鉶銅器如鼎和羹之器也祝以孝告祝通孝子語於先祖嘏以慈告以傳先祖語於孝子是為大祥祥善也合烹以下此當世之禮也此禮之大成也

五儀解第七

哀公問於孔子曰寡人欲論魯國之士與之為治敢問如何取之孔子對曰生今之世志古之道居今之俗服古之服舍此而為非者不亦鮮乎曰然則章甫絇履紳帶搢笏者賢人也章甫冠名絇履頭之飾紳大帶搢插也笏所執以書思對命者孔子曰不必然也丘之所言非此之謂也夫端

衣玄裳冕而乘軒者則志不在於食焄（音薰）端衣玄裳齋服也軒軒車焄辛菜也斬衰菅菲菲菅蔡草履名一作屝夏曰屝周曰履杖而歠粥者則志不在酒肉生今之世志古之道居今之俗服古之服謂此類也言服其服則制其心也公曰善哉盡此而已乎孔子曰人有五儀有庸人有士人有君子有賢人有聖人審此五者則治道畢矣公曰敢問何如斯謂之庸人孔子曰庸人者心不存慎終之規口不吐訓格格法也之言不擇賢以托其身不力行以自定見小闇大不知所務從物如流不知其所執五鑿為正心從而壞鑿竅也五鑿謂耳目鼻口及心之竅也雖似於正而耳欲聲目欲色鼻欲嗅口欲味心已從外物所

誘而壞矣一曰五鑿五情也此則庸人也公曰何謂士人孔子曰所謂士人者心有所定計有所守雖不能盡通道術之本必有率也率猶行也雖不能備百善之美必有處也處猶守也是故知不務多必審其所知言不務多必審其所謂行不務多必審其所由言務所務者皆得其要也知既知之言既道之行既由之則若性命之形骸之不可易也言若性之所命形之所賦之不移富貴不足以益貧賤不足以損此則士人也公曰何謂君子孔子曰所謂君子者言必忠信而心不怨所言必忠信無怨惡也仁義在身而色無伐躬行仁義而無矜伐之色思慮通明而辭不專心思意慮昭明通達不專尚言辭篤

行信道自強不息德行純篤信行聖道強行不息油然若將可越而終不可及者君子也油然不進之貌一作猶舒遲也不及謂從之末由也公曰何謂賢人孔子曰所謂賢人者德不踰閑依德而行不過其法行中規繩所行所為有規矩準繩言足以法於天下而不傷於身其言可為天下取法言滿天下無口過故不傷身道足化於百姓而不傷於本其道可化民亦不傷於身富則天下無宛財德惠而天下化之不獨富也施則天下不病貧德普而天下賴之不獨貧也此賢者也公曰何謂聖人孔子曰所謂聖人者德合於天地其德可配天地也變通無方隨時變通不執滯也窮萬事之終始窮萬物之本末協庶品之自然合衆物之自然明竝日月其明可竝日月之光化行若神神化行於

天下如神不可測下民不知其德民圍於德化之中不知其有德也觀者不識其鄰鄰以喻界畔也此則聖人也公曰善哉公嘆曰善哉夫子之言非凡可比非子之賢則寡人不得聞此言也雖然寡人生於深宮之內長於婦人之手未嘗知哀未嘗知憂未嘗勞未嘗知懼未嘗知危恐不足以行五儀之教若何孔子對曰如君之言已知之矣君如此言已知五儀之教也丘亦無所聞焉謙詞也公曰非吾子寡人無以啓其心吾子言也孔子曰君子入廟如右君入太廟從右而入登自阼階由東階而升仰視榱桷舉目視梁俯察机筵下視祖宗位其器皆存祭器皆在而不覩其人不見祖宗之主君以此思哀則哀可知矣

昧爽夙興未明時起正其衣冠整理其衣服冠平旦視朝平明時臨朝慮其危難思其危亡之患一物失理亂亡之端有一物不待其道則亂之自此始君以此思憂則憂可知矣日出聽政至于中冥日出聽事於殿庭至晚也諸侯子孫徃來如賓諸侯子孫來朝如客行禮揖讓慎其威儀以禮相遜正其威儀君以此思勞則勞可知矣緬然長思深遠而思出於四門出國四門之外周章遠望亡國之墟必將有數焉觀亡國定域必有定數焉君以此思懼則懼可知矣夫君者舟也君如舟船庶人者水也衆人如水水所以載舟亦所以覆舟君以此思危則危可知矣君能明此五者君能知思此五者又留意於五儀之事又畧留心五儀之事理則政治

信 四百八十三

何有失矣

哀公問於孔子請問取人之法孔子對曰事任於官官所司也言各當以其所能之事任之也無取捷捷無取鉗鉗無取啍啍捷敏疾也鉗妄對不誠也啍多言也捷捷貪也捷捷不已所以為貪鉗鉗亂也啍啍誕也誕欺詐也故弓調而後求勁馬馬服而後求良馬士必慤而後求智能馬不慤而多能譬之豺狼不可邇言無智雖不慤信不能為大惡不慤信而有智能然後乃可畏也

哀公問於孔子曰寡人欲吾國小而能守大則攻其道如何我欲吾小國能自守而大國或來攻我則其道如何對曰使君朝庭有禮上下相親天下百姓皆君之民天下之人皆為公之民將誰

攻之（何以更来攻）苟違此道（如或反其道如此）民畔如歸皆君之讎也（百姓皆畔如歸）將與誰守（將與何人共守其國）公曰善哉於是廢山澤之禁（乃廢其山澤之禁令也）弛關市之稅（能罷關市之稅賦）以惠百姓（以惠子百姓）

哀公問於孔子曰吾聞君子不愽有之乎孔子曰有之公曰何為對曰為其有二乘（一曰物雙曰乘）公曰有二乘則何為不愽子曰為其兼行惡道也（愽有三十六道）哀公懼焉有間復問曰若是乎君子之惡惡道至甚也孔子曰君子之惡惡道不甚則好善道亦不甚好善道不甚則百姓之親上亦不甚詩云未見君子憂心惙惙

惙憂也亦既見止亦既覯止我心則説詩之好善道甚也如此公曰美哉夫君子成人之善不成人之惡微吾子言焉吾弗之聞也

哀公問於孔子曰夫國家之存亡禍福信有天命非唯人也孔子對曰存亡禍福皆已而已天災地妖不能加也公曰善吾子言之豈有其事乎孔子曰昔者殷王帝辛之世有雀生大鳥於城隅焉占之曰凡以小生大則國家必王而名益昌於是帝辛介雀之德介助也以雀之德爲助也不脩國政亢暴無極朝臣莫救外寇乃至殷國以亡此即以已逆天時詭福反爲禍者也此遂

天祥而暴致之也又其先世殷王太戊之時道缺法圮以致妖蘖桑穀並生也于朝七日大拱占之者曰桑穀野木而不合生朝意者國亡乎太戊恐駭側身脩行思先王之政明養民之道三季之後遠方慕義重譯至者十有六國此即以已逆天時得禍為福者也此逆天災而德致之也故天災地妖所以儆人主者也寤夢徵怪所以儆人臣者也災妖不勝善政寤夢不勝善行能如此者至治之極也唯明王達此公曰寡人不鄙固此亦不得聞君子之教也鄙固即前篇實固之意

哀公問於孔子曰智者壽乎仁者壽乎孔子對曰然

人有三死而非其命也已自取也夫寢處不時飲食不節逸勞過度者疾共殺之居下位而上干其君外傳作好干上嗜慾無厭而求不止者刑共殺之以少犯衆以弱侮強忿怒不類動不量力兵共殺之此三者死非命也人自取之若夫智士仁人將將行也身有節動靜以義喜怒以時無害其性雖得壽焉不亦宜乎

孔聖家語圖卷之二

孔聖家語圖卷之三

武林後學吳嘉謨集校

致思第八

孔子北遊於農山（山在魯地一作景戎）子路子貢顏淵侍側孔子四望喟然而嘆曰於斯致思無所不至矣二三子各言爾志吾將擇焉子路進曰由願得白羽若月赤羽若日鐘鼓之音上震於天旍旗繽紛下蟠於地（蟠委也）由當一隊而敵之必也攘地千里（攘郤也）搴旗執馘（搴取也取敵之旍旗馘截敵之耳以效獲也）唯由能之使二子者從我焉夫子曰勇哉子貢復進曰賜願使齊楚合戰於漭瀁

之野（漭瀁廣大之野）兩壘相望（兩軍）塵埃相接挺刃交兵賜著縞衣白冠（兵凶事故子貢尚白衣素冠）陳說其間（談說齊楚於陣中）推論利害釋二國之患（數陳用兵之利害言二國之患難）唯賜能之使二子者從我焉夫子曰辯哉顏回退而不對孔子曰回來汝奚獨無願乎顏回對曰文武之事則二子者既言之矣回何云焉孔子曰雖然各言爾志也小子言之對曰回聞薰蕕不同器而藏（薰蕕之草其類各異）堯桀不共國而治（道不同不相為謀也）以其類異也回願明王聖主輔相之（回所願欲明聖之主而輔相之）敷其五教（父子有親君臣有義夫婦有別長幼有序朋友有信五教之目所以數陳之也）道之以禮樂（又以禮樂輔導之）使民城郭不

脩言世治也溝池不越無事於此鑄劍戟以為農器言無事於兵故以為農器也放牛馬於源藪牛馬不用放散於源藪與古者放牛於桃林之野歸馬於華陽之岐者可以與同日語矣正此意也室家無離曠之思男女有室家亦無離曠怨思也千歲無戰鬬之患言太平也則由無所施其勇天下平治無有事兵者矣由雖勇也其將何所施乎而賜無所用其辯矣天下平治則齊楚之君自無爭鬬賜雖有辯才也又何施乎夫子凜然曰美哉德也子路抗手而問曰夫子何選焉三子言志各出本意顏回之志如此夫子果何選焉孔子曰不傷財不害民不繁詞則顏氏之子有矣

魯有儉嗇者瓦鬲鬲曲脚鼎也煑食食之自謂其美盛之士型型瓦甂小盆也以進孔子孔子受之而說如受大牢之

饋（饋與餽同）子路曰瓦甂陋器也煑食薄膳也夫子何喜之如此乎夫子曰夫好諫者思其君食美者思（一作念）其親吾非以饌具之為厚以其食厚而我思焉

孔子之楚而有漁者獻魚焉孔子不受漁者曰天暑市遠無所鬻也思慮弃之糞壤不如獻之君子故敢以進焉於是夫子再拜受之使弟子掃地將以享祭門人曰彼將弃之而夫子以祭之何也孔子曰吾聞諸惜其腐餘（餘飪同）而欲以務施者仁人之偶（匹也）也惡有仁人之饋而無祭者乎

季羔為衛之士師（獄官）刖人之足俄而衛有蒯聵之亂

(事見他書)季羔逃之走郭門(知禍而避義也)知刖者守門焉謂季
羔曰彼有缺(言彼有空可以逃)季羔曰君子不踰(羔言君子之人不可
踰空缺之處也)又曰彼有竇(刖者又曰彼處有穴可以逃難)季羔曰君子不
隧(羔又言君子不從穴出)又曰於此有室(刖者又言此處有室)季羔乃入
焉(隨迹以逃其難)既而追者罷(追羔者不追)季羔將去謂刖者曰
吾不能虧主之法而親刖子之足(我者不可察主令而刖子之足)今
吾在難(今我在患難之中)正子報怨之時(此正汝復報之時)而逃我
者三何哉(而指刖者)刖者曰斷足固我之罪無可奈何曩
者君治臣以法令先人後臣欲臣之免也臣知之獄
決罪定臨當論刑君愀然(變色貌)不樂見君顏色臣又

知之君豈私臣哉天生君子其道固然此臣之所以悅（一作脫）君也孔子聞之曰善哉為吏其用法一也思仁恕則樹德加嚴暴則樹怨公以行之其子羔乎

孔子曰季孫之賜我粟千鍾而交益親（季平子用孔子田委吏至司空千鍾祿也）自南宮敬叔之乘我車也而道加行（孔子欲見老聃而西觀周敬叔言於魯君給孔子車馬問禮於老子孔子歷觀郊廟自周而還弟子四方來學也）故道雖貴必有時而後重有勢而後行微夫二子之貺則丘之道殆將廢矣

孔子曰王者有似乎春秋（正其本而萬物皆正）文王以王季為父以太任為母以太姒為妃以武王周公為子以太

顛闕天為臣其本美矣武王正其身以正其國正其國以正天下伐無道刑有罪一動而天下正其事成矣春秋致其時致推極也春秋以二始舉四時也而萬物皆及王者致其道而萬民皆治周公載巳行化載亦行也言行已以行化其身正不令而行也而天下順之其誠至矣

曾子曰入其一作是國也言信於群臣而留可也行忠於卿大夫則仕可也澤施於百姓則富可也孔子曰參之言此可謂善安身矣

子路為蒲宰為水備與其民脩溝壑同百姓脩導溝渠以民之勞煩苦也見百姓勞役煩苦人與之一簞食一壺漿每人與之

一食壺漿孔子聞之使子貢止之乃使子貢往止之子路忿然不悦往見孔子曰由也以暴雨將至恐有水災故與民脩溝洫以備之故使百姓脩導溝渠以防備之而民多匱餓者是以簞食壺漿而與之夫子使賜止之是止由之行仁也夫子以仁教而禁其行由不受也孔子曰汝以民為餓也何不白於君發倉廩以賑之何不白於君發粟以貸之而私以爾食饋之是汝明君之無惠是欲暴陽其君無恩惠及人而見己之德美矣汝速已則可不則汝之見罪必矣

子路問於孔子曰管仲之為人如何子曰仁也得仁道也

子路曰昔管仲說襄公公不受是不辯也欲立公子

糾而不能是不智也按齊襄公立無常無常度也鮑叔牙曰君使民慢亂將作矣奉公子小白出奔莒公孫無知殺襄公管夷吾召忽奉公子糾奔魯齊人殺無知魯伐齊納子糾小白自莒先入是為桓公乃殺子糾召忽死之家殘於齊而無憂色是不慈也桎梏而居檻車無慙心是無醜也言不恥惡事所射之君初魯聞知無知死發兵送公子糾入齊而使管仲別將兵遮莒道以拒公子小白管仲射小白中帶鈎是不貞也召忽死之管仲不死是不忠也孔子曰管仲說襄公襄公不受公之闇也欲立子糾而不能不遇時也家殘於齊而無憂色是知權命也桎梏而無慙心自裁審也事所射之君通於變也不死子糾量輕重也夫子糾未成君而管仲未成臣管仲才度義管

仲不死束縛而立功名未可非也召忽雖死過於取仁未足多也

孔子適齊中路聞哭者之聲其音甚哀孔子謂其僕曰此哭哀則哀矣然非喪者之哀也也一作矣驅而前少進見有異人焉擁鐮鐮鍥也 刈鉤也帶索哭音不哀孔子下車追而問曰子何人也對曰吾丘吾子也曰子今非喪之所奚哭之悲也丘吾子曰吾有三失晚而自覺悔之何及曰三失可得聞乎願子告吾無隱也丘吾子曰吾少時好學周徧天下後還喪吾親是一失也長事齊君君驕奢失士臣節不遂是二失也吾平生

厚交而今皆離絶是三失也夫樹欲靜而風不停子欲養而親不待往而不來者年也不可再見者親也請從此辭遂投水而死孔子曰小子識之斯足為戒矣自是弟子辭歸養親者十有三

孔子謂伯魚曰鯉乎吾聞可以與人終日不倦者其惟學焉其容體不足觀也其勇力不足憚也其先祖不足稱也其族姓不足道也終而有大名以顯聞四方流聲後裔者豈非學者之效也故君子不可以不學其容不可以不飾不飾無類無類失親（類宜為貌惟不飭故無貌體貌矜莊然後親愛可久故曰無貌失親也）失親不忠（情不相親則心無忠誠也）不

追

忠失禮（禮以忠信為本）失禮不立（不學禮則無以立也）夫遠而有光者飭也近而愈明者學也譬之汚池水潦注焉萑（萑細葦也蘢也）葦生焉雖或以觀之孰知其源乎（源泉源也水注於池而生萑葦觀者誰知其非源泉乎以言學者雖從外入及其用之人誰知其非從此出者乎）

子路見於孔子曰負重涉遠不擇地而休（寬其力也）家貧親老不擇祿而仕昔者由也事二親之時常食藜藿之實（自食惡也）為親負米百里之外（為二親負米於百里之外而歸）親喪之後南遊於楚（南遊官於楚國）從車百乘（百乘之車相隨從）積粟萬鍾（俸祿多也）累絪而坐（重席而坐）列鼎而食（羅列鼎俎而食）願欲食藜藿為親負米不可復得也枯魚銜索幾何不蠹（言不可復

（生也）二親之壽忽若過隙孔子曰由也事親可謂生事盡力死事盡思者也（生則能盡其力死則能盡其思）孔子之郯（郯國名少昊之後魯之郯縣也郯子達禮孔子故往諮問焉）遭程子於途傾蓋（傾蓋駐車）而語終日甚相親顧謂子路曰取束帛（五匹曰束）以贈先生（贈送道也）子路屑然（屑然恭貌）對曰由聞之士不中間見（中間謂紹介也）女嫁無媒君子不以交禮也有間又顧謂子路子路又對如初孔子曰由詩不云乎有美一人清揚宛兮邂逅相遇（清視清明揚眉上廣宛美也不期而會曰邂逅也）適我願兮今程子天下賢士也於斯不贈則終身弗能見也小子行之

孔子自衛反魯息駕於河梁（河水有石絕處石梁非謂河有梁也）而觀焉有懸水三十仞（八尺曰仞）圜流九十里（水深急則其流回圜）魚鱉不能道（行也）黿鼉不能居有一丈夫方將厲之（以衣涉水曰厲又度也）孔子使人竝（近也）涯止之曰此懸水三十仞圜流九十里魚鱉黿鼉不能居也意者難可濟也丈夫不以措意（措一字兩義此著也後置也）遂度而出孔子問之曰子巧乎有道術乎所以能入而出者何也丈夫對曰始吾之入也先以忠信及吾之出也又從以忠信措吾軀於波流而吾不敢以用私所以能入而復出也孔子謂弟子曰二三子識之水且猶可以忠信成身（成身成其

身也親之而況於人乎

孔子將行雨而無蓋門人曰商也有之子夏名商孔子曰之為人也甚恡吝同於財吾聞與人交推其長者違其短者故能久也

楚昭王渡江中有物大如斗圓而赤直觸王舟舟人取之取之以上楚王也王大怪之遍問群臣莫之能識使使聘於魯問孔子孔子曰此所謂萍實者也此萍草之實也可剖而食之吉祥也吉祥之兆唯伯者為能獲焉使者反王遂食之大美久之使來以告魯大夫大夫因子游問曰夫子何以知其然曰吾昔之鄭過乎陳之野聞童

謡曰楚王渡江得萍實大如斗赤如日剖而食之甜如蜜此楚王之應也吾是以知之

子貢問於孔子曰死者有知乎將無知乎子曰吾欲言死之有知將恐孝子順孫妨生以送死吾欲言死之無知將恐不孝之子弃其親而葬賜欲知死者有知與無知非今之急後自知之

子貢問治民於孔子子曰懔懔焉若持腐索之扞馬懔懔危懼貌扞馬突馬也子貢曰何其畏也孔子曰夫通達之御一作屬皆人也以道導之則吾畜也不以道導之則吾讎也如之何其無畏也

魯國之法魯人有贖臣妾於諸侯者皆取金於府子貢贖人於諸侯而還其金孔子聞之曰賜失之矣夫聖人之舉事也可以移風易俗而教導可以施於百姓非獨適身之行也今魯國富者寡而貧者衆贖人受金則為不廉則何以相贖乎自金以後魯人不復贖人於諸侯贖貿貸也

子路治蒲為邑宰請見於孔子曰由願受教於夫子由也願聽受夫子治蒲之教誨子曰蒲其如何言蒲邑風俗如何對曰邑多壯士又難治也子路言蒲人皆壯強難其為治也子曰然吾語爾恭而敬可以攝勇已能恭敬則可以攝服其強勇寬而正可以懷強行寬心好

正道可以懷柔其強暴愛而恕可以容困（能愛恕可以容其困之）溫而斷可以抑奸（和溫而能斷可以沮抑其奸邪）如此而加之則正（正治也）不難矣

三恕第九

孔子曰君子有三恕（恕者反已之謂）有君不能事有臣而求其使非恕也有親不能孝有子而求其報非恕也有兄不能敬有弟而求其順非恕也士能明於三恕之本則可謂端身矣（端身正已也已正而正人不為過矣）

孔子曰君子有三思不可不察也少而不學長無能也老而不教死莫之思也有而不施窮莫之救也故

君子少思其長則務學老思其死則務教有思其窮則務施

伯常騫問於孔子曰騫固周國之賤吏也不自以不肖將北面以事君子敢問正道宜行不容於世正道宜行而世莫之能貴故行之則有所不容隱道宜行然亦不忍世亂則隱然以道為行者亦不忍為隱事今欲身亦不窮謂能容也道亦不隱為之有道乎孔子曰善哉子之問也自丘之聞未有若吾子所問辯且說也辯當其理得其說也丘嘗聞君子之言道矣聽者無察則道不入聽者不明察則其道不能入奇偉不稽則道不信聽者不能考校其奇偉不群則道不見信言苟非其人道不虛行又嘗聞君子之言事

矣制無度量則事不成其政曉察則民不保政太曉了分察則民不能安矣又嘗聞君子之言志矣剛折不終剛則折矣不終其性命徑易者則數傷徑輕也志輕則數傷於義浩倨者則不親浩倨簡畧不恭之貌如是則人不親矣就利者則無不敝言好利者必不可久又嘗聞養世之君子矣從輕勿為先從重勿為後赴憂患從勞苦輕者宜為後重者宜為先不適已自便也見像而勿強像法也見法而已不以強世也陳道而勿彿彿詭也陳道而已不與世相詭違也此四者丘之所聞也

孔子觀於魯桓公之廟有欹器焉傾欹易覆之器韓詩弁說苑云觀於周廟有欹器焉太平御覽引家語亦然晉杜預博云周廟欹器至漢東京猶在御座當以周廟為是夫子問於守廟者曰此謂何器對曰此蓋為宥坐之器

宥與右同言可置於座右也說苑作座右或曰宥與侑同勸也淮南子作宥巵文子曰三皇五帝有勸戒之器名宥巵也孔子曰吾聞宥坐之器虛則欹中則正滿則覆明君以為至誠以戒滿也故常置於座側顧謂弟子曰試注水焉說苑孔子使子路取水而試之乃注之水韓詩弃說苑孔子曰吾聞右坐之器滿則覆虛則欹中則正有之乎對曰然孔子使子路取水而試之中則正滿則覆夫子喟然嘆曰嗚呼夫物惡有滿而不覆者哉子路進曰敢問持滿有道乎孔子曰持滿之道挹而損之子路曰損之有道乎孔子曰聰明睿智守之以愚功被天下守之以讓勇力振世振動也守之以怯富有四海守之以讓此所謂損之又損之之道也

孔子觀於東流之水子貢問曰君子所見大水必觀焉何也孔子對曰以其不息且徧與諸生諸生謂萬物也而不為也物得水而後生水不與能而又不德夫水有似乎德其流也則卑下倨拘必循其理卑一作埤增也倨一作裾方也拘鉤同曲也言水益卑而或方或曲必循其理也○裾居御切拘居候切此似義浩浩乎無屈盡之期此似道流行赴百仞之嵠而不懼此似勇至量必平之此似法盛而不求概概平斛木也言水盈而不概自平也此似正綽約綽作婥柔弱也微達此似察發源必東此似志以出以入萬物就此化絜絜與潔同易曰言萬物之潔齊也潔齊謂物之洗潔而盡出也此似善化也水之德有若此是故君子見必觀焉

子貢觀於魯廟之北堂出而問於孔子曰向也賜觀於太廟之堂未既輟還瞻北蓋皆斷焉（既盡也輟止也○蓋胡閤切扇戶也觀北面之蓋皆斷也）彼將有說焉匠之過也孔子曰太廟之堂官致良工之匠匠致良材盡其工巧蓋貴久矣（貴文也荀子曰因麗節文也）尚有說也（尚猶必也言必有說）

孔子曰吾有所耻有所鄙有所殆（殆危也）夫幼而不能強學老而無以教吾耻之去其鄉事君而達卒遇故人曾無舊言吾鄙之（事君而達得志而見故人曾無舊言是弃其素交而無進之之心也）者與小人處而不能親賢吾殆之（疏賢而近小人危亡之道也）

子路見於孔子孔子曰智者若何仁者若何子路對

曰智者使人知己仁者使人愛己子曰可謂士矣子路出子貢入問亦如之子貢對曰智者知人仁者愛人子曰可謂士矣子貢出顏回入問亦如之顏回對曰智者自知仁者自愛子曰可謂士君子矣

魯哀公問於孔子曰子從父命孝乎臣從君命貞乎三問孔子不對（不然違哀公之意故不對）孔子趨出以語子貢曰鄉者（鄉作向）君問丘曰子從父命孝乎臣從君命貞乎三問而丘不對賜以為何如子貢曰子從父命孝矣臣從君命貞矣奚疑焉（荀作夫子有奚對焉）孔子曰鄙哉賜汝不識也昔者明王萬乘之國有爭臣七人（爭讀作諍天子[illegible]三）

公四輔則主無過舉千乘之國有爭臣五人諸侯有三卿內外史則社稷不危百乘之家有爭臣三人大夫有家相室老邑宰則祿位不替父有爭子不陷無禮士有爭友不行不義士雖有臣既微且陋不能以義匡其主故須朋友之諫諍然後不行不義之事矣故子從父命奚詎為孝子順父命豈可以詎得謂之孝乎哉臣從君命奚詎為貞臣順君令豈詎得為貞夫能審其所從詳審其所從之宜與不宜之謂孝之謂貞矣

子路盛服見於孔子子曰由是倨倨倨與裾同言其服盛而氣傲也者何也夫江始出於岷山其源可以濫觴按韓詩外傳為不足濫觴言其微也及其至於江津不舫舟不避風則不可以涉

非惟下流水多邪（下流水多故使人畏服盛氣盈則衆畏之）今爾衣服既盛顏色充盈天下且孰肯以非告汝乎子路趨而出改服而入蓋自若也子曰由志之吾告汝奮於言者華（自矜於言者華而無實）奮於行者伐（矜於行者自伐其功）夫色智而有能者（知見於色自有其能）小人也故君子知之曰知言之要也不能曰不能行之至也言要則智行至則仁既仁且智惡不足哉

子路問於孔子曰有人於此披褐而懷玉何如（褐賤者服）子曰國無道隱之可也國有道則衮冕而執玉（衮冕文衣盛飾也）

好生第十

魯哀公問於孔子曰昔者舜冠何冠乎孔子不對公曰寡人有問於子而子無言何也以君之問不先其大者故方思所以為對公曰其大何乎孔子曰舜之為君也其政好生而惡殺其為政事好生惡殺也其任授賢而替不肖用人則取其賢者而不肖則不用之也德若天地而靜虛德之大如天地也化若四時而變物也化民四時如之變化萬物是以四海承風暢於異類天下咸奉承其風教以及於夷狄皆仰舜德鳳翔麟至鳥獸馴德言禽獸皆順其德無他也好生故也知人無害之之心也君舍此道而冠冕是問是以緩對

孔子讀史至楚復陳陳夏徵舒殺其君楚莊王討之因縣陳而取之申叔時諫楚莊王從之還復陳喟然嘆曰賢哉楚王輕千乘之國而重一言之信匪申叔之信不能達其義匪楚莊王之賢不能受其訓

孔子嘗自筮其卦得賁焉愀然有不平之狀子張進曰師聞卜者得賁卦吉也而夫子之色有不平何也孔子對曰以其離耶在周易山下有火謂之賁離下艮上為賁非正色之卦也夫質也黑白宜正焉今得賁非吾兆也以其飾也吾聞丹漆不文白玉不琱何也質有餘不受飾故也

孔子曰吾於甘棠見宗廟之敬也甚矣召伯聽訟於棠樹之下民作甘棠之詩思其人必愛其樹尊其人必敬其位道也

子路戎服見於孔子拔劍而舞之曰古之君子固以劍自衛乎子路言古人必以劍自護其一身也孔子曰古之君子忠以為質仁以為衛古之君子以忠處民以仁護身不出環堵之室而知千里之外居身環堵之中而知千里外事有不善則以忠化之人有不善者我則以忠道化之侵暴則以仁固之有侵犯暴逆我則以仁道固結之何待劍乎何必以劍自衛乎子路曰由乃今聞此言請攝齊以受教齊裳下緝也受教者攝齊升堂由勇人也聞夫子之言即願受教聖道感之也

楚恭王出遊亡烏皡之弓恭王出遊而失其弓烏皡良弓之名右請求

之〔左右請搜求之〕王曰已之〔王曰舍之〕楚王失弓楚人得之又何求之〔楚王失其弓而楚人得之又何以求〕孔子聞之曰惜乎其不大也〔夫子聞楚王之言曰惜乎其度量不廣大也〕不曰人遺弓人得之而已何必楚也〔但言人失弓人得之而已足矣一何用其言楚也〕

孔子為魯司寇斷獄訟皆進衆議者而問之曰子以為奚若其以為何若皆曰云云如是然後夫子曰當從某子幾是〔近也重獄事故與衆議之〕

孔子問漆雕憑曰子事臧文仲武仲及孺子容此三大夫孰賢對曰臧氏家有守龜焉名曰蔡文仲三年為一兆武仲三年為二兆孺子容三年為三兆憑從

此見之若問三人之賢與不賢所未敢識也孔子曰君子哉漆雕氏之子其言人之美也隱而顯言人之過也微而著智而不能及明而不能見孰克如此克能也而宜為如按說苑憑作馬人孰克如此王註屬憑說苑作故智不能及明不能見得無數十乎盖指三大夫也良是

魯公索氏將祭而亡其牲孔子聞之曰公索氏不及二季將亡後一季而亡門人問曰昔公索氏亡其祭牲而夫子曰不及二季必亡今過朞而亡夫子何以知其然孔子曰夫祭者孝子所以自盡於其親將祭而亡其牲則其餘所亡者多矣若此而不亡未之有

也

虞芮二國[虞在河東大陽縣芮在馮翊臨晉縣]爭田而訟連年不決乃相謂曰西伯仁人也[西伯仁人即周文王也]盍往質之[何不往彼質正]入其境[既至西伯疆界]則耕者讓畔[農夫相讓如此]行者讓路[行路之人相遜而行也]入其朝士讓為大夫[士遜大夫為尊]大夫讓于卿[言相遜也]虞芮之君曰嘻[二國之君嘆曰]吾儕小人也不可以入君子之朝[不可入君子之國]遂自相與而退[二國相退]咸以所爭之田為閑田矣孔子曰以此觀之文王之道其不可加焉[文王之道無以加矣]不令而從不教而聽至矣哉[言其不施號令而民自從不施教誨而民自聽可謂至矣]

曾子曰狎甚則相簡莊甚則不親是故君子之狎足以交歡其莊足以成禮孔子聞斯言也曰二三子識之執謂參也不知禮乎

哀公問曰紳委章甫（紳大帶委端委禮衣也章甫冠名也）有益於仁乎孔子作色而對曰君胡然焉（胡何也）衰蔴苴杖者志不存乎樂非耳弗聞服使然也黼黻袞冕者容不褻慢非性矜莊服使然也介冑執戈者無退懦之氣非體純猛服使然也且臣聞之好肆不守折（言市弗能為廉也）而長者不為市（言為長者之行則不能為市賈之事）竊（竊宜為察）夫有益與無益君子所以知

孔子謂子路曰見長者而不盡其辭雖有風雨吾不能入其門矣故君子以其所能敬人小人反是

孔子謂子路曰君子以心導耳目立義以為勇小人以耳目導心不遜以為勇故曰退之而不怨先之斯可從已二句疑有闕誤王曰言人退之而不怨先之則可從足以為師也

孔子曰君子有三患未之聞患不得聞既得聞之患弗得學既得學之患弗能行有其德而無其言君子恥之有其言而無其行君子恥之既得之而又失之君子恥之地有餘而民不足君子恥之衆寡均而人功倍己焉君子恥之業與人同而功與人異故君子恥其不及也

魯人有獨處室者魯國有男子獨居於室者鄰之釐婦釐寡婦也亦獨處一室隣之寡婦亦處一室夜暴風雨至釐婦之室壞室為風雨所損趨而托焉趨男子之室托避風雨魯人閉戶而不納男子閉戶不與寡婦入釐婦自牖與之言寡婦隔窗與男子言子何不仁而不納我乎汝何為不仁而不納我乎魯人曰吾聞男女不六十不同居言男女不六十餘歲不可居處同也今子幼吾亦幼是以不納爾也今汝尚少我亦少是以不敢容汝進也婦人曰子何不如柳下惠然嫗以體覆之曰嫗不建門不建門名之女柳下惠事見他書今此不必具載魯人曰柳下惠則可言柳下惠有德則自然可也吾固不可在我實異不可吾將以吾之不可學柳下惠之可我將以我之不可為學柳下惠之可為觀此則見其有守

非他人可比今世人有踰墻相從鑽穴相窺者矣尚何望其婦之趣托而不容入乎然其有見於此其不汗顔者亦幾希矣此非小事乃克己復禮之端自古賢人自這裏做工夫其可忽乎學生察焉可也

孔子聞之曰善哉欲學柳下惠者未有似於此者凡欲學柳下惠之人未有若魯之男子者也期於至善而不襲其為心期造至善之地不習也可謂智乎不可謂明哲之人也

孔子曰小辨害義言小人口辨害正義小言破道言小人言語破碎大道關雎興于鳥而君子美之關雎取鳥以興君子美其詩取其雌雄之有別取其匹偶有分別鹿鳴興于獸而君子大之鹿鳴篇以獸取興而君子亦大其詩其得取食而相呼取鹿相呼喚而食之意若以鳥獸之名嫌之固不可行也如嫌鳥獸之名而不取其義固不可與言詩矣觀此則小

言之言宜作嬿

孔子謂子路曰君子而強氣則不得其死小人而強氣則刑戮荐臻豳詩曰殆天之未陰雨徹彼桑土綢繆牖戶鴟鴞之詩以鳥之為巢喻我國家積累之功乃難成之若是今女下民或敢侮予今者周公時言我先王致此大功至艱而下民敢侵侮我周道謂管蔡之屬不可遏絕之以存周室也孔子曰能治國家如此雖欲侮之其可得乎

周自后稷積功累行以有爵土公劉重之以仁及至太王亶父敦以德讓其樹根置本備豫遠矣初太王都豳狄人侵之事之以皮幣不得免焉事之以珠玉不得免焉於是屬耆老而告曰狄人之所欲吾土地

吾聞之君子不以所養人者害人二三子何患乎無君遂獨與太姜去之踰梁山邑於岐山之下豳人曰仁人之君不可失也從之如歸市焉天之與周民之去殷久矣若此而不能天下未之有也武庚惡能侮能一作其武庚紂子邶步名禄與管蔡共為亂邶昧切詩曰執轡如組兩驂如舞驂之以服和調中節蓋驂馬在外服馬在中也孔子曰為此詩者其知政乎言御法得則馬和政道得則民和也夫為組者總紕於此成文於彼轡馬韁也組經緯也紕織也飾也○紕毗意切言其動於近行於遠也執此法以御民豈不化乎邶為紂都故引以喻周之善御民也竿旄之忠告至矣哉干旄之詩樂乎善道告人取喻於車之竿旄飾以素紕良馬如組紕之義引之以明紂之

不樂善道也

孔子讀詩于正月六章小雅之篇第六章惕然如懼曰彼不達之君子豈不殆哉從上依世則道廢違上離俗則身危時不興善已獨由之則曰非妖即妄也故賢者既不遇天時也恐不終其命焉桀殺龍逄紂殺比干皆是類也詩曰謂天蓋高不敢不局謂地蓋厚不敢不蹐此正月六章之辭也局曲也言天至高已不敢不曲身危行恐上干諱忌也蹐累足也言地至厚已不敢不累足恐陷在位之羅網也累足重足也此言上下畏罪無所自容也

孔聖家語圖卷之三

孔聖家語圖卷之四

武林後學吳嘉謨集校

觀周第十一

孔子謂南宮敬叔（名説孟僖子之仲子）曰吾聞老聃（姓李名耳字伯陽諡曰聃在周時為守藏吏）博古知今通禮樂之原明道德之歸則吾師也今將往矣對曰謹受命遂言於魯君（昭公也）曰臣受先臣之命（先臣孟僖子也）云孔子聖人之後也（聖人謂殷湯也）滅於宋（孔子之先去宋奔魯故曰滅於宋也）其祖弗父何始有國而授厲公（弗父何僭公世子厲公兄也讓國以授厲公春秋傳曰以有宋授厲公始有國謂始有宋也）及正考父佐戴武宣（戴武宣三公也）三命茲益恭（初命考父為士再命

為大夫三命為卿故其鼎銘曰臣有功德君命銘之於宗廟之鼎也一命而僂
再命而傴三命而俯傴恭於僂俯恭於傴循牆而走言恭益甚也亦
莫余敢侮余我也我考父也以其恭如此故人莫之侮也饘於是粥於是以
餬其口饘糜也為糜粥於此鼎言儉之至也其恭儉也若此臧孫紇有
言聖人之後若不當世武仲謂弗父何殷湯之後而不繼世為宋君則必
有明君而達者焉孔子少而好禮其將在矣將在孔子屬
臣曰女必師之今孔子將適周觀先王之遺制考禮
樂之所極斯大業也君盍以乘資之臣請與往公曰
諾與孔子車一乘馬二疋豎子侍御與敬叔俱至周
敬叔與夫子同至周問禮於老聃見老子問古之禮訪樂於萇弘見周大夫

問之以樂歷郊社之所過郊祀社祭之處考明堂之則考究明堂之法則察廟朝之度審宗廟朝廷之法度於是喟然曰吾乃今知周公之聖與周之所以興也我今乃知周公之聖德及周家之所以興王也及去周及離去周京也老子送之曰吾聞富貴者送人以財仁者送人以言吾雖不能富貴而竊仁者之號請送子以言乎凡當今之士聰明深察而近於死者此今之人聰明深察而反近於死者無他也好譏議人者也博辯宏遠而危其身好發人之惡者也孔子曰敬奉教自周反魯道彌尊矣遠方弟子之進蓋三千焉

孔子觀乎明堂觀四門墉夫子觀周明堂及四門之墻有堯舜之

容桀紂之象（見堯舜桀紂之畫象也）而各有善惡之狀興廢之誡焉（堯舜為善則興桀紂為惡則廢其形狀可以為鑒戒）又有周公相成王抱之負斧扆南面以朝諸侯之圖焉孔子徘徊而望之謂從者曰此周之所以盛也夫明鏡所以察形往古所以知今人主不務襲跡於其所以安存而忽怠所以危亡未有異於却步而求及前人也豈不惑哉

孔子觀周遂入太祖后稷之廟堂右階之前有金人焉參（參三也倉含切）緘其口（三重封其口）而銘其背曰古之慎言人也戒之哉無多言多言多敗無多事多事多患安樂必戒（雖處安樂必警戒也）無行所悔（所悔之事不可復行）勿謂何傷其

禍將長，勿謂何害，其禍將大。勿謂不聞，神將伺人。莫言無所聞知，神明已窺伺人。焰焰不滅，炎炎若何。如火方焰焰而小，若不滅之，及炎炎而至，則將如何。涓涓不壅，終為江河。如水涓涓細流，若不壅之，終成江河。綿綿不絕，或成網羅。毫末不札，將尋斧柯。木如毫末之小，若不拔去，將用斧柯而斫。誠能慎之，福之根也。誠能謹戒，是為福之根本。口是何傷，禍之門也。口過毋謂無害，乃禍之門也。強梁者不得其死，好勝者必遇其敵。盜憎主人，民怨其上。君子知天下之不可上也，故下之。君子則知天下之人不可君，其上故謙以下之。知衆人之不可先也，故後之。知衆人之多，不可居其先，故謙已後人。溫恭慎德，使人慕之。執雌持下，人莫踰之。人皆取彼，我獨守此。人皆惑之我獨不徙（惑之東西轉移之貌）內藏我智不示人技我雖高人弗我害誰能如此江海雖左長於百川以其卑也（水以右為尊江海雖在於左亦能為百川長以其能下故也）天道無親而能下人（上天之道雖無親然其因亦能下人也）戒之哉（言當以此為鑒戒也）孔子既讀斯文也（夫子讀銘既畢）顧謂弟子曰小子識之此言實而中情而信（其言朴實而有理近情而可信不比他文之無益也）詩云戰戰兢兢如臨深淵如履薄冰（戒謹恐墜陷也）行身如此豈以口過患哉

孔子見老聃而問曰甚矣道之於今難行也吾比執道而今委質以求當世之君而弗受也道於今難行也老子曰夫說者流於辯（流猶過也）聽者亂於辭（辭一作失）如

如一作知此二者則道不可以忘也忘字亦似有誤

弟子行第十二夫子弟子升堂入室者七十餘人故以名篇

衛將軍文子將軍衛卿名也文子彌年問於子貢曰吾聞孔子之施教也先之以詩書而道之以孝悌說之以仁義觀之以禮樂然後成之以文德蓋入室升堂者七十有餘人造道之多者凡七十二人其孰為賢子貢對以不知文子曰以吾子常與學賢者也何為不知子貢對曰賢人無妄謂賢人之舉動不妄知賢即難故君子之言曰知莫難於知人是以難對也文子曰若夫知賢莫不難今吾子親遊焉是以敢問子貢曰夫子之門人蓋有三千就焉

賜有逮及焉未逮及焉故不得徧知以告也文子曰吾子之所及者請問其行子貢對曰夫能夙興夜寐諷詩崇禮行不貳過（貳再也有不善未嘗不知知之未嘗復行）稱言不苟（舉言有不苟且）是顏回之行也孔子說之以詩曰媚茲一人應侯慎德（一人天子也應當也侯惟也言顏淵之德足以媚愛天子當於其心惟以慎德也此大雅下武之辭也與今詩註不類後放此）永言孝思孝思惟則（言惟能長是孝道足以為世法則也）若逢有德之君世受顯命不失厥名以御於天子則王者之相也

在貧如客（不以貧累志如在客也）使其臣如借（言不有臣如借使也）不遷怒不深怨不錄舊非（不遷怒於人不深怨於人亦不記人已之過失）是冉雍

之行也孔子論其材曰有土之君子也有衆使也有刑用也然後稱怒焉子疑衍文言冉雍非有土之君故使其臣如借而不加怒也孔子告之以詩曰靡不有初鮮克有終此大雅蕩之辭也本謂人君疾威其下而言天之生人初無不善而不以善自終而為疾虐也此與冉雍不怒之意次配故孔子以是告之匹夫不怒惟以亡其身此即上文所引疾威之意匹夫無土之人也惟思也所以不怒者思亡其身之禍也不畏強禦不侮矜矜與鰥同寡其言循性率性而言不侮其情也其都以富仲由長於政事材任治戎其材可以治軍旅是仲由之行也仲由之行如此孔子和之以文說之以詩曰受小拱大拱而為下國駿龐荷天子之龍不戁不悚敷奏其勇此商頌長

發之詩也拱共同法也駿大也龐厚也戁悲也悚懼也敷陳也奏薦也龍和也此孔子和仲由以文之義言受大小法為下國大厚乃可任天下道而不悲不懼以敷奏其勇斯為和之以文也○拱居勇切龐莫孔切龍丑勇切強乎武哉文不勝質文不勝其勇恭老䘏幼不忘賓旅賓旅謂寄客也敬老慈幼雖在於賓客亦不忘也好學博藝省物而勤也勤於六藝之文不倦其力以求其義也是冉求之行也孔子語之曰好學則知勤學則可謂明哲故也䘏孤則惠閔䘏孤者則可謂之惠也恭則近禮恭敬則近乎禮勤則有繼勤則常不間絕堯舜篤恭以王天下其稱之曰宜為國老國老助宣德教者也齊莊而能肅志通好禮擯相兩君之事篤雅有節是公西赤之行也子曰經禮三百可勉能也經禮一作禮經威

儀三千則難也言經禮三百可勉學而能之威儀三千則難而公西赤能躬行之公西赤問曰何謂也子曰貌以擯禮禮以擯辭是謂難焉擯道也言為相者當觀容貌而擯相其禮度其禮而擯相其辭度事制儀故難能之也衆人聞之以為成也孔子語人曰當賓客之事則達矣成猶成人之成以孔子稱赤能三千之儀故遂以為成也故孔子曉之曰當擯相之儀則達矣言於治國之大體則未達也謂門人曰二三子之欲學賓客之禮者其於赤也

滿而不盈能持滿而不盈也實而如虛雖飽於實理而若常虛過之如不及作事雖已是猶如未是不自足也先王難之博無不學其貌恭言其容貌則恭敬而不怠惰也其德敦在心之德敦篤也其言於人也無所

不信其驕大人也常以浩浩（大人富貴者也浩浩廣大自得之貌）是以眉壽（不慕富貴靜虛自得所以為壽也）是曾參之行也孔子曰孝德之始也悌德之序也（言其孝者德之本始弟者德之次第也）信德之厚也忠德之正也（信篤謹厚之德忠者直之德也）參中夫四德者也（中之仲切）以此稱之

美功不伐貴位不喜（不以貴爵為樂）不悔不佚（悔佚貪功慕力之貌）不傲無告（不侮鰥寡孤獨之人也）是顓孫師之行也孔子言之曰其不伐則猶可能也其不弊百姓則仁也（弊與撇同不弊即不傲無告也）詩云愷弟君子民之父母（此大雅泂酌之辭也言師之不撇百姓故民皆親愛之如父母也）夫子以其仁為大（句）學之深（謂其仁而至於大學）

而能入其深也

送迎必敬待賓客能恭敬也上交下接若截焉上與人交下與人接截然各得其體是卜商之行也孔子說之以詩曰式夷式已無小人殆式用也夷平也殆危也言用平則止無以小人至於危也若商也其可謂不險矣險危也言子夏能厲以斷之近小人斯不危也

貴之不喜賤之不怒苟利於民廉於行己廉薄也儉也言不自利也其事上也以佑其下言所以事上乃欲以佑助其下也是澹臺滅明之行也孔子曰獨富獨貴君子恥之夫也中之矣夫謂滅明中猶當也

先成其慮及事而用故動則不妄是言偃之行也孔

子曰欲能則學欲知則問欲善則詳〔欲善其事當致其詳〕欲給則豫〔欲事給而不礙莫若豫而前定〕當是而行偃也得之矣獨居思仁公言仁義其於詩也則一日三復白圭之玷〔居言其存故止曰仁言有所裁故兼曰義詩大雅抑之篇一日三復慎之至也〕是南宮縚之行也孔子信其能仁以為異士〔謂殊異之士大戴曰引之以為異姓婚姻言以兄之子妻之也〕

自見孔子出入於戶未嘗越禮〔一作越履〕往來過之足不履影〔言其往來常正故跡不履影也〕啓蟄不殺〔春分蟄蟲始振不殺所以養氣之生也〕方長不折〔春夏草木盛長不折所以養氣之通也〕執親之喪未嘗見齒〔記曰笑不見齒則非以言為見齒也〕是高柴之行也孔子曰柴於親喪

則難能也啓蟄不殺則順人道方長不折則恕人也人一作仁成湯恭而以恕是以日隮恭即順也成湯行恭順而能仁恕故能疾行下人之道其聖敬之德日升聞也孔子引之蓋言柴能行順恕之道也凡此諸子賜之所親覩者也吾子有命而訊賜賜也固不足以知賢

文子曰吾聞之也國有道則賢人興焉中人用焉中庸之人為時所用乃百姓歸之若吾子之論既富茂矣壹諸侯之相也壹謂皆也抑末世未有明君所以不遇也子貢既與衛將軍文子言適魯見孔子曰衛將軍文子問二三子之行於賜不壹而三焉賜也辭不獲命以所見者對矣未知中否請以告孔子曰言之乎子貢以其

辭狀告孔子子聞而笑曰賜女次為知人矣（言為知人之次）子貢曰賜也何敢知人此以賜之所覩也孔子曰然吾亦語女耳之所未聞目之所未見者豈思之所不至知之所未及哉子貢曰賜願得聞之

孔子曰不克不忌不念舊怨蓋伯夷叔齊之行也（伯夷姓墨名智字公達叔齊名允字公信夷齊謚也）畏天而敬人服義而行信孝於父母恭於兄弟從善而教不道蓋趙文子之行也（趙大夫名武）其事君也不敢愛其死然亦不敢忘其身謀其身不遺其友君陳則進而用之（陳謂陳列於君為君用也）不陳則行而

退盖隨武子之行也晋大夫士會食邑於隨其為人之淵源也多聞而難誕誕欺也內植植自立也足以沒其世國家有道其言足以治無道其默足以容盖銅鞮伯華之行也銅鞮邑名伯華羊舌赤也銅鞮一曰宫名外寬而內正自拯於隱栝之中當作隱隱栝皆從木隱栝所以拯物也直己而不直人汲汲於仁盖蘧伯玉之行也衛大夫名瑗孝恭慈仁允德圖義允信也圖謀也約貨去怨利者怨之所聚故約省貨利所以遠怨也輕財不匱匱竭也不竭人之財也盖柳下惠之行也其言曰君雖不量於其身謂不量度其臣之德器也臣不可以不忠於其君是故君擇臣而任之臣亦擇君而事之有

道順命〔君有道則順從其命〕無道衡命〔衡橫也謂不受其命而隱居也〕蓋晏平仲之行也〔齊大夫名嬰〕

蹈忠而行信終日言不在尤之内〔無口過也〕國無道處賤不悶貧而能樂蓋老子之行也

易行以俟命〔易治也行胡孟反〕○居下不援其上〔援板也不扳上以求進也○援于權切〕其觀於四方也不忘其親不盡其樂〔雖有觀四方之樂常念其親不盡而歸也〕以不能則學不為己終身之憂〔不能即學既得則無憂矣何至終身〕蓋介子山之行也〔即介子推史作介山子然按晉世家晉文公即位求介子推不聞其入於綿上山中文公表其山而封之號曰介山〕子貢曰敢問夫子之所知者蓋盡於此而已乎孔子曰何謂其然亦畧

舉耳目之所及而已矣昔晉平公問祁奚（晉大夫也）羊舌大夫晉之良大夫也其行如何祁奚辭以不知公曰吾聞子少長乎其所（於其所長）今子掩之何也祁奚對曰其少也恭而順心有恥而不使其過宿（有心過則速改不更宿也）其為大夫也悉善而謙其端（盡善道而謙是其正也）其為輿尉也信而好直（直正也）其功至於其為容也溫良而好禮博聞而時出其志（以時出之悔未及之是其志也）公曰曩者問子子奚曰不知也祁奚曰每位改變未知所止是以不敢得知也此又羊舌大夫之行也子貢跪曰請退而記之

賢君第十三

哀公問於孔子曰當今之君孰為最賢孔子對曰丘未之見也抑有衛靈公乎公曰吾聞其閨門之内無別而子次之賢何也孔子曰臣語其朝廷行事不論其私家之際也公曰其事何如孔子對曰靈公之弟曰公子渠牟其智足以治千乘（其智足以治諸侯千乘之國）其信足以守之（其誠信能守國也）靈公愛而任之（公愛渠牟而任用之）又有士林國者見賢必進之（有國士曰林國者見有賢人則進於君而用之也）而退與分其祿（君而不用則分已俸與之）是以靈公無游放之士（當時國士無游放者）靈公賢而尊之（公以林國為賢而尊禮之）又有士曰慶足

者【又有國士曰慶足者】國有大事則必起而治之國無事則退而容賢靈公悅而敬之又有大夫史鰌【衛大夫史鰌】以道去衛【有故而去國】而靈公郊舍三日必待史鰌之入而後敢入【待史鰌反國而後歸也】臣以此取之不亦可乎

子貢問於孔子曰今之人臣孰為賢【今世人臣以何者為賢】子曰吾未識也往者齊有鮑叔鄭有子皮則賢者矣【但往者齊國有鮑叔鄭國有子皮是賢人】子貢曰齊無管仲鄭無子產乎【子貢言管仲齊之賢臣子產鄭之賢臣意者當今之賢無出斯二人矣今曰鮑叔子皮二人而已然則齊無管仲鄭無子產乎哉】子曰賜汝聞用力為賢乎進賢為賢乎【夫子呼子貢名曰汝所聞是以用力於當時者為賢是以進賢於其君者為賢乎言此以語之】

子貢曰進賢賢哉言進賢為君者為賢也子曰然吾聞鮑叔達管仲子皮達子產未聞二子之達賢己之才者也未聞管仲子產能進人才之賢於己者也

哀公問於孔子曰寡人聞忘之甚者徙而忘其妻有諸孔子曰此猶未甚者也甚者乃忘其身公曰可得聞乎孔子曰昔者夏桀貴為天子富有四海忘其聖祖之道壞其典法廢其世祀荒於淫樂躭湎於酒佞臣謟諛窺覦道其心忠士折口杜口不言逃罪天下誅桀而有其國此謂忘其身之甚矣

顏淵將西遊於宋問於孔子曰何以為為猶治也子曰恭

敬忠信而已矣恭則遠於患敬則人愛之忠則和於衆信則人任之勤此四者（勤行此四者）可以正國（以之正國可也）豈特一身者哉（豈但一身而已哉）夫不比（比親輔也）於數（親也）而比於踈不亦遠乎不脩其中而脩外者不亦反乎慮不先定臨事而謀不亦晚乎

子路問於孔子曰　賢君治國所先者何子曰在於尊賢而賤不肖子路曰由聞晉中行氏（子路言由聞晉國有中行氏者也）尊賢賤不肖矣其亡何也（能尊賢賤不肖其國亦亡何也）子曰中行氏尊賢而不能用賤不肖而不能去賢者知其不用而怨之不肖者知其必己賤而讎之怨讎

並存其國（怨仇之人皆在國中也）鄰敵搆兵於郊中行氏雖欲無亡豈可得乎

孔子閒處喟然嘆曰銅鞮伯華無死（伯華魯之賢人也使其不死而見用）天下其有定矣子路曰願聞其人也子曰其幼也敏而好學其壯也有勇而不屈其老也有道而能下人有此三者以定天下也何難乎哉子路曰幼而好學壯而有勇則可也若夫有道下人何哉子曰由女不知也吾聞以眾攻寡無不克也以貴下賤無不得也昔者周公居冢宰之尊制天下之政而猶下白屋之士（未受祿命之家）日見百七十人斯豈以無道也欲

得士之用也惡有有道而無下天下（一有士字）君子哉

齊景公來適魯舍於公館使晏嬰迎孔子孔子至景公問政焉孔子答曰政在節財公說又問曰秦穆公國小處僻而霸何也孔子曰其國雖小其志大其處雖僻而其政中其舉也果其謀也和法無私而令不偷（偷疑作渝變也一作偷苟且也）首拔五羖爵之大夫（首宜為身五羖大夫百里奚也）與語三日而授之以政以此取之雖王可其霸少矣景公曰善哉

哀公問政於孔子孔子對曰政之急者莫大乎使民富且壽也公曰為之柰何孔子曰省力役薄賦歛則

民富矣敦禮教遠罪疾則民壽矣公曰寡人欲行夫子之言公言寡人恐吾國貧矣孔子曰詩云愷悌君子民之父母詩大雅酌之篇愷大也悌長也君子德大且長則為民之父母矣未有子富而父母貧者也論語有若曰百姓足君孰與不足得此意矣

衛靈公問於孔子曰有語寡人有國家者計之於廟堂之上則政治矣何如孔子曰其可也愛人者則人愛之惡人者則人惡之知得之己者則知得之人所謂不出環堵之室而知天下者知反己之謂也

孔子見宋君君問孔子曰吾欲使長有國而列都得之國之列都皆得其道吾欲使民無惑吾欲使士竭力吾欲使

日月當時吾欲使聖人自來吾欲官府治理為之奈何孔子對曰千乘之君問丘者多矣而未有若主君之問問之悉也然主君所欲者盡可得也丘聞之鄰國相親則長有國君惠臣忠則列都得之不殺無辜無釋罪人則民不惑士益之祿則皆竭力尊天敬鬼則日月當時崇道貴德則聖人自來任能黜否則官府治理宋君曰善哉豈不然乎寡人不佞不足以致之也孔子曰此事非難唯欲行之云耳

辨政第十四

子貢問於孔子曰昔者齊君問政夫子曰政在節財

魯君問政夫子曰政在諭臣葉公問政夫子曰政在悅近而來遠三者之問一也而夫子應之不同然政在異端乎豈為政之道在於多端乎子曰各因其事也夫子言皆各因其失而對不同齊君為國奢乎臺榭淫乎苑囿多臺榭之華麗溺苑囿之宴樂五官伎樂不懈於時其倡官妓樂無一時少息一旦而賜人以千乘之家者三一日賞大夫之官者三人千乘者大夫之家也故曰政在節財魯君有臣三人孟孫叔孫季孫所謂三人也內比周以愚其君在內則結為黨與黨愚惑其君外距諸侯之賓以蔽其明在外則距諸侯之賓客以蔽君之聰明故曰政在諭臣夫荊之地廣而都狹荊葉公所治之地其土地雖廣其所都則狹民有離心莫安其君百姓有離散之心不遑寧處書

也故曰政在悅近而來遠此三者所以為政殊矣詩不云乎喪亂蔑資莫惠我師此大雅板之辭也王曰蔑無也資財也師衆也言亂亡之政重冨厚歛民無資財曽莫肯愛我衆也與今詩傳不同此傷奢侈不節以為亂者也又曰匪其止共惟王之邛此小雅巧言之辭也邛病也言讒人不能供職惟以為王之病而已也此傷姦臣蔽主以為亂者也又曰亂離瘼矣奚其適歸此小雅四月之辭也言離散成病而歸咎於禍亂者也此傷離散以為亂者也察此三者政之所欲豈同乎哉

孔子曰忠臣之諫君有五義焉一曰譎諫說苑作正諫王註曰正其事以譎諫其君與說苑合若譎者詭寄其辭納約自牖之義也二曰戇諫戇諫無文飾也

信

三曰降諫卑降其體所以諫也四曰直諫以直道而諫也五曰諷諫借他
事引援而諫唯度主以行之唯在審度其君意向而後行之吾從其諷諫
乎諷諫則可遠罪避害者也
子曰夫道不可不貴也中行文子倍道失義以亡其
國而能禮賢以活其身王曰此說倍失義不宜說得道之意而云禮賢與上不相
次配又文子無禮賢之事○按左傳中行文子得罪於晉出奔朝歌從者曰謂此嗇夫若君子人也胡不
休馬待後車者文子曰吾好音此子遺吾琴好佩又遺我玉是以不振吾過自容於我者也吾恐其以我
求容也遂不入後車入門文子問嗇夫之所在執而殺之入朝歌孔子聞之曰文子倍道失義以亡其國
然後得之以活其身聖人轉禍為福此謂是與若入将死以不入得活故曰轉
禍為福也

楚王將遊荆臺司馬子祺諫王怒之令尹子西賀於
殿下諫曰荆臺之觀不可失也王喜拊子西之背曰
與子共樂　之矣子西步馬十里引轡而止曰臣願
言有道王肯聽之乎王曰子其言之子西曰臣聞為
人臣而忠其君者爵禄不足以賞也諛其君者刑罰
不足誅也夫子祺者忠臣也而臣者諛臣也願王賞
忠而誅諛焉王曰今我聽司馬之諫是獨能禁我耳
若後世遊之何子西曰禁後世易耳大王萬歲之後
起山陵於荆臺之上則子孫必不忍遊於父母之墓
以為歡樂也王曰善乃還孔子聞之曰至哉子西之

諫也入之於十里之上抑之於百世之後者也子貢問於孔子曰夫子之於子產晏子可謂至矣（夫子待二子愛敬之極也）敢問二大夫之所自為夫子所以與之者孔子曰夫子產於民為惠主（其治民可謂德惠之主）於學為博物（其為學乃博物之君子）晏子於君為忠臣（其事君可謂忠直之臣）而行為敬敏（其所行恭敬而敏速）故吾皆以兄事之而加愛敬

齊有一足之鳥飛集於公朝下止于殿前舒翅而跳齊侯大怪之（齊君大以為異不知為何物也）使使聘魯問孔子孔子曰此鳥名商羊水祥也（商羊鳥名主有水災）昔童兒有屈一脚振肩而跳（昔有小兒屈其一足振動兩肩而跳躍此水災之兆）且謠曰天將大

兩商羊鼓舞〔其歌曰天將有大兩以商羊出而鼓舞〕今齊有之其應至矣〔今齊國有此鳥童謠之言應矣〕急告民趨治溝渠脩隄防將有大水為災頃之大霖兩水溢泛〔俄而果有大兩水溢而泛〕諸國傷害人民〔他國皆為洪水傷害人民也〕唯齊有備不敗〔惟齊國之防備故不為害也〕

景公曰聖人之言信而有徵矣

孔子謂宓子賤曰子治單父〔魯邑〕衆悅子何施而得之也子語丘所以為之者對曰不齊〔子賤名〕之治也父恤其子其子恤諸孤而哀喪紀孔子曰善小節也小民附矣猶未足也曰不齊所父事者三人所兄事者五人所友事者十一人孔子曰父事三人可以教孝矣

凡事者五人可以教悌矣友事十一人可以舉善矣中節也中人附矣猶未足也曰此地民有賢於不齊者五人不齊事之而禀度焉皆教不齊所以治人之道孔子嘆曰其大者乃於此乎有矣昔堯舜聽天下務求賢以自輔（專務賢人以輔佐）夫賢者百福之宗也（賢人為百福之所宗）神明之主也（神明之所宗）惜乎不齊之以所治者小也

子貢為信陽宰（子貢為信陽邑宰）將行辭於孔子孔子曰勤之慎之奉天子之時無奪無伐無暴無盜子貢曰賜也少而事君子豈以盜為累哉孔子曰女未之詳也

夫以賢代賢是謂之奪言不必代而代之也以不肖代賢是謂之伐言不足代而自賢也緩令急誅是謂之暴取善自與是謂之盜盜非竊財之謂也吾聞之此下疑申蔺勤慎奉時之義知為吏者奉法以利民不知為吏者枉法以侵民此怨之所由生也治民莫若平臨財莫如廉財利莫如清廉廉平之守不可改也匿人之善斯為蔽賢揚人之惡斯為小人內不相訓而外相謗非親睦也言人之善若已有之他人有善如其自有善也言人之惡若已受之故君子無所不慎焉是以君子之人無所不用其敬

子路治蒲三年子路為蒲邑宰三年之久孔子過之過高邑入其境

曰善哉由也恭敬以信矣入其邑曰善哉由也忠信而寛矣（能忠信而寛和）至其庭曰善哉由也明察以斷矣子貢執轡而問曰夫子未見由之政而三稱其善其善可得聞乎孔子曰吾見其政矣入其境田疇盡易草萊甚辟溝洫深治此其恭敬以信（此子路恭敬以信）故其民盡力也入其邑墻屋完固樹木甚茂此其忠信以寛故其民不偷也至其庭庭其清閑（公庭清閑無事諸下用命）此其明察以斷故其政不擾也以此觀之雖三稱其善庸盡其美乎（雖三次稱美其善不足以盡其美也）

孔聖家語圖卷之四

孔聖家語圖卷之五

武林後學吳嘉謨集校

六本第十五

孔子曰行已有六本焉本立然後為君子也論語君子務本本立而道生易正其本萬事理立身有義矣而孝為本孝百行之首喪紀有禮矣而哀為本喪與其易也寧戚戰陣有列矣而勇為本後之發先之至治政有理矣而農為本君以民為天民以食為天居國有道矣而嗣為本太子天下之本也本搖則國隨之生財有時矣而力為本生財有大道在為之者疾置本不固置立也無務豐末豐培使大也本不固末雖豐而必覆大學所謂其本亂而末治者否矣親戚不悅無務外交步自

薄矣外交何為其所厚者薄而其所薄者厚未之有也事不終始無務多業記聞而言無務多說但記所聞而言不出記中故不務多說也又說苑曰聞記不善無務多談比近不安無務求一作脩遠是故反本脩邇君子之道也

孔子曰良藥苦口而利於病忠言逆耳而利於行湯武以諤諤而昌商湯周武由聽蹇諤言故昌盛桀紂以唯唯而亡夏桀殷紂其臣順意唯唯唯故亡其國君無爭臣父無爭子兄無爭弟士無爭友無其過者未之有也君父兄士若均無諫爭之人欲自少其過失者未有也故曰君失之臣得之父失之子得之兄失之弟得之己失之友得之是以國無危亡之兆家無悖亂

之惡（國不至於危亡，家不至於悖逆）父子兄弟無失而交友無絕也（父子兄弟俱無過失，朋友亦無棄絕矣）

孔子見齊景公公說焉請置廩丘之邑以為養孔子辭而不受入為弟子曰吾聞君子當功受賞今吾言於齊君君未之行而賜吾邑其不知丘甚矣於是遂行

孔子在齊舍於外館景公造焉賓主之辭既接而左右白曰周使適至言先王廟災景公復問災何王之廟也孔子曰此必釐王之廟公曰何以知之孔子曰詩云皇皇上天其命不忒天之以善必報其德（此逸詩也）

（皇皇光美也惑差也）禍亦如之夫釐王變文武之制而作玄黃華麗之飾宮室崇峻輿馬奢侈而弗可振（振救也）故天殃所宜加其廟焉以是占之為然公曰天何不殃其身而加罰其廟也孔子曰蓋以文武故也若殃其身則文武之嗣無乃殄乎故當殃其廟以彰其過俄頃左右報曰所災者釐王之廟也景公驚起再拜曰善哉聖人之智過人遠矣

子夏三年之喪畢見於孔子孔子與之琴使之絃侃侃（和也）而樂作而曰先王制禮不敢不及（子夏蓋自知其哀之已盡也）

子曰君子也閔子三年之喪畢見於孔子孔子與

之琴使之絃切切（急迫而不和也）而悲而曰先王制禮弗敢過也（閔子自知其哀之未忘也）子曰君子也子貢曰閔子哀未盡夫子曰君子也子夏哀已盡又曰君子也二者殊情而俱曰君子賜也惑敢問之孔子曰閔子哀未忘能斷之以禮子夏哀已盡能引之及禮雖均之君子不亦可乎

孔子曰無體之禮敬也無服之喪哀也無聲之樂歡也不言而信不動而威不施而仁志夫（句）鐘之音怒而擊之則武憂而擊之則悲其志變者聲亦隨之故志誠感之通於金石而況人乎

孔子見羅雀者所得皆黃口小雀夫子問之曰大雀獨不可得何也羅者曰大雀善驚而難得黃口貪食而易得黃口從大雀則不得大雀從黃口亦可得孔子顧謂弟子曰善驚以遠害利食而忘患自其心矣而以所從為禍福故君子慎所從以長者之慮則有全身之階隨小人之戇則有危亡之敗也

孔子讀易至於損益（二卦名）喟然而嘆子夏避席問曰夫子何嘆焉孔子曰夫自損者必自益自益者必有以決之（易卦之序損次得益益次得夬夬者決也損而不已必益故受之以益益而不已必決故受之以決）吾是以歎也子夏曰然則學者不可以益乎子

曰非（句）道益之謂也（所以自損者求益其道也）道彌益而身彌損

德愈盛而心愈下也 夫學者損其自多（不自有也）以虛受人（虛如虛心之虛）

易成象辭 故能成其滿（受人之益） 博哉天道成而必變（成謂成物成而）

必變未嘗得久 凡持滿而能久者未嘗有也（持滿者不能受天下之善何）

以能久 故曰自賢者天下之善言不得聞於耳矣昔堯之

居天下之位猶允恭以持之克讓以接下（書帝堯允恭克讓允）

信也克能也 是以千歲而益盛迄今而愈彰（迄至也） 夏桀昆

吾（昆吾國名助桀為虐） 自滿而無極亢意而不節斬刈黎民如

草芥焉天下討之如誅匹夫（湯放桀併誅昆吾） 是以千載而

惡著迄今而不成滿也是非損益之徵與日中則昃

月盈則食天地盈虛與時消息（上四句見易豐彖傳）是以聖人不敢當盛如行則讓長不疾先如在輿而遇三人則下之遇二人則式之（式車前可憑也）調其盈虛不令自滿所以能久也子夏曰商請志之而終身奉行焉

子路問於孔子曰請釋古之道而行由之意可乎子曰不可昔東夷之子慕諸夏之禮有女而寡為內私壻終身不嫁不嫁則不嫁矣亦非清節之義也蒼梧嬈娶妻而美讓與其兄讓則讓矣然非禮之讓也不慎其初而悔其後嗟何及矣（言事至而後悔吁嗟又何及矣）今女欲舍古之道行子之意庸知子意不以是為非以非為

是乎後雖欲悔難哉

曾子耘瓜誤斬其根曾晳怒建〇疑作揵舉也渠馬切大杖以擊其背曾子仆地而不知人久之有頃乃甦欣然而起進於曾晳曰嚮也參得罪於大人大人用力教參得無疾乎退而就房援琴而歌令曾晳聞之知其體康也孔子聞之而怒告門弟子曰參來勿內曾參自以為無罪使人請於孔子子曰女不聞乎昔瞽叟有子曰舜舜之事瞽叟欲使之未嘗不在於側索而殺之未嘗可得小捶則待過大杖則逃走故瞽叟不犯不父之罪而舜不失烝烝之孝今參事父委身以待

暴怒殪殪仆也於計切○而不避既已也身死而陷父於不義其不孝孰大焉女非天子之民耶殺天子之民其罪奚若曾參聞之曰參罪大矣遂造孔子而謝過

荊公子介子推也年十五而攝相事孔子聞之曰使人往觀其為政焉使者反曰視其朝清淨而少事其堂上有五老焉其堂下有二十壯士焉孔子曰合二十五人之智以治天下其固免矣況荊乎言不及於失也又說苑介子推云云廊下有二十五俊士堂上有二十五老人仲尼曰合兩二十五人之智云云況荊乎

子夏問於孔子曰顏回之為人奚若子曰回之信賢於丘曰子貢之為人奚若子曰賜之敏賢於丘曰子

路之為人奚若子曰由之勇賢於丘曰子張之為人奚若子曰師之莊賢於丘子夏避而問曰然則四子何為事先生子曰居吾語女夫回能信而不能反（言不必信惟義所在也）賜能敏而不能詘（言人雖敏辨亦宜有屈折時也）由能勇而不能怯師能莊而不能同（言雖矜莊亦宜有和同時也）兼四子者之有以易吾弗與也（說苑兼此四子者丘不為也）此其所以事吾而弗貳也

孔子遊於泰山見榮聲期（聲宜為啓或曰榮益啓也）行乎郕之野鹿裘素琴瑟而歌（新序作鼓琴而歌）孔子問曰先生所以為樂者何也期對曰吾樂甚多而至者三天生萬物唯

人為貴吾既得為人是一樂也男女之別男尊女卑故人以男為貴吾既得為男是二樂也人生有不見日月不免襁褓者吾既以行年九十五矣是三樂也貧者士之常死者人之終處常得（得宜為待）終當何憂哉

孔子曰善哉能自寬者也

孔子曰回有君子之道四焉強於行義弱於受諫怵於待祿（怵怵惕也　待宜為得）慎於治身史鰌有君子之道三焉不仕而敬上不祀而敬鬼直己而曲於人曾子侍曰參昔嘗聞夫子之三言而未之能行也夫子見人之一善而忘其百非是夫子之易事也見人之有善若

已有之是夫子之不爭也聞善必躬行之然後導與道同之是夫子之能勞也學夫子之三言而未能行是以自知終不及二子者也二子顏回史鰌也

孔子曰吾歿之後則商也日益賜也日損曾子曰何謂也子曰商也好與賢己者處子夏好與勝己之人相處賜也悅不若己者處子貢好與不如己者相處不知其子視其父不知其人視其友不知其君視其所使不知其地視其草木皆以彼知此也孟子觀遠臣以其所主觀近臣以其所為主意同故曰與善人居如入芝蘭之室久而不聞其香即與之化矣久後不聞其香氣與芝蘭居化矣與不善人居如入鮑魚之肆鮑魚饐魚也○部巧切久

父之教刑戮之民不從君之令此言疾之難忍急之難行也故君不急斷不急制使飲食有量衣服有節宮室有度畜積有數車器有限所防亂之原也夫度量不可不明是中人所由之令（令教令也）

孔子曰巧而好度必攻（攻攻致也）勇而好問必勝智而好謀必成以愚者反之是以非其人告之弗聽非其地樹之弗生得其人如聚砂而雨之（言易入也）非其人如會聾而鼓之夫處重擅寵（寵充實也一作擅寵）專事妬賢愚者之情也位高則危任重則崩可立而待也

孔子曰舟非水不行水入舟則沒君非民不治民犯

上則傾是故君子不可不嚴也小人不可不整一也齊高庭問於孔子曰庭不曠山不植地（曠隔也植根也庭自謂不以山為隔不以地為著而自遠來也）衣穰而提贄（穰草衣也提持也贄所執以為禮也）精（精宜為積）氣以問事君子之道願夫子告之孔子曰貞以幹之（貞正也易曰貞固以幹事）敬以輔之施仁無倦見君子則舉之見小人則退之去女惡心而忠與之效（勉也）其行脩其禮千里之外親如兄弟行不效禮不脩則對門不女通矣夫終日言不遺己之憂終日行不遺己之患唯智者能之故自脩者必恐懼以除患恭儉以避難者也終身為善一言則敗之可不慎乎

辯物第十六

季桓子穿井獲如土缶其中有羊焉使使問於孔子曰吾穿井於費而井中得一狗何也孔子曰丘之所聞者羊也丘聞之木石之怪夔魍魎水之怪龍罔象土之怪羵羊也大首曰羵噴吳伐越隳會稽吳王夫差敗越王勾踐棲于會稽吳又隳之會稽山也隳毀也○隳呼回切獲巨骨一節專車焉吳子使來聘於魯且問之孔子命使者曰無以吾命也賓既將事乃發幣於大夫及孔子賜大夫幣及於孔子孔子爵之飲之酒也既徹俎而燕燕息也○伊甸切客執骨而問曰敢問骨何如為大孔子曰丘聞

昔禹致群臣於會稽之山，防風氏後至，禹殺而戮之，其骨專車焉。此為大矣。客曰：「敢問誰守神？」言何以為所守之神。猶勾龍氏、列山氏為社稷之神之類。孔子曰：「山川之靈，足以紀綱天下者，其守為神；社稷之守為公侯；加封五鎮，以東鎮為東安公之類。山川之祀為諸侯，言所守之號有差也。皆屬於王。」加封五嶽，以東嶽為齊天王之類。客曰：「防風氏何守？」孔子曰：「汪芒氏之君，守封嵎者也。汪芒，國名。封嵎，山名。為漆說苑作釐。姓，在虞夏為防風氏，商為汪芒氏，於周為長翟氏，翟一作瞿。今曰大人。」周之初與孔子之時，其名異也。

○按後第二十四篇孔子答康子五帝之問，曰五行佐成上帝，以大皞之屬配之，而亦從帝號之論，參看其義較明。蓋天地以五行成萬物，必有以尸之，故生而有功德於民者，沒而祀之，以主時事，亦從其號而曰帝也正與此互相發客曰人長之極幾何孔子曰僬僥氏長三尺短之至也長者不過十類之極也昔邵子有元會運世之說而以寅為物開戌為物閉與佛氏增刼減刼之論相似其論亦以人之長短為言所以與聖人之以理言數異者蓋彼專以氣之消長言數故也

孔子在陳陳惠公賓之上館哀公六季吳伐陳楚救陳軍於城父聞孔子在陳蔡之間使人聘孔子孔子至陳時有隼鳥集於陳侯之庭而死隼鳥也方集庭而死楛矢貫之石砮楛木名砮箭鏃○楛侯古切其長尺有咫咫八寸也惠公使人持隼如孔子館而問焉孔子曰隼之來遠矣此肅慎氏之矢也肅慎氏北夷也昔武王克商通道於九夷百蠻九夷東方九種百蠻南北百種使各以其方賄產財也來貢

而無忘職業於是肅慎氏貢楛矢石砮其長尺有咫

先王欲昭其令德之致遠物也以示後人使永鑒焉

故銘其栝（箭羽之間）曰肅慎氏貢楛矢以分大姬配胡公

而封諸陳（大姬武王女胡公舜之後）古者分同姓以珍玉所以展

親親也分異姓以遠方之職貢所以無忘服也（服服天子之事也）

故分陳以肅慎氏貢焉君若使有司求諸故府

其可得也公使人求得之金鐀（一作櫝）如之（如孔子言）

郯（徒監切東海國）子朝魯（魯昭公十七季郯子來朝）魯人問曰（魯人叔孫昭子也）

少昊氏以鳥名官何也（少昊姓已名摯黃帝子玄囂以金德王天下號金天氏能

脩大昊法故曰少昊）對曰吾祖也我知之（郯子言少昊氏我之祖也我知其以鳥名

故官之昔黃帝以雲紀官故為雲師而雲名按左史黃帝少典子
軒轅氏代神農氏王天下以有雲瑞故以雲紀官春
官青雲氏夏官縉雲氏秋官白雲氏冬官黑雲氏中
官黃雲氏炎帝以火炎帝姓姜氏代共工氏王天下以有火德故以火紀官春官為大火夏官
為鶉火秋官為西火冬官為北火中官為中火共工以水共工名康回以諸侯竊保冀方在神
農前大昊後自謂水德故以水紀官春官為東水夏官為南水秋官為西水冬官為北水中官為中水
太昊以龍太昊伏羲氏以木德繼天而故為風姓有聖德象日月之明故曰太昊伏制羲牛又
云伏羲以龍馬負圖出河之瑞故以龍紀官春官為青龍夏官為赤龍秋官為白龍冬官為黑龍中官為
黃龍又命朱襄為飛龍氏造書契昊英為潛龍氏造甲曆大庭為居龍氏治屋廬混沌為降龍氏驅民害
陰康為土龍氏治田里粟陸為水龍氏繁滋草木疏流泉其義一也我高祖少昊
摯也名之立也鳳鳥適至是以紀之於鳥故為鳥師而

鳥名

鳳鳥氏歷正也歷曆同鳳知天時有道則見故名歷正之官○玄鳥氏司分者也玄鳥燕也燕以春分來秋分去故司二分○伯趙氏司至者也故趙伯勞也夏至鳴冬至止故司二至○青鳥氏司啓者也青鳥鶬鴳也鴳鷃同一作鷃立春鳴立夏止故司啓○丹鳥氏司閉者也丹鳥鷩雉也似山鷄而小冠背毛黃腹下赤項纓色鮮明以立秋來立冬去故司閉○已上四鳥氏皆歷正之屬官○祝鳩氏司徒也祝鳩焦鳩也鶻鳩孝故為司徒主教民○雎鳩氏司馬也雎鳩王雎也鷙而有別故為司馬主兵行列平○鳲鳩氏司空也鳲鳩布穀也飼子均平故為司空平水土○爽鳩司寇也爽鳩鷹也鷹鷙善博擊故為司寇主刑擊盜賊○鶻鳩氏司事也鶻鳩鶻鵰春來冬去終歲不息故為司事主營事○已上五鳩氏鳩民者也鳩聚也言聚民而治之也○五雉氏為五工正東方曰鶅雉西方曰鷷雉南方曰翟雉洛南曰翬雉北方曰鵗雉鷂雉摶埴之工也鷷雉攻水之工也翟雉攻金之工也翬雉設色之工也鵗雉攻皮之工也○五雉者利器用正度量夷民者也夷平也○九扈氏為九農正春扈鳻鶞趣民耕者也夏扈竊玄趣

民芸者也秋扈竊藍趣民收斂者也冬扈竊黃趣民蓋藏者也棘扈竊丹為巢驅鳥者也桑扈竊脂為蠶驅雀者也○竊淺也以鳥之色言○行扈唶唶為民晝驅鳥者也宵扈嘖嘖為民夜驅獸者也老扈鷃鷃趣民收麥者也○唶嘖鷃以鳥之聲言扈正也九扈者正民使無淫放者也○趣千木切雉丈几切扈侯古切

自顓頊以來不能紀遠乃紀於近為民師而命以民事顓頊黃帝孫以國高陽故曰高陽氏代少昊以水德王德不能致遠瑞而以民事命官以少昊四子重為木正曰句芒該為金正曰蓐收脩熙相代為水正曰玄冥又以共工之子句龍為土正黎為火正曰祝融國語所謂命火正黎司地以屬民是也則不能故也其不能紀遠以德不能致遠瑞故也

孔子聞之時二十七遂見郯子而學焉既而告人曰吾聞之天子失官學在四夷猶信郯小國也故吳伐郯季文子嘆曰中國不振旅蠻夷入伐吾亡無日矣孔子稱官學在四夷疾時之廢學也郯少昊之後以其世則遠矣以其

國則小矣魯周公之後以其世則近矣以其國則大矣然其不知禮不若郯子故孔子發此言疾時之不學也

邾隱公朝於魯子貢觀焉（子貢時為魯大夫）邾子執玉高其容仰定公受玉卑其容俯（玉所以聘于王）子貢曰以禮觀二君者將有死亡焉夫禮生死存亡之體將左右周旋進退俯仰於是乎取之朝祀喪戎於是乎觀之今正月相朝（歲首二君相朝）而皆不度（不合禮度）心已亡矣嘉事不體（朝聘為嘉事不體不得其正也）何以能久高仰驕也卑俯替也驕近亂替近疾君為主其先亡乎夏五月公薨（定公先亡如子貢言）又邾子出奔（哀公七年魯伐邾執隱公八年歸之後吳又討之奔齊如子貢之言）孔子

曰賜不幸而言中是賜多言

孔子在陳陳侯就之燕遊焉行路之人云魯司鐸災司鐸官名及宗廟以告孔子子曰所及者其桓僖之廟陳侯曰何以知之子曰禮祖有功而宗有德故不毀其廟焉今桓僖之親盡矣又功德不足以存其廟而不毀是以天災加之三日魯使至問焉則桓僖也陳侯謂子貢曰吾乃今知聖人之可貴對曰君今知之可矣未若專其道而行其化之善也

陽虎既奔齊自齊奔晉適趙氏孔子聞之謂子路曰趙氏其世有亂乎子路曰權本不在焉豈能為亂孔

子曰非女所知夫陽虎親富而不親仁有寵於季孫又將殺之不克而奔求容於齊齊人因之乃亡歸晉是齊魯二國已去其疾趙簡子好利而多信必溺其說而從其謀禍敗所終非一世可知也

季康子問於孔子曰今周十二月夏之十月而猶有螽何也孔子對曰丘聞之火伏而後蟄者畢（火大火心星也）（蟄蟄蟲也）今火猶西流司歷過也（歷曆也）季康子曰所失者幾月孔子曰於夏十月火既沒矣今火見再失閏也

吳王夫差將與哀公見晉侯（吳子魯哀公十三年與晉定公會於黃池）子服景伯對使者曰王（天子）合諸侯則伯帥侯牧以見於

王(伯王官伯也侯牧方伯也王官帥方伯以見天子尊天子也)伯合諸侯(伯方伯也)則侯帥子男以見於伯今諸侯會(時吳為方伯而召會諸侯)而君與寡君見晉成為伯矣(謂待晉以諸侯伯長之禮也)且執事以伯召諸侯而以侯終之(吳以魯君見晉君則從諸侯之制而非伯長之禮矣)何利之有焉(謂自貶也)吳人乃止既而悔之遂囚景伯景伯謂太宰嚭曰魯將以十月上辛有事於上帝先王(吳人信鬼故托祭祀恐之)季辛而畢(有事祭所以欺吳也)何也(何景伯名)世有職焉(助祭之職)自襄以來(魯襄公以來)未之改也若其不會(會祭)則祝宗(太祝宗人)將曰吳實然(謂告神以為吳所囚)嚭言於夫差歸之子貢聞之見於孔子曰子服氏之子拙於說矣以實獲囚以

詐得免孔子曰吳子為夷德可欺而不可以實是聽

者之敝非說者之拙也

叔孫氏之車士曰子鉏商（車士持車者子姓鉏商名）采薪於大野（大野今高平鉅野縣東北大澤在魯西）獲麟焉（按春秋經魯哀公十四年春西狩獲麟傳曰西狩大野今此曰采薪大野若車士子鉏商非狩者采薪而獲麟也麟瑞物麕身牛尾狼額馬蹄有五采腹下黃高丈二一角而戴肉設武備而不為害含仁懷義音中鐘呂行步中規折旋中矩遊必擇主翔必有處不履生蟲不踐生草不群不旅不入陷穽不入羅網文章斌斌）折其前左足載以

歸叔孫以為不祥棄之郭外（左傳以賜虞人棄之郭外將以賜虞人也）使

人告孔子曰有麕而角者何也（麕麞也規倫切）○孔子往觀

之曰麟也胡為來哉胡為來哉反袂拭面涕泣沾衿

叔孫聞之然後取之子貢問曰夫子何泣爾孔子曰麟之至為明王也出非其時而見害吾是以傷哉（麟者聖人之瑞夫子傷焉蓋自感也公羊傳顏淵死子曰噫天喪予子路死子曰噫天祝予西狩獲麟子曰吾道窮矣天告夫子將死之徵故云爾孔子曰天子布德將致太平則麟鳳龜龍先為之祥今宗周將滅天下無主孰為來哉遂泣曰予之於人猶麟之於獸也麟出而死吾道窮矣乃歌曰唐虞世兮麟鳳遊今非其時來何求麟兮麟兮我心憂）

哀公問政第十七

哀公問政於孔子孔子對曰文武之政布在方策（方板也受策竹書載古聖王之多政矣曰文武者蓋自其近稱之亦憲章之意也）其人存則其政舉（言文武存則舉其政而行之）其人亡則其政息（文武既沒則其政滅矣）

天道敏生生物之速兼動植言地道敏樹言敏生則樹在其中矣而又云爾者植物記於地也人道敏政夫政也者蒲盧也蒲盧陸佃作果蠃沈括作蒲葦自敏樹言之蒲葦為是譬之敏生則果蠃亦通埤雅果蠃連泥作房如併竹管取桑蟲負之七日而化為子其祝聲可聽法言曰祝之曰類我盍其音云也一名蒲盧○果古火切蠃郎果切待化以成政在化民民化則政成矣故為政在於得人取人以身脩道以仁仁即道也而脩道以仁者道體甚大在人心之親切者惟仁耳能仁則進於道矣仁者人也親親為大仁之用莫大於親親義者宜也尊賢為大義之用莫大於尊賢親親之敎敎記作殺尊賢之等禮所生也孟子親親仁也尊賢義也禮則節文斯二者而已禮者政之本也為政以禮為本也是以君子不可以不脩身為政在人取人以身故也思脩身不可以不事親脩道以仁故也

思事親不可以不知人（欲盡親親之仁必由尊賢之義）思知人不可以不知天（親親尊賢皆天理也）天下之達道有五其所以行之者三曰君臣也（君臣有義）父子也（父子有親）夫婦也（夫婦有別）兄弟也（兄弟有序）朋友也（朋友有信）五者天下之達道（上文五者天下古今所共由之路也）智仁勇（智所以知此仁所以體此勇所以強此也）三者天下之達德（三者天下古今所同得之理也）所以行之者一也（一者誠也）或生而知之（生知者知也）或學而知之（學知者仁也）或困而知之（困知者勇也）及其知之一也（合三者而言皆知者之事而知之者智也）或安而行之（安行者知也）或利而行之（利行者仁也）或勉強而行之（勉強行之者勇也）其成功一也（合三行而言皆仁者之事而成功者勇也）公曰子之言美矣至矣

寡人實固不足以成之也孔子曰好學近乎智力行近乎仁知耻近乎勇知斯三者則知所以脩身知所以脩身則知所以治人知所以治人則能成天下國家矣公曰政其盡此而已乎孔子曰凡為天下國家有九經曰脩身也尊賢也親親也敬大臣也體羣臣也子（一作重）庶民也來百工也柔遠人也懷諸侯也夫脩身則道立尊賢則不惑親親則諸父昆弟不怨敬大臣則不眩體群臣則士之報禮重子庶民則百姓勸來百工則財用足柔遠人則四方歸之懷諸侯則天下畏之公曰為之柰何孔子曰齊明盛服非禮不

動所以脩身也去讒遠色賤財而貴德所以尊賢也爵其能重其祿同其好惡所以篤親親也官盛任使所以勸大臣也（盛其官屬足任使令）忠信重祿所以勸士也（忠信者與之重祿也）時使薄斂所以子百姓也日省月考既禀稱事（既禀稍事也謂食多寡稱其事也）所以來百工也送往迎來嘉善而矜不能所以綏遠人也繼絕世舉廢邦治亂持危朝聘以時厚往而薄來所以懷諸侯也治天下國家有九經其所以行之者一也凡事豫則立不豫則廢言前定則不跲（躓也）事前定則不困行則定則不疚道前定則不窮在下位不獲于上民弗可得而治矣獲

乎上有道不信於友不獲於上矣信於友有道不順乎親親不信乎友矣順乎親有道反身不誠不順乎親矣誠身有道不明乎善不誠乎身矣誠者天之道也誠之者人之道也夫誠者不思而得不勉而中從容中道聖人之所以定體也（體一作定）誠之者擇善而固執之者也公曰子之教寡人備矣敢問行之所始孔子曰立愛自親始教民睦也立敬自長始教民順也教之慈睦而民貴有親教以敬而民貴用命既孝於親又順以聽命措諸天下無所不可公曰寡人既得聞此言也懼不能果行而獲罪咎

宰我問於孔子曰吾聞鬼神之名而不知所謂敢問焉孔子曰人生有氣有魂（氣與魄非二也充於四肢百骸為氣而所以動作則魂也）有魄（魄精氣之寓於形者也）氣魂魄會謂之生（氣聚則魂魄相交而生）氣者神之盛也（合氣與魂為神）魄者鬼之盛也（合氣與魄為鬼）夫生必有死死必歸土此謂鬼魂氣歸天此謂神合鬼與神而享之教之至也（合鬼與神而事之者孝道之至孝者教之所由生也）骨肉獘（獘與斃同）于下化為野土其氣發揚于上者此神之著也聖人因物之精制為之極（極中也制為中法也）明命鬼神以為民之則（顯然稱為鬼神使民尊而事之也）而猶以是為未足也故築為宮室設為宗祧（宗宗廟也祧遠廟也天子特有二祧諸侯謂始祖為祧也）春

秋祭祀以別親疏教民反古復始不敢忘其所由生

也衆人服服從自此聽且速焉聽之又速也教以二端二端

既立服以二禮二端謂氣與魄也二禮報氣與魄也建設朝音招事謂初薦腥

時事也燔燎羶薌謂取膟膋雜以蕭蒿焚之使羶薌上騰也膟音律膋音聊膓問脂也薌音

香所以報氣也薦黍稷謂饋熟時則以黍稷為薦羞肺肝羞進也謂進其

肺肝心首之饌加以鬱鬯鬱香草鬯王曰樽也所以報魄也此教民脩

本反始崇愛上下用情禮之至也民能不忘其所由生然後能相愛也

上下謂尊卑用情謂親也君子反古復始吾之所謂古祖也吾所自為始稱也尊祖親稱

所以為反古復始也不忘所由生是以致其敬發其情竭力從

事不敢不自盡也此之謂大教昔者文王之祭也事

歿如事生思歿而不欲生欲猶得也忌日則必哀稱諱則如見親祀之忠也盡心祀事思之深如見親之所愛祭欲見親顏色者其唯文王乎詩云明發不寐有懷二人則文王之謂與此小宛之辭也假此詩以喻文王明發自夜至啓明時二人謂父母也祭之明日明發不寐有懷二人敬而致之敬記作饗又從而思之祭之日樂與哀半饗之必樂樂其必來已至必哀哀其終往○以祭之明日二十一字在此句下意尤順言禪祭也○禪與繟同孝子之情也文王為能得之矣

孔聖家語圖卷之五

孔聖家語圖卷之六

武林後學吳嘉謨集校

顏回第十八

魯定公問顏回曰子亦聞東野畢之善御乎（東野民名畢莊子作稷御又作馭使馬也）對曰善則善矣雖然其馬將必佚（佚與逸同）定公色不悅謂左右君子固有誣人也顏回退後三日牧來訴之曰東野畢之馬佚兩驂曳兩服入于廐（驂馬在外服馬在中曳謂曳足而行不任重也易曰其于馬也為曳○音武結切）公聞之越席而起促駕召顏回回至公曰前日寡人問吾子以東野畢之善御而子曰善則善矣其馬將佚不識吾

子奚以知之顏回對曰以政知之昔者帝舜巧於使民造父巧於使馬造父周穆王時人以善御幸於王得八駿馬遊行天下舜不窮其民力造父不窮其馬力是以舜無佚民造父無佚馬今東野畢之御也升馬執轡銜體正矣轡馬韁也銜馬勒也體馬體也言馬正當車也步驟馳騁朝禮畢矣謂集其馬步驟馳騁中規中矩盡朝廷之禮也歷險致遠馬力盡矣然而猶乃求馬不已臣以此知之公曰善哉若吾子之言也吾子之言其義大矣願少進乎顏回曰臣聞之鳥窮則啄獸窮則攫攫撲取也本從人言說苑作觸是也人窮則詐馬窮則佚自古及今未有窮其下而能無危者也公說遂以告孔子孔子對

曰夫其所以為顏回者此之類也豈足多哉

孔子在衛昧旦（早也）晨興顏回侍側聞哭者之聲甚哀子曰回也知此何所哭乎對曰回以此哭聲非但為死者而已又有生離別者也子曰何以知之對曰回聞桓山之鳥生四子焉羽翼既成將分於四海其母悲鳴而送之哀聲有似於此謂其往而不返也回竊以音類而知之孔子使人問哭者果曰父死家貧賣子以葬與之長決子曰回也善於識音矣

顏回問於孔子曰成人之行若何子曰達于情性之理通于物類之變知幽明之故覩游氣之原若此可

謂成人矣既能成人而又加之以仁義禮樂成人之行也若乃窮神知化德之盛也

顏回問於孔子曰臧文仲武仲孰賢孔子曰武仲賢哉顏回曰武仲世稱聖人而身不免於罪是智不足稱也（武仲為季氏廢適立庶為孟氏所譖出奔于齊）好言兵計而挫銳於邾是智不足名也（武仲與邾戰而敗績國人頌之曰我君小子侏儒是使侏儒侏儒使我敗）（於邾計一作討）夫文仲身雖殁而言不朽惡有未賢（立不朽之言故以為賢）孔子曰身殁立言所以為文仲也然有不仁者三不智者三是則不及武仲也回曰可得聞乎孔子曰下展禽（展禽柳下惠也下謂知其賢而使在下位也）置六關（六關關名魯本無關）

文仲置之以稅行者妾織蒲傳曰織蒲蒲席也言文仲為國世家在於貪利三不仁設虛器蔡天子之守龜非文仲所宜居故曰虛器縱逆祀夏父弗忌為宗伯躋僖公於閔公之上文仲縱而不禁也祀海鳥海鳥曰爰居止于魯東門之上文仲以為神令國人祀之三不智武仲在齊齊將有禍不受其田以避其難難一作亂是智之難也武仲奔齊齊莊公與之田武仲知其將有難辭而不受也夫臧武仲之智而不容於魯抑有由焉作而不順施而不恕也夫不順不恕謂欲以廢適立庶施於季氏也夏書曰念茲在茲順事恕施

顏回問君子孔子曰愛近仁博愛於人則近於仁也度近智量度其事而後行則近於智也為己不重無私我也為人不輕厚待物也君子也夫回曰敢問其次子曰弗學而行弗思而得質美而未學也

小子勉之（勉謂學也）

顏回問小人孔子曰毀人之善以為辯（不惟不能愛也）不狡訐懷詐以為智（不惟不能度也）幸人之有過（不惟不重於為已也）恥人之學而羞人之不能（不惟不能厚於待人也）小人也

顏回謂子路曰力猛於德而得其死者鮮矣盍慎焉

孔子謂顏回曰人莫不知此道之美而莫之御（御猶行也）莫之為也何居為聞（道）著盍日思也夫

顏回問於孔子曰小人之言有同乎君子者不可不察也孔子曰君子以行言小人以舌言故君子於為義之上（上與尚同）相疾也退而相愛（急令為義是以相疾而其情實相親）小

人於為亂之上相愛也退而相惡樂並為亂是以相愛而情實不相親顏回問朋友之際交也如何孔子曰君子之於朋友也心必有非焉而弗能謂不忠告也吾不知其仁人也不忘久德不忘久怨仁矣夫仲孫何忌問於顏回曰仁者一言而必有益於仁智可得聞乎回曰一言而有益於智莫如豫一言而有益於仁莫如恕夫知其所不可由斯知其所由矣

叔孫武叔見未仕仕疑作侍於顏回回曰賓之武叔多稱人之過而已評論之顏回曰固子之來辱也宜有得於回焉吾聞諸孔子曰言人之惡非所以美己言人

之枉非所以正己故君子攻其惡無攻人之惡顏回謂子貢曰吾聞諸夫子身不用禮而望禮於人身不用德而望德於人亂也夫子之言不可不思也

子路初見第十九

子路初見孔子子曰女何好樂（魚教切）對曰好長劍孔子曰吾非此之問也徒謂以子之所能而加之以學問豈可及乎子路曰學豈有益也哉（說苑作學亦有益乎）孔子曰夫人君而無諫臣則失正士而無教友則失聽御狂馬不釋策（御狂馬者不舍轡策然後可控制也）操弓不反檠（檠與弩同所以正弓也弓不反檠然後可折折屈曲也○檠渠京切）木受繩則直人受諫則聖

受學重問孰不順成(成其問學之志)毀仁(仁一作人)惡士必近於刑(謗毀仁者憎惡士人必主於刑也)君子不可不學子路曰南山有竹不揉自植斬而用之達于犀革以此言之何學之有孔子曰栝而羽之鏃而礪之(栝箭筈羽以揚之鏃箭刃礪所以利之○刄時振切)其入之不亦深乎(此學之益也)子路再拜曰敬受教

子路將行辭於孔子孔子曰贈女以車贈女以言乎子路曰請以言孔子曰不強不達(強毅也達道遠也)不勞無功不忠無親(忠我盡心于人親人盡心于我)不信無復(近義之信言乃可復)不恭失禮(禮以敬為主)慎此五者而已子路曰由請終身奉之

敢問親交取親若何言寡可行若何長為善事而無犯若何孔子曰女所問也在五者中矣親交取親其忠也言寡可行其信也長為善士（士宜作事）而無犯其禮也

孔子為魯司寇見季康子康子不說（康子當為桓子）孔子又見之宰予進曰昔予也嘗聞諸夫子曰王公不我聘則弗動夫子之於司寇也日少（言居位不久也）而屈節數矣（屈節謂數見季孫也）不可以已乎孔子曰然魯國以衆相陵以兵相暴之日久矣而有司不治則將亂也其聘我者孰大於是哉（言聘我使在官其為治豈復有大于此者也）魯人聞之曰

聖人將治何不先自遠於刑罰自此之後國無爭者

孔子謂宰予曰違山十里蟪蛄之聲猶在於耳故政事莫如應之（蟪蛄蟬屬蟀螓也去山十里猶聞其聲似其鳴之不已也言政事須慎聽之然後行之也聽字疑闕誤大抵使聞而改之之意）

孔子兄子有孔篾者與宓子賤皆仕孔子往過孔篾而問之曰自女之仕何得何亡對曰未有所得而所亡者三王事若龍（龍宜為襲言前後相因也）學焉得習（不暇學也）是學不得明也俸祿少饘粥不及親戚是骨肉益疏也公事多急不得弔死問疾是朋友之道闕也所亡者三即謂此也孔子不說往過子賤問如孔篾對曰自來

仕無所亡有所得者三始誦之今得而行之是學益明也俸禄所共被及親戚是骨肉益親也雖有公事而兼以弔死問疾是朋友篤也孔子喟然謂子賤曰君子哉若人（指子賤也）魯無君子者則子賤焉取此（明魯之多賢見子賤之能取友以成此德也）

孔子侍坐於哀公賜之桃與黍焉哀公曰請食孔子先食黍而後食桃左右皆掩口而笑公曰黍者所以雪桃（雪拭之也）非為食之也孔子對曰丘知之矣然黍者五穀之長郊宗廟以為上盛（在器曰盛○時征切）果屬有六而桃為下祭祀不用不登郊廟丘聞之君子以賤雪貴

未聞以貴雪賤今以五穀之長雪果之下者是從上雪下臣以為妨於教害於義故不敢公曰善哉

子貢曰陳靈公宣婬於朝（靈公與卿孔寧儀行父共通大夫御叔之妻夏姬）泄冶正諫而殺之是與比干諫而死同可謂仁乎孔子曰比干於紂親則諸父官則少師忠報之心在於宗廟而已固必以死爭之冀身死之後紂將悔悟其本志情在於仁者也泄冶之於靈公位在大夫無骨肉之親懷寵不去仕於亂朝以區區之一身欲正一國之婬昏死而無益可謂捐（捐委棄也）詩云民之多僻無自立辟（此大雅板之辭僻邪也辟法也此特解孔子引詩之意也）其泄冶之謂乎

孔子相魯，齊人患其將霸（齊人恐魯國成霸者之道）欲敗其政，乃選好女子八十人（乃選美女八十人）衣以文飾而舞容璣（衣文繡之衣，舞容璣之曲）及文馬四十駟（駟四馬也）以遺魯君。陳女樂，列文馬于魯城南高門外（陳列所貢之物于魯城南門外）季桓子微服往觀之再三，將受焉，告魯君為周道游觀，觀之（為周徧道路遊行之名，因出觀齊之女樂）終日怠於政事。子路言於孔子曰：夫子可以行矣。孔子曰：魯今且郊，若致膰肉大夫（若猶致肉分於大夫）是則未廢其常（則是常禮猶不失）吾猶可以止也（在我未可去者也）桓子既受女樂，君臣淫荒，三日不聽國政，郊又不致膰俎（俎半肉在且上，禮俎也○側呂切）孔子遂行，宿於郭屯（地名）

在魯之南師已魯大夫名送曰夫子非罪也孔子曰吾歌可乎歌曰彼婦人之口可以出走彼婦人之謁陰晦也於益切○可以死敗言婦人之柔晻其言足以使人死敗出走也優哉優哉聊以卒歲言士之不遇聊優優以終歲也

澹臺子羽有君子之容而行不勝其貌宰我有文雅之辭而智不充其辯孔子曰里語云相馬以輿相士以居言必考其實也弗可廢矣以容取人則失之子羽以言取人則失之宰予言一作辭

孔子曰君子以其所不能畏人小人以其所不能不信人故君子長人之才小人抑人而取勝焉

孔蔑問行已之道（問修身行已之道也）子曰：知而弗為，莫如弗知（既知可為而不為，不如不知）；親而弗信，莫如勿親（既親於人，又不信之，不如勿與相親）；樂之方至，樂而弗驕（喜之方來，不可乘而驕）；患之將至，思而弗憂（患難方來，當思而不當憂）。孔蔑曰：行已乎（行已之道如斯而止乎）？子曰：攻其所不能（言已有不能，當攻治之），備其所不足（已有不足，常備至之）；毋以其所不能疑人（勿以我不能而疑人之能），毋以其所能驕人（勿以已能而驕人之不能）；終日言無遺已之憂（言無口過，故不至有憂），終日行不遺已之患（行無怨惡，故不至於有患也）。惟智者能之（惟明哲之人能如此）。

在厄第二十

楚昭王聘孔子孔子往拜禮焉夫子往楚國拜昭王之禮命路出於陳蔡行路出於陳蔡之間陳蔡大夫相與謀曰陳蔡二國之臣相共謀議孔子聖賢夫子乃聖賢人也其所刺譏皆中諸侯之疾其諷諫皆切中諸侯之失若用於楚則陳蔡危矣遂使徒兵距孔子不得行乃用其徒舉兵遮孔子路不得行絕糧七日孔子不食者七日外無所通外無間道可通藜羹不充藜羹亦不充足於飢從者皆病隨從之人飢餓而病孔子愈慷慨講誦絃歌不衰孔子知弟子有慍色益自慷慨講誦絃歌不少息者也乃召子路而問焉曰匪兕匪虎率彼曠野詩小雅何草不黃之辭率循也言匪虎兕何為使循曠野而不安也吾道非乎奚為至於此乎子路作色而對曰君子無所困君子之人何所窮困意者

夫子未仁與乃夫子未能盡於仁乎人之弗吾信也故人不信也意者夫子未智與又乃夫子未能盡智乎人之弗吾行也故人不使通行而窮困知此也且由也昔者聞諸夫子曰為善者天報之以福人能作善則天以福報之為不善者天報之以禍為不善則以禍報之今夫子積德懷義今夫子外積於德內懷為義行之久矣行之於已亦也久矣奚居之窮也何為窮困若此子曰由未之識也子謂仲由爾未知此理吾語汝汝以仁者為必信也汝言仁者之人必取信於人乎則伯夷叔齊不餓死首陽則夷齊仁者也必不當餓死汝以智者為必用也汝言智者必見用於人則王子比干不見剖心則比干不當為紂所殺汝以忠者為必報也汝言忠臣必得君之報乎則關龍逢不見

刑（則龍逢亦不當為紂所殺）汝以諫者為必聽也（汝言諫臣必得君之聽乎）則伍子胥不見殺（則子胥不當見殺於吳王矣）夫遇不遇者時也（時有遇與不遇也）賢不肖者才也（才有賢不肖者也）君子博學深謀而不遇時者衆矣（世之賢才君子不遇時者多）何獨丘哉（豈獨我不遇哉）且芝蘭生於幽林（夫芝蘭之草生於深谷林之中）不以無人而不芳（豈因無人往來而不吐其香乎）君子修道立德（君子將明其道成立其德）不為窮困而改節（豈以一時之窮困而遂變其所守乎）為之者人也（作為在人）生死者命也（死生有命）是以晉重耳之有霸心生於曹衛（重耳晉文公為公子時出奔於曹衛）越王勾踐之有霸心生於會稽（越王之有霸心困于會稽也）故居下而無憂者則思不遠（在下位而無患難之憂則思慮淺而

已矣處身而常逸者則志不廣處身而務逸樂則其志小庸知其終
始乎庸用也汝何用知其終始或者晉文公越王時也子路出召子貢告如
子路子貢曰夫子之道至大故天下莫能容是以天下不能
容夫子盍少貶焉夫子何不少自損抑子曰賜良農能稼不必
能穡種曰稼斂曰穡良農能種稼未必能斂以歲有豐凶也良工能巧不能為
順良工能巧不能順意以規矩有定也君子能脩其道綱而紀之君子能修
明其道有綱而有紀也不必其能容未必其人之能容今不修其道而
求其容今乃不修其道而求人之見容賜爾志不廣矣思不遠矣子
貢出顏回入問亦如之顏回曰夫子之道至大天下
莫能容雖然夫子推而行之世不我用有國者之醜

也夫子何病焉不容然後見君子（世不能容乃見君子道大）孔子欣然嘆曰（夫子問顔回言而樂然嘆曰）有是哉（誠有如此也）顔氏之子使爾多財吾爲爾宰（宰主財者爲之主財志意同也）

孔子厄於陳蔡從者七日不食子貢以所齎貨竊犯圍而出告糴於野人得米一石焉顔回仲由炊之於壞屋之下有埃墨墮飯中顔回取而食之子貢自井望見之不説以爲竊食也入問孔子曰仁人廉士窮改節乎孔子曰改節即何取於仁廉哉子貢曰若回也其不改節乎子曰然子貢以所飯告孔子子曰吾信回之爲仁久矣雖女有云弗以疑也其或者必有

故乎女止吾將問之召顏回曰疇昔予夢見先人豈或啓祐我哉子炊而進飯吾將進祭也焉對曰向有埃墨墮飯中欲置之則不潔棄之則可惜回即食之不可祭也孔子曰然乎吾亦食之顏回出孔子謂二三子曰吾之信回非待今日也二三子由此乃服之

子路問於孔子曰君子亦有憂乎子曰無也君子之修行也其未得之也則樂其意既得之又樂其治治易也有終身之樂無一日之憂故君子常樂而不憂小人則不然小人反是其未得也患弗得之既得之又恐失之是以有終身之憂無一日之樂也故小人常憂而不樂

曾子敝衣而耕於魯（曾子衣敝衣而耕於魯之野）魯君聞之而致邑焉固辭不受曰（曾子堅辭不肯受乃曰）吾聞受人施者常畏人（我聞受人之與者常畏怯之）與人者常驕人（有物與人者見其人常驕怠之）縱君有賜不我驕也（雖使魯君有賜而不驕忽于我）吾豈能勿畏乎（在我豈不畏之）孔子聞之曰參之言足以全其節也

入官第二十一

子張問入官於孔子（入官謂當官治民之職）子曰安身取譽為難（子言居官身安得其善譽者難也）子張曰為之如何子曰已有善勿專（言有善不專為己有）教不能勿怠（教民未能勿倦怠）已過勿發（人已有失無所傷害不發）失言勿倚（人有失言勿倚角之也）不善勿遂（已有不善不可

遂行也行事勿留宜行之事不可留滯君子入官具此六者居官能行此六者則身安譽至而政從矣且夫忿數者獄之所由生也忿怒不常則事多抑枉故訟獄自此而生也距諫者忠之所以塞也不聽人諫則忠言必有所塞慢易者禮之所以失也輕忽於事則失其禮怠惰者時之所以後也不勤於事則失其時奢侈者財之所以不足也不能節用則財不足也專獨者事之所以不成也自專而不任人則事不成也君子入官除此六者入居官又能去此六者則身安譽至而政從矣故君子南向臨官自此以下言民之所以德也大域之中而公治之大域猶韋較也精智而略行之思之極其精行之務其大合是忠信考是大倫在是美惡在察也進是利而除是

害無求其報焉而民之情可得也夫臨之無抗民之志治民而無抗易之志言不驕也勝之無犯民之言以慎勝民而言不犯善道之也量之無佼民之辭庸人之敏者曰佼度量而施之不佼民以辭也○佼苦絞切養之無擾於其時愛之無寬於刑法惜其力而不困威克愛而不傷若此則身安譽至而民德也德一作得德感也得服也則不止於民從矣君子以臨官自此以下言民之所以自治也所見於邇故明不可蔽察於微也所求於邇故不勞而得也道在邇也所以治者約故不用衆而譽立所守者約則所施自裕也凡法象在內故法不遠而源泉不竭出之有本是以天下積而本不寡積謂事之所聚不寡而應之有餘長短得其量人志治而不亂政德貫乎心藏乎

志形乎色發乎聲若此而身安譽至而民咸自治矣自治謂化行則不止民德矣是故臨官不治此以下本諸身而言之則亂亂生則爭之者至爭之至又於亂又甚也小亂則爭明爭甚則大亂至矣君必寬宥以容其民慈愛以優柔之而自得矣行者政之始行為政始言民從行而不從言○行胡孟切說者情之導也說言也言以達其情而已善政行易而民不怨政易從而民說言調說和則民不變言達其情故調和而民從法在身則民象之身為度而後民則之明在己則民顯之已無私蔽而後民無遺情若乃供己而不節財則財利之生者微矣惟供已欲而不知節生財之道微矣貪以不得則善政必簡矣役志於利而惟恐不得則不暇於脩政矣苟以亂之苟苟道也則善言

必不聽也詳以納之則規諫日至言之善者在所日聞行之善者在所能為故君上者民之儀也儀法式也君為民之法式也有司執政者民之表也臣為民之表倡邇臣便辟者群僕之倫也近臣者衆僕之紀也故儀不正則民失君儀不正則百姓皆失正表不端則百姓亂臣表不直則民不得而治邇臣便辟則群臣汙矣言近臣不可不慎狎則臣節不立矣辟與嬖同是以人君不可不敬乎三倫三倫儀表紀也君子脩身反道察理言而服行也之則身安譽至終始在焉故夫女子必自擇絲麻良工必自擇完材賢君必自擇左右勞於取人佚一作勤於治事君子欲譽則必謹其左右申言譽至之道為上者辟如緣木

焉務高而畏下滋甚（滋益也）六馬之乖離必於四達之交衢（多岐故也）萬民之叛道必於君上之失政（則事多岐矣）上者尊嚴而危民者卑賤而神愛之則存惡之則亡（君有愛惡之心感於民則民應之而位之存亡以之故謂之神）長民者必明此之要故南面臨官貴而不驕富而能供（供宜為共古恭字也）有本而能圖末脩事而能建業久居而不滯情近而暢乎遠察一物而貫乎多治一物而萬物不能亂者以身本者也（申言身安之道）君子涖民不可以不知民之性而達諸民之情既知其性又習其情然後民乃從命矣故世（世宜作德）舉則民親之政均則民無怨故君子涖民不臨以

高（不抗揚也）不導以遠，不責民之所不為，不強民之所不

能以明王之功（功之大者也）不因其情則民嚴而不迎（立大

功而不因民之情則民將畏而不奉上矣）篤之以累季之業（業之久者也）不因

其力則民引而不從（引弦也弓強而繃環開張也立久遠之業而非民力之所堪則

民將弦強而不從其教也○弦胡肱切）若責民所不為，強民所不能，則

民疾，疾則僻矣（民疾其上即邪僻之心生）古者聖王（上古聖德之君王者也）

冕而前旒，所以蔽明也（所以蔽其明視也）紘統充耳，所以掩

聰也（充實也紘纓從下而上統冠之垂在耳傍）水至清則無魚，人至察則

無徒（人太明察則人不敢相親）狂而直之，使自得之；優而柔之，使

自求之（寬和待民而不威也）揆之度之，使自索之（揆度其法以開示之使民）

自索求之也民有小罪必求其善以赦其過當求其善處以赦宥之民有大罪必原其故以仁輔化當惟原其所以犯處以仁道輔助而化之如有死罪其使之生則善也若死罪而求生之則仁至而善盡故德者政之始也政不和則民不從其教矣不從教則不習不習則不可得而使也君子欲言之見信也莫善乎先虛其內虛內則情順萬民而無情故民說而信之欲政之速行也莫善乎以身先之欲民之速服也莫善乎以道御之故雖服必強言民雖服而必威強之則非忠信之服也自非忠信則無可以取親於百姓者矣內外不相應言不乎也則無以取信於庶民者矣此治民之至道矣此乃治民至極之道殆無以加於此者矣入

官之大統矣居官之大統亦無以加於此者矣子張既聞孔子斯言遂退而記之

困誓第二十二

子貢問於孔子曰賜倦於學困於道矣賜也息於問學倦於行道願息而事君可乎願少休息出仕於君何如也孔子曰詩云温恭朝夕執事有恪詩商頌那之辭也恪敬也事君之難也焉可以息哉安得休息曰然則賜願息而事親又言願休息所學以事父母孔子曰詩云孝子不匱永錫爾類詩大雅既醉之辭也匱竭也類善也事親之難也焉可以息哉安得休息其學而願事親哉盖不學而事親則必不能事親矣曰然則賜願息於妻子孔子曰詩云刑于寡妻至于

兄弟以御于家邦詩大雅思齊之辭也刑法也寡適也一曰寡有之賢妻也御正也妻子之難也焉可以息哉曰然則賜願息於朋友孔子曰詩云朋友攸攝攝以威儀亦大雅既醉之辭也言朋友相攝佐者皆有威儀也朋友之難也焉可以息哉曰然則賜願息於耕矣孔子曰詩云晝爾于茅宵爾索綯亟其乘屋其始播百穀詩豳風七月之辭也于往也綯絞索也亟急同乘屋升治屋也言當及時葢藏以來歲將復始播穀有不暇也耕之難也焉可以息哉曰然則賜將無所息者也孔子曰有焉自望其廣則睪如也廣宜為壙睪列子作宰高貌壙而高冢也視其高則填如也填塞也言冢高而塞實也察其從則隔如也言其隔異不得復相從也此其所以息也已子貢曰大哉

乎死也君子息焉小人休焉大哉乎死也

孔子自衛將入晉至河聞趙簡子名鞅殺竇犨犨名字鳴犢○犨除留切鳴犢及舜華一作慶華乃臨河而歎曰美哉水洋洋乎丘之不濟此命也夫按孔子去衛入晉事大畧與史記同而劉向說苑載簡子聘孔子而將殺之之語似非無為姑記之以備參考子貢趨而進曰敢問何謂也孔子曰竇犨鳴犢舜華晉之賢大夫也趙簡子未得志之時須此二人而後從政及其已得志也而殺之丘聞之刳胎殺夭則麒麟不至其郊竭澤而漁則蛟龍不處其淵覆巢破卵則鳳凰不翔其邑何則君子違違去也或作諱傷其類者也鳥獸之於不義尚知避之

況於人乎遂還息於陬陬河之東北隅也一陬下作有鄉字非魯之鄹邑也

槃操以哀之按槃操琴曲名史記作陬操其詞曰周道衰微禮樂陵遲文武既醉○卒也○我將焉師周游天下靡邦可依鳳鳥不識珍寶梟鴟眷焉顧之慘焉心悲升車命駕將適晉都黄河洋洋悠悠之魚臨津不濟還轅息陬傷予道窮哀彼無辜翱翔于衛復我舊廬從吾所好其樂只且

子路問孔子曰有人於此夙興夜寐耕耘樹藝手足胼胝以養其親而名不稱孝何也孔子曰意者身不敬與辭不順與色不説與古人有言曰人與已與不女欺言人與已事實相通不相欺也今盡力養親而無三者之闕何謂無孝之名乎由女志之吾語女雖有國士之力而不能自舉其身非力之少勢不可矣夫内行不修身

之罪也行修而名不彰友之罪也行修而名自立故君子入則篤行出則交賢何為無孝名乎

孔子遭厄於陳蔡之間絕糧七日弟子餒病孔子絃歌（夫子絃琴而歌）子路入見曰夫子之歌禮乎（夫子之所歌合禮者乎）孔子弗應曲終而曰（琴罷乃曰）由來吾語汝（由來我與爾言焉）君子好樂為無驕也小人好樂為無懾也（懼也）其誰之子不我知而從我者乎（猶言以誰氏之子謂子路也雖從我而不能知我也）子路說援戚（戚斧鉞也）而舞三終而出明日免於厄（一作使子貢至楚昭王興師迎孔子乃得免）子貢執轡曰二三子從夫子而遭此難也其弗忘矣孔子曰善惡何矣（惡何猶言其何也）夫陳蔡之

聞丘之幸也二三子從丘者皆幸也吾聞之君上不困不成王烈士不困行不彰庸知其非激憤厲志之始於是乎在

孔子之宋匡人簡子以甲士圍之（匡人有簡子以甲兵阻路）子路怒奮戟將與之戰（子路發怒持劍欲與匡人相戰）孔子止之曰惡有修仁義而不免世俗之惡者乎夫詩書之不講禮樂之不習是丘之過也若以述先王好古法而為咎者（如述先王道古人法而見惡於當世之人如此）則非丘之罪也命之歌（使子路歌）予和汝子路彈琴而歌孔子和之（子路乃操琴而歌夫子於是和之也）曲三終（曲終三成）匡人解甲而罷（匡人遂引兵退）孔子曰不

嵩岳

觀高崖何以知顛墜之患不臨深淵何以知沒溺之患不觀巨海何以知風波之患失之者其不在此乎人之失身豈不在此三患乎士能慎此三者則無累於身矣言事能戒此三者之失也則亦不失於顛墜亦不失於沒溺亦不失於風流何者而能累其身哉言此以警二三子及子路也

子貢問於孔子曰賜既為人下矣而未知為人下之道敢問之子曰為人下者其猶土乎搰搰與掘同之深則出泉汩渥汩四伏涌出貌渥霑濡滲漉貌樹其壤則百穀滋焉草木殖焉禽獸育焉生則出焉死則入焉多其功而無其意代有功而無專成地道也恢其志而無不容含弘光大地之德也為人下

者以此也（言當如地道也）孔子適鄭與弟子相失獨立東郭門外或人（史作鄭人姑布子卿也）謂子貢曰東門外有一人焉其長九尺有六寸河目隆顙其頭似堯其頸（史記作項）似皐陶其肩似子產然自腰以下不及禹者三寸儽然（懶懈貌一曰病敗也）如喪家之狗（喪家狗主人衰荒不見飯食故儽儽然不得意也孔子生亂世道不得行故儽然有不得意之貌韓詩外傳曰喪家之狗既斂而椁布席而祭顧望無人故儽然也）子貢以聞孔子欣然而歎曰形狀末也如喪家之狗然乎哉然乎哉

孔子適衛路出於蒲會公叔氏以蒲叛衛而止之（史記作蒲人止孔子）孔子弟子有公良儒者為人賢長有勇力以

私車五乘從夫子行喟然曰昔吾從夫子遇難於匡
伐樹於宋孔子與弟子行禮大樹下桓魋欲害之故先伐其樹今史今下有又字遇困
於此命也夫與其見夫子仍遇於難寧我鬬死挺劔
而合衆將與之戰蒲人懼史記懼下謂孔子三字曰苟無適衛
吾則出子以盟孔子而出之東門孔子遂適衛子貢
曰盟可負乎孔子曰要我以盟非義也衛侯靈公聞孔
子來喜而郊迎之問伐蒲對曰可哉公曰吾大夫以
為蒲者衛之所以待晉楚也無乃不可乎孔子曰其
男子有死之志公叔氏欲以蒲適他國故男子欲死之不樂適也史記有婦人有保西河
之志句蓋婦人恐懼欲保西河無戰意也吾之所伐者不過四五人矣本與

公叔同叛者言其易伐也公曰善卒不果伐史善下有然字為下靈公怠政張本他日靈公又與夫子語見飛鴈過而仰視之色不說猶言不在孔子乃遊行也

衛蘧伯玉賢而靈公不用彌子瑕不肖反任之史魚驟諫而不從史魚病將卒命其子曰吾在衛朝不能進蘧伯玉退彌子瑕是吾為臣不能正其君也生而不能正其君則死無以成禮我死汝置屍牖下於我畢矣其子從之靈公弔焉其子以其父言告公公愕然失容曰是寡人之過也於是命之殯於客位公乃命殯於西階進蘧伯玉而用之退彌子瑕而遠之孔子聞之

曰古之列諫者死則已矣未有如史魚死而屍諫忠感其君者也可不謂直乎

五帝德第二十三

宰我問於孔子曰昔者吾聞諸榮伊曰黃帝三百年請問黃帝者迺人也抑非人也何以能至三百年乎孔子曰禹湯文武周公不可勝觀也而上世黃帝之問將謂先生難言之故乎（言禹湯文武已下不可勝觀乃問上世黃帝將謂先生長老難之故問之乎）宰我曰上世之傳隱微之說卒采之辯（卒終也采事也終其事之說也）闇忽之意（闇忽謂久遠不明也）非君子之道者（總上四句而言）則予之問也固矣（固陋不得其問）孔子曰可也吾略

聞其說黃帝少昊之子史曰少昊之子少典諸侯國號非人名通鑑作有熊國君之子曰軒轅生而神靈弱而能言生七旬曰弱未當能言而言所以為神靈也哲叡齊莊敦敏誠信又有此八者之德長聰明及長則聰明治五氣理五行之氣設五量五量權衡升斛尺丈里步十百撫萬民度四方商度四方而安撫之服牛乘馬擾馴猛獸以與炎帝戰于阪泉之野與神農氏相戰於阪泉三戰而後克之三戰方得勝其戰也始垂衣裳乃服上衣下裳作為黼黻白與黑相次曰黼若斧文黑與青相次曰黻若兩已相背也命風后力牧常先大鴻以治民風后為相力牧為將或曰風后三公力牧相也常先大鴻事未聞今雍州有鴻冢世傳大鴻塟處以順天地之紀知幽明之故達死生存亡之說播時百穀嘗味草木嘗草木之味也

仁厚及於鳥獸昆蟲，考日月星辰（考驗天文度數），勞耳目，勤心力（勞於視聽，勤於心力），用水火財物以生萬民。民賴其利百年而死，民畏其神百年而亡，民用其教百年而移，故曰黃帝三百年。

宰我曰：請問帝顓頊。孔子曰：五帝用說，三王用度（五帝久遠，故用說；三王近，則有法度）。女欲一日徧聞遠古之說，躁哉予也。

宰我曰：昔予也聞諸夫子曰：小子毋或宿，故敢問（有所當問即問，勿更宿也）。孔子曰：顓頊，黃帝之孫，昌意之子，曰高陽。靜淵而有謀（深沉有謀），疏通以智（通達有知慮），養財（財或作材）以任地（生養則任土地之宜），履時以象天（順履四時，法象天上），依鬼神而制

之歷曆同行次也作曆以明弦望晦朔日月未至而迎之已過而送之明鬼神之義而敬事之其色也和其德也重其動也時其服也衷春夏秋冬育護天下日月所照風雨所至莫不從化

宰我曰請問帝堯孔子曰高辛之子曰陶唐其仁如天其知如神就之如日望之如雲富而不驕貴而能降伯夷典禮夔龍典樂舜時而仕趨視四時務先民流四凶而天下服四凶共工驩兜三苗鯀其言不忒其德不回四海之內舟車所及莫不夷悅

宰我曰請問帝舜孔子曰喬牛之孫瞽瞍之子曰有虞孝友聞於四方陶漁陶河濱漁雷澤事親寬裕而溫良敦

之歷曆同行次也作曆以明弦望晦朔日月未至而迎之已過而送之明鬼神之義而敬事之其色也和其德也重其動也時其服也衷春夏秋冬育護天下日月所照風雨所至莫不從化

宰我曰請問帝堯孔子曰高辛之子曰陶唐其仁如天其知如神就之如日望之如雲富而不驕貴而能降伯夷典禮夔龍典樂舜時而仕趨視四時務先民流四凶而天下服四凶共工驩兜三苗鯀其言不忒其德不回四海之內舟車所及莫不夷悅

宰我曰請問帝舜孔子曰蟜牛之孫瞽瞍之子曰有虞孝友聞於四方陶漁陶河濱漁雷澤事親寬裕而溫良敦

敏而知時（敦厚敏疾也）畏天而愛民（敬畏上天愛養子民）恤遠而親近承受大命依于二女叡明智通為天下帝命二十二臣（詳見舜典）率堯舊職恭已而已天平地成巡狩四海五載一始三十年在位嗣帝五十載陟方岳歿于蒼梧之野而葬焉

宰我曰請問禹孔子曰高陽之孫鯀之子曰夏后敏給克齊其德不爽其仁可親其言可信聲為律身為度亹亹穆穆為紀為綱其功為百神之主（禹治水天下既平然後百神得其所）其惠為民父母左準繩右規矩履四時據四海任皋陶伯益以贊其治興六師以征不庭四極之

民莫敢不服孔子曰予大者如天小者如言民說至矣大者如天以下疑應前五帝用說之文今無可者矣予也非其人也言不足以明五帝之德也宰我曰予也不足以敬承矣他日宰我以語子貢子貢以復孔子子曰吾欲以言顔狀取人也則於臧明改之矣吾欲以言辭取人也則於宰我改之矣吾欲以容貌取人也則於子張改之矣宰我聞之懼弗敢見焉

孔聖家語圖卷之六

孔聖家語圖卷之七

武林後學吳嘉謨集校

五帝第二十四

季康子問於孔子曰舊聞五帝之名而不知其實請問何謂五帝孔子曰昔丘也聞諸老聃曰天有五行水火金木土分時化育以成萬物一歲三百六十日五行每行主七十二日化生長育一歲之功萬物莫不受成其神謂之五帝五帝五行之神佐生物者而讖緯皆為之名字亦妄矣古之王者易代而改號取法五行五行更王終始相生亦象其義法五行終始相生以木德王天下其次以所生之行轉相承而鄭說乃謂五精之帝下生王者無可信也故其生為明王者死而配

五行是以太皞配木炎帝配火黄帝配土少皞配金顓頊配水康子曰太皞其始之木何如孔子曰五行用事先起於木木東方萬物之初皆出焉是故王者則之而首以木德王天下其次則以所生之行轉相承也木生火火生土之屬康子曰吾聞勾芒為木正祝融為火正蓐收為金正玄冥為水正后土為土正此五行之主而不亂稱曰帝者何也孔子曰凡五正者五行之官名五行佐成上帝而稱五帝太皞之屬配焉亦云帝從其號屬類也舉太皞以該五帝也天地以五行成萬物必有以尸之故生而有功德於民者殁而祀之以主時事亦從其號而曰帝也昔少皞氏之子有四叔曰重

曰該曰脩曰熙實能金木及水使重為句芒該為蓐收脩及熙為玄冥顓頊氏之子曰黎為祝融共工氏之子曰勾龍為后土此五者各以其所能業為官職各以一行之官為職業之事生為上公死為貴神別稱五祀不得同帝五祀上公之神耳故不得稱帝蓋五正不及五帝五帝不及天地也不識者以祭社為祭地失之遠矣且土與火水俱為五行是地之子也以子為母失尊卑之序矣康子曰如此之言帝王改號於五行之德各有所統則其所以相變者皆主尚也何事在木家而尚赤所以問也孔子曰所尚則各從其所王之德次焉木次火而木家尚赤者以木德仁之著脩其母兼其子也夏后氏以金德王色尚黑金之次水也其色黑大事斂用昏大事喪也昏時色黑

戎事乘驪（驪馬色黑）牲用玄殷人用水德王色尚白（水之次木宜尚青而尚白避土之尚青也蓋土者王於四季五行用事先起於木故尚青）大事斂用日中（日中色白）戎事乘翰（白馬曰翰）牲用白周人以木德王色尚赤（木之次火色赤）大事斂用日出（日出時其色赤）戎事乘騵（騵馬白腹為騵騂騮同紫馬也）牲用騂（騂色赤）此三代之所以不同康子曰唐虞二帝所尚者何色孔子曰堯以火德王色尚黃（火之次土尚黃）舜以土德王色尚青（土之次金宜尚白而土王於四季五行用事先起於木故尚青）康子曰陶唐有虞夏后殷周獨不配五帝意者德不及上古耶將有限乎孔子曰古之平治水土及播殖百穀者衆矣唯勾龍氏兼（兼猶配也）食於社而棄為

稷神易代奉之無敢益者明不可與等故自太皞以
降逮于顓頊其應五行而王數非徒五而配五帝是
其德不可以多也多猶加也

執轡第二十五

閔子騫為費宰問政於孔子子曰以德以法夫德法
者御民之具猶御馬之有銜勒也君者人也吏者轡馬韁也
也刑者策也夫人君之政執其轡策而已子騫
曰敢問古之為政孔子曰古者天子以內史為左右
手按內史掌王之八柄以詔王治及敘事之法受納訪以詔王聽治凡命諸侯及孤卿大夫則策命之凡四方之事書則讀之王制祿則贊為之以方出之○贊辭也方版也○賞賜亦如之故王以為左右手

也以德法為銜勒，以百官為轡，以刑罰為策，以萬民為馬，故御天下數百秊而不失。善御馬者，正銜勒，齊轡策，均馬力，和馬心，故口無聲而馬應轡，策不舉而極千里。善御民者，壹其法（壹專也），正其百官，以均齊民力，和安民心，故令不再而民順從，刑不用而天下治，是以天地德之（天地以為有德），而兆民懷之（懷歸也）。夫天地之所德，兆民之所懷，其政美，其民而衆稱之。今人言五帝三王者，其盛無偶，威察若存（其威與明察常若存），其故何也？其法盛（盛疑作順），其德厚，故思其德必稱其人，朝夕祝之，升聞於天，上帝俱歆（歆好也羨也），用永厥世而豐其秊。不能銜民者棄其德法專用刑辟譬猶銜馬棄其銜勒而專用箠策其不制也可必矣夫無銜勒而用箠策馬必傷車必敗無德法而用刑辟民必流國必亡治國而無德法則民無脩飭也民無脩則迷惑失道如此上帝必以為亂天道也苟亂天道則刑罰暴上下相諛諂也莫知念忠上下俱無道故也今人言惡者必比之於桀紂其故何也其法不聽易曰順以聽也其德不厚故民惡其殘虐莫不吁嗟朝夕祝之升聞于天上帝不蠲潔也除也降之旣罰災害茲生用殄厥世故曰德法者銜民之本古之銜天下者以六官總治焉冢宰之官以成

道冢宰太宰之職天官卿也掌邦治統百官均四海是所以成道也司徒之官以成德徒衆也以主民衆地官卿也掌邦教敷五典擾兆民是所以成德也宗伯之官以成仁春於時為首春官卿也掌邦禮治神人和上下是所以成仁也司馬之官以成聖兵事莫重於馬夏官卿也掌邦治統六師平邦國而曰以成聖者聖功於是成也聖通征伐所以通天下司寇之官以成義群行攻刼曰寇主寇賊法禁秋官卿也掌邦禁詰姦慝刑暴亂而曰成義者義主於斷故也司空之官以成禮主國之空土冬官卿也掌邦土居四民時地利而曰以成禮者司空事官車也禮非事不立故曰所以成禮有六官在手以為轡六轡以喻六官詩曰執轡如組兩驂如舞言動於近而行於遠以喻治也司會均仁以為納納軜同驂馬內轡以繫軾前者司會掌邦之六典八法之貳以周知四方之治冢宰之副也故不在六轡止當軜位故曰御四馬者執六轡御天下者正六官是

故善銜馬者正身以總轡均馬力齊馬心回旋曲折唯其所之故可以取（取音促）長道赴急疾此聖人所以銜天地與人事之法則也天子以內史為左右手以六官為轡已與三公為執六官均五教齊五法（仁義禮智信之法也）故亦唯其所引無不如志以之道則國治（冢宰治官）以之德則國安（司徒成德教故國安）以之仁則國和（宗伯掌禮禮之用和）以之聖則國平（司馬掌兵平邦國故國平）以之禮則國定（司空掌邦土事物有制故國定也）以之義則國乂（司寇掌法禁刑罰當罪故國平）此銜政之術也過失人情莫不有焉過而改之是為不過故官屬不理分職不明法政不一百事失紀曰亂亂則飭

冢宰飭謂整攝之也地利不殖財物不蕃萬民饑寒教訓不行風俗淫僻人民流散曰危危則飭司徒父子不親長幼失序君臣上下乖離異志曰不和不和則飭宗伯賢能而失官爵功勞而失賞祿司勳之職屬之司馬士卒疾怨兵弱不用曰不平不平則飭司馬刑罰暴亂姦邪不勝曰不義不義則飭司寇度量不審舉事失理都鄙不脩財物失所曰貧貧則飭司空故御者同是車馬或以取千里或不及數百里以其所謂謂一作為進退緩急異也夫治者同是官法或以致平或以致亂者亦以其所為進退緩急異也古者天子常以季冬考

德正法以觀治亂德盛者治也德薄者亂也故天子考德則天下之治亂可坐廟堂之上而知之夫德盛則法脩德不盛則飭法與政咸德而不衰咸皆也衰減殺也左傳皆有等衰是也謂法與政皆合於德而後不減殺之也○殺所賣切故曰王者又以孟春論吏之德及功能能德法者為有德能行德法者為有行丁孟切能成德法者為有功能治德法者為有智故天子論吏而德法行事治而成功夫季冬正法孟春論吏治國之要

子夏問於孔子曰商聞易之生人及萬物鳥獸昆蟲各有奇耦氣分不同易主天地以生萬物物之受氣各有分數不齊同也而凡

人莫知其情唯達德者能原其本焉天一地二人三三三為九九九八十一一主日日數十故人十月而生日從一而生陽數奇也其數至十而終自甲至癸兩其五行也八九七十二偶以從奇奇主辰辰為月月主馬故馬十二月而生二偶也以從奇奇主辰辰者時也陽生於子自子至亥為十二當月之數七九六十三三主斗斗主狗故狗三月而生斗魁衡杓也魁斗首四星衡十第五星杓斗柄也○杓畢遥切六九五十四四主時時主豕故豕四月而生四時春夏秋冬五九四十五五為音音主猿故猿五月而生五音宫商角徵羽四九三十六六主律律主鹿故鹿六月而生律陰陽各六黄鐘太簇姑洗蕤賓夷則無射太呂夾鐘仲呂林鐘南呂應鐘也三九二十七七

主星星主虎故虎七月而生星二十八宿經四方方有七宿餘皆以七為紀二九一十八八主風風主蟲故蟲八月而生風主八者條明庶清明景凉閶闔不周廣莫也凡蟲從風生其餘各從其類矣鳥魚生於陰而屬於陽故皆卵生魚遊於水鳥遊於雲故立冬則鷰雀入海化為蛤蠶食而不飲蟬飲而不食蜉蝣不飲不食萬物之所以不同介鱗夏食而冬蟄介甲蟲也齕吞者八竅而卵生禽鳥之屬齕下沒切齟齬者九竅而胎生人獸之屬四足者無羽翼戴角者無上齒無角無前齒者膏無角無後齒者脂淮南取此義曰無角者膏而無前有角者脂而無後膏豕屬而脂羊屬無前後皆謂其銳小者也晝生者類父夜生者似母是以至

陰主牝，至陽主牡，敢問其然乎？孔子曰：然，吾昔聞老聃亦如女之言。子夏曰：商聞山書曰：地東西為緯，南北為經（横曰緯，直曰經），山為積德，川為積刑（山專生育，川時漂蕩），高者為生，下者為死（高受陽，下伏陰），丘陵為牡，谿谷為牝（丘陵形凸，谿谷形凹），蚌蛤龜珠，與月為盛虛（盛一作盈。盈虛謂肉之消長，從陰之精也）。是故堅土之人剛（強稟之土為堅。○稟力質切），弱土之人柔（輕爂之土為弱。爂脆也，紕招切），墟土之人大（墳衍曰墟），沙土之人細（勃壤之土為沙。勃興起貌，壤柔土也），息土之人美（埴壚之土為息。埴黏也，壚黑而疏也），秏土之人醜（秏與耗同。鹹瀉曰秏，一曰土之鹹疏也），食水者善游而耐寒，食土者無心而不息（不喘息也），食木者多力而不治（氣血不理。淮南子曰：多力而拂戾，亦不治）

之意食艸者善走而愚食桑者有緒而蛾食肉者勇毅而悍食氣者神明而壽食穀者知慧而巧不食者不死而神故曰羽虫三百有六十而鳳為之長毛虫三百有六十而麟為之長甲虫三百有六十而龜為之長鱗虫三百有六十而龍為之長倮虫三百有六十而人為之長按羽離宮火屬鳳鶉火之禽毛兌宮金屬麟玄枵之獸甲一作介水居陸生坎宮水屬龜玄溟之使鱗震宮木屬龍角亢之精倮中宮土屬乾之策二百一十有六坤之策百四十有四几三百六十當朞之日天地之數不過乎此故五方之物其数亦如之至於人者萬物之靈故其身之骨節氣息運動屈信皆與天地之數相准而方圓四肢五藏九竅亦與天地四時五行九鮮相准則不但長倮虫而已此乾巛古坤字象六斷之形之美也殊形異類之數王者

動必以道動靜必以道靜必順理以奉天地之性而不害其所主（主一作生）謂之仁聖焉子夏言終而出子貢進曰商之論也何如孔子曰女謂何也對曰微則微矣然非治世之待也（待猶急也）孔子曰然各其所能（言固非治世之急務然亦各言其所能知）

本命解第二十六

魯哀公問於孔子曰人之命與性何謂也孔子對曰分於道謂之命（道之大原出於天天之所賦謂之命分謂物各賦之也）形於一謂之性（易曰成之者性也謂氣已形而理寓於氣則陰陽剛柔各一其性矣）化於陰陽象形而發謂之生（精氣為物聚為有象故生）化窮數盡謂之死（游魂

為變散入無形故死故命者性之始也死者生之終也易曰原始反終故知死生之說性由命而始生以死而終也有始則必有終矣人始生而有不具者五焉目無見不能食不能行不能言不能化及生三月而徹眴眴睛轉也王曰睛人也○眴子句切然後有見七月一作八月而生齒然後能食朞而生臏膝耑也婢忍切然後能行三秊顋合顋頂門思晉切然後能言十有六精通然後能化化施化也陰窮反陽故陰以陽變陽窮反陰故陽以陰化是以男子八少陰之數月生齒八歲而齔齔毀齒也二八而化女子七少陽之數月而生齒七歲而齔二七而化一陰一陽奇偶相配陰數偶陽數奇然後道合化成性命之端形

於此也公曰男子十六精通女子十四而化是則可以生民矣而禮男子三十而有室女子二十而有夫也豈不晚哉孔子曰夫禮言其極不是過也男子二十而冠有為人父之端女子十五許嫁有適人之道於此而往則自婚矣羣生閉藏乎陰以（以一作而）為化育之始（陰冬也萬物翕聚於冬所以為發育之始也）故聖人因時以合偶男女窮天數之極（時謂婚姻之時窮天數承上文極字而言蓋參兩者天地之數三十二十而後合偶者窮天數之極也一說時即下文季秋冰泮之義承閉藏於陰而言）霜降而婦功成嫁娶者行焉（季秋霜降嫁娶者始於此詩云將子無怒秋以為期也）冰泮而農桑起婚禮而始殺於此（泮解也正月農事起蠶者采桑婚禮始殺言猶未止）

也至二月農事已起乃會男女之無夫家者奔者期盡此月故也詩云士如歸妻迨冰未泮言如欲使妻歸及冰未泮散之盛時也男子者任天道而長萬物者也乾知大始男乾道也知可為知不可為知可言知不可言知可行知不可行者是故審其倫而明其別謂之知所以效匹夫之聽聽宜為德女子者順男子之教而長其理者也坤作成物女坤道也是故無專制之義有三從之道幼從父兄既嫁從夫夫死從子言無再醮之端飲無酬酢曰醮禮女子當嫁父母醮而命之無再醮之端言不改事人也統教令不出於閨門禮女不言外也事在共酒食而已易曰無攸遂在中饋無閫外之非儀也閫門限也婦人以自專為與閫外之事詩云無非無儀酒食是議言婦人得無非足矣有善則亦非其所宜也不越境而

奔喪事無擅為行無獨成〔行下孟切〕叅知而後動可驗而後言晝不遊庭夜行以火所以效匹婦之德也孔子遂言曰女有五不取逆家子者〔謂其逆德〕亂家子者〔謂其亂倫〕世有刑人子者〔謂其棄於人也〕有惡疾子者〔謂其棄於天也〕喪父長子者〔謂其無受命也〕婦有七出三不去七出者不順父母者〔謂其逆德也〕無子者〔謂其絕世也〕淫僻者〔謂其亂族也〕嫉妒者〔謂其亂家也〕惡疾者〔此以取而後有疾者言謂其不可共祭〕多口舌者〔謂其離親〕竊盜者〔謂其反義〕三不去者謂有所取無所歸〔一也〕與共更三年之喪〔二也〕先貧賤後富貴〔三也〕凡此聖人順男女之際〔順慎通際交際之道〕重婚姻之始也

孔子曰禮之所以象五行也服之制有五等其義四時也記曰喪有四制變而從宜以順人情四制謂下之恩義節權故喪禮有舉焉有恩有義有節有權其恩厚者其服重故為父母斬衰三年以恩記曰恩者仁也制者也門内之治恩掩義父母之喪三年不從政門外之治義掩掩記作斷恩服君之喪不敢私服資於事父以事君而敬同貴貴尊尊義之大也故為君亦斬衰三年以義記曰義者理也制者也三日而食三月而沐期而練冠也毀不滅性不以死傷生喪不過三年齊衰不補墳墓不脩除服之日記作大祥之日鼓素不漆飾也琴示民有終也凡此以節記曰節者禮也制者也資於事父以事母而愛同天無

二日國無二君家無二尊以一治之故父在為母齊衰朞者見無二尊也䟽曰齊衰之服期而除之以心喪終三年也百官備百物具不言而事行者扶而起此天子諸侯禮也言而後事行者杖而起此卿大夫士禮也身自執事行者面垢而已此庶人身自執事不可許病故有杖不用但使面有塵垢之容而已此以權記曰權者知也制者也此百官以下論所以設杖之義蓋為有爵者扶親病而設其爵有等故其用亦異所謂以權制也始死三日不怠三月不懈朞悲號記作哀三年憂哀記作恩之殺也聖人因殺以制節也此篇於本命無所屬錯簡疑在曲禮子貢問章之列

論禮第二十七

孔子閒居子張子貢言游侍論及於禮孔子曰居女三人者吾語以禮使女以禮周流無不徧也言無不可施也子貢越席而對曰敢問子曰敬而不中陟仲反下皆同禮謂之野恭而不中禮謂之給給口捷也勇而不中禮謂之逆謂悖逆也子曰給奪慈仁似是而非聖人尤惡而特言之子貢曰敢問將何以為此中者也子曰禮乎夫禮所以制中也子貢退言游進曰敢問禮也者領惡而全好者與須統理也子曰然然則何如言游問也子曰郊社之禮所以仁鬼神也禮之行以敬必有愛而無私之心存焉所以主乎敬也故曰人而不仁如禮何下放此禘嘗之禮所以仁昭穆也饋奠之禮所以仁死喪也饋奠禮奠祭也

射饗之禮所以仁鄉黨也[鄉射鄉飲行於鄉黨]食饗之禮所以仁賓客也[燕會所以樂賓]明乎郊社之禮禘嘗之義治國其如指諸掌而已是故以[以用也]之居家[句下同]有禮故長幼辨以之閨門有禮故三族和[三族謂父子兄弟夫婦也]以之朝廷有禮故官爵序以之田獵有禮故戎事閑[記天子教田獵以習五戎蓋田獵者所以簡集士衆教以戰法也閑習熟也]以之軍旅有禮故武功成是以宮室得其度鼎俎得其象[制器尚象]物得其時[物一作味]樂得其節[樂而不淫]車得其式[車一器而衆工聚焉式法等威皆為禮也]鬼神得其饗喪紀得其哀辯說得其黨[黨類也]百官得其體政事得其施[施當其可]加於身而措於前[措與錯同]凡衆

之動得其宜也言游退子張進曰敢問禮何謂也子曰禮者即事之治也（治理也）君子有其事必有其治治國而無禮譬猶瞽之無相倀倀（倀倀無見貌又失道貌止良切）乎何所之譬猶終夜有求於幽室之中非燭何以見故無禮則手足無所措耳目無所加進退揖讓無所制是故以之居處長幼失其別閨門三族失其和朝廷官爵失其序田獵戎事失其策軍旅武功失其勢宮室失其度鼎俎失其象物（物一作味）失其時樂失其節車失其式鬼神失其饗喪紀失其哀辯說失其黨百官失其體政事失其施加於身而措於前凡衆之動失其

宜如此此則無以祖洽四海祖始也率也洽合也言無以祖率於衆而使之協也
子曰慎聽之女三人者吾語女禮猶有九焉大饗有
四焉禮有九其四者待賓之禮其五者動靜之威儀也大饗有四郊社禘嘗饋奠射饗也苟知
此知謂明其理也矣雖在畎畝之中事事謂習之句其儀也聖人矣
言可以進於聖人禮樂之道也兩君相見揖讓而入門入門而縣興
縣樂器之縣於簨簴者興作也○一也揖讓而升堂升堂而樂闋主獻賓酒
賓卒爵而樂止○二也下管象舞夏籥序興下管象舞之上缺升歌清廟一句疑
省文耳下管堂下以管吹象舞曲也象武舞也夏籥以籥吹大夏曲也夏文舞也序興謂夏籥與象舞更
迭而作也○三也陳其薦俎序其禮樂備其百官王曰此四也○按疏
以饗食禮之四一是賓卒爵而樂闋二是賓酢主卒爵而樂又闋三是升歌清廟四是下管象舞陳其薦俎

以至百官總言饗禮明其所得專也如此而後君子知仁焉禮為天理之節知禮則知仁矣行中規五也旋中矩六也鑾和中采薺采薺路外樂曲名所以為鑾和之節○七也○薺才資切客出以雍雍周頌樂曲名○八也徹以振羽禮畢而徹則歌振羽之曲○九也是故君子無物而不在於禮焉入門而金作示情也金聲始終若一故示情觀此主賓獻酬而樂凡二闋為二節者良是故下此言升歌下管二禮升歌清廟示德也清廟所以頌文王之德也下管象舞示事也凡舞所以象事是故古之君子不必親相與言也以禮樂相示而已按疏曰示情者欲其相接示德者欲其相讓示事者欲其相成也夫禮者理也樂者節也無禮不動動而不亂無節不作作而不流不能詩於禮繆其循面牆行禮能不繆乎不能樂於禮素質朴無文於

德薄於禮虛（苟非其人禮不虛行欲其不亂不流其可得乎）子貢作而問曰然則夔其窮與（窮不通也言夔通於樂而不能通於禮也）子曰古之人與（蓋許之也）上古之人達於禮而不達於樂謂之素達於樂而不達於禮謂之偏（謂不能偏有所達也）夫夔達於樂而不達於禮是以傳於此名也（典樂之名）古之人也（重言許之）凡制度在禮文為在禮行之其在人乎三子者既得聞此論也煥若發矇焉

子張問聖人之所以教孔子曰師乎吾語女聖人明於禮樂舉而措之而已子張又問孔子曰師爾以為必布几筵揖讓升降酌獻酬酢然後謂之禮乎爾以

必行綴朱劣切非執羽籥作鐘鼓然後謂之樂乎言而可履禮也行而可樂樂也聖人力此二者以躬恭也親也已南面是故天下太平萬民順伏百官承事上下有禮也夫禮之所以興衆之所以治也禮之所以廢衆之所以亂也目巧之室則有隩阼言目巧作室必有隩阼之位室西南隅之謂隩阼東階也○隩於到切席則有上下車則有左右行則有竝隨立則有列序古之義也室而無隩阼則亂於堂室矣席而無上下則亂於席次矣亂於席上之次第車而無左右則亂於車上矣行而無竝隨則亂於階塗矣列而無次序則亂於著矣著所立之位也門屏之閒謂之著也昔者明王

聖人辨貴賤長幼正男女内外序親踈遠近而莫敢相踰越者皆由此塗出也

孔聖家語圖卷之七

武林後學吳嘉謨集校

觀鄉射第二十八

孔子觀於鄉射，喟然嘆曰：射之以禮樂（郊特牲無禮字也），何以射（謂何能容比於禮而又不失樂之節），何以聽（謂何能節於樂而又不失其容乎，皆言其難而美之也）。循聲而發，發而不失正（正諸成切）鵠者，其惟賢者乎（正鵠所射之的）。若夫不肖之人，則將安能以求飲？詩云：發彼有的，以祈爾爵（詩小雅賓之初筵之辭。的，實也。祈，求也。言發中的以求飲不中者也）。祈，求也。求中所以辭爵（飲彼則已不飲，故曰以辭爵也）。酒者所以養老，所以養病也。求中以辭爵，辭其養也（不敢當養，讓之道也）。是

志

故士使之射而弗能則辭以病縣弧之義也男子初生則縣弧於門明必有射事而未能今辭以疾而未能則猶存縣弧之義也於是退而與門人習射於矍相矍相地名○矍厥縛切相息亮切之圃蓋合也觀者如堵墻焉言圍繞而觀之者衆也射至於司馬鄉飲之禮將旅酬使相者一人為司正至將射則轉正為司馬使子路執弓矢出列延射者曰延進也誓衆選賢而進其來觀欵射之人也奔軍之將奔一作賁與僨同覆敗也亡國之大夫亡國亡其君之國也與羊茹切為人後者人固有後而又為之後故曰與不得入入乃比耦以初在門外未入觀者既衆有賓主之禮故誓惡者令不得入也奔軍亡國求為人後不忠不孝之人惡之大者也其餘皆入蓋去者半記有入者半又使公罔之裘序點公罔姓裘名之語辭序姓點名揚觶而語王曰先行射鄉飲酒禮主人揚觶記疏亦

曰射畢則使主人之贊者二人舉觶於賓與大夫○二說似於射義未協按儀禮司射請射賓子弟納射器後有司馬延射升二人揚觶二儀節具語辭並與此同則孔子所行乃古射禮也公罔之裘揚觶而語曰幼壯孝弟耆老好禮不從流俗脩身以俟死者在此位蓋去者半記有處者半序點揚觶而語曰好學不倦好禮不變耄期稱道而不亂者在此位延射舉忠孝大端揖觶則愈寡矣蓋僅有存焉射既闋子路進曰由與二三子者之為司馬何如孔子曰能用命矣

孔子曰吾觀於鄉而知王道之易易也主人親速賓及介速召也而衆賓從之至於正門之外主人拜賓及介而衆賓自入貴賤之義別矣三揖至於階三讓以

賓升拜至獻酬辭讓之節繁及介升則省（所景切）矣（介所以輔主也）至於衆賓升而受爵坐祭立飲不酢而降殺之義辨矣（酌賓曰獻荅主人曰酢又荅賓曰酬介酢而不酬衆賓飲而不酢降殺之等也）工入升歌三終主人獻之（工入升堂歌鹿鳴四牡皇皇者華每篇歌一終則主人乃酌以獻焉）工笙入三終主人又獻之（吹笙者入堂下奏南陔白華華黍亦每篇一終主人亦酌以獻之也）間歌三終（笙與歌皆畢則堂上與堂下更代而作工歌魚麗笙由庚工歌南有嘉魚笙崇丘工歌南山有臺笙由儀）合樂三闋（謂堂上下歌瑟及笙並作也工歌關雎則笙吹鵲巢合之工歌葛覃則笙吹采繁合之工歌卷耳則笙吹采蘋合之）工告樂備而遂出（樂正既告賓以樂備而降言遂出者樂正自此不復升堂也）一人揚觶乃立司正焉（賓欲去將行旅酬之事乃使一人揚觶立相禮者為司正以主威儀防隋容也）知其能

和樂而不流也賓酬主人主人酬介介酬衆賓賓少長以齒終於沃洗者焉知其能弟長而無遺矣賓酬主以下行旅酬也未歌之前及介而省衆賓不酢以明降殺至旅旅酬則雖條洗之賤亦以齒序而弟長之無遺矣降說說音脫屨升坐脩舉也爵無算飲酒之節旰不廢朝莫莫故切不廢夕王曰旰晨飲早晡也記註朝以聽政夕以脩令良是賓出主人拜送節文終遂遂猶申也焉知其能安燕而不亂也此前未徹俎立而行禮至此乃屨升坐而燕也舉爵雖無算而不廢朝夕之政令禮畢送賓而終申節文之禮則安燕而不亂矣貴賤既明降殺既辨和樂而不流弟長而無遺安燕而不亂此五者足以正身安國矣彼國安而天下安矣故曰吾觀於鄉而知王道之易易也

子貢觀於蜡（蜡索也歲十有二月索群神而祀之也○蜡助駕切）孔子曰賜也樂乎對曰一國之人皆若狂（言醉亂也）賜未知其為樂也孔子曰百日之勞一日之樂一日之澤非爾所知也（古者民皆勤苦稼穡言百日者喻久也令一日使之飲酒爲樂之見君子之澤也）張而不弛（解也周禮作施）文武弗能弛而不張文武弗為一張一弛文武之道也

郊問第二十九

定公問於孔子曰古之帝王（上古五帝三王）必祀其祖以配天何也孔子對曰萬物本乎天人本乎祖郊之祭也大報本反始也（報者酬之以禮反者追之以心）故以配上帝（萬物皆天之所

生而人則祖之所生祖與天皆吾有生之本始安可不知報之反之故郊祀其所出之祖以配上帝天垂象日月星辰在天成象聖人則之郊所以明天道也公曰人聞郊而莫同何也孔子曰郊之祭也迎長日之至也周人以冬至日長故迎而祭之大報天而主日配以月天尊而不可主以事有祀必有配而天象莫大乎日月故主日而配以月故周之始郊其月以日至其日用上辛至於啓蟄之月則又祈穀于上帝祈求也為農祈穀于上帝月令孟春之月乃以元日祈穀于上帝是也魯無仲冬大郊之事至於祈農與天子同故春秋傳曰郊祀后稷以祈農事是也故啓蟄而郊郊而後耕說者不知推經禮指歸而妄為之說顛倒神祇變易時日遷改兆位良可痛也此二者天子之禮也魯無冬至大郊之事降殺於天子是以不同也公曰其言郊何也孔

子曰兆丘於南所以就陽位也於郊故謂之郊焉兆封土也兆丘於南謂之圜丘兆之於南郊也然郊之名有三封為圜丘以象天自然故謂之圜丘圜丘人之所造故謂之泰壇於南郊在南也說者謂南郊與圜丘異則是詩易尚書謂圜丘也又不通泰壇之名或乃謂周官圜丘皆虛罔之言不通典制此王肅鄭氏之說而以圜丘泰壇一物而兩名也按通考陳氏禮書則以南郊之丘圜而高者為圜丘所以象天之自然祭以自然之丘以致敬也南郊為壇以燔柴為泰壇燔以人為之壇以盡文也而以祭地之方澤瘞埋之泰折隹之則燔柴瘞埋必與丘澤為二處而丘與壇非一物也曰其牲器何如孔子曰上帝之牛角繭栗必在滌三月后稷之牛唯具角如繭栗犢也滌牢中清除之聽也不在滌三月不可為帝牛故稷牛亦在滌中若至期卜牲不吉即以稷牛代之其稷牛臨時別取不必三月故云惟具○滌杜曆切所以別事天神與人鬼也人鬼謂后稷也牲用騂尚赤

也騂赤色周尚赤按周禮陽祀用騂牲陰祀用黝牲天陽亦一象也用犢貴誠也誠一作神謂神完也掃地而祭於其質也按禮器曰至敬不壇掃地而祭謂正祭在圜丘之地不在泰壇壇乃人為以畫文則非質也器用陶匏以象天地之牲陶本於埴匏取其圓埴黏土也萬物無可稱之者故因其自然之體也

公曰天子之郊其禮儀可得聞乎孔子對曰臣聞天子於郊則受命於祖廟而作龜於禰宮郊大事不敢專先告于祖廟受命又至禰廟卜之作灼龜兆也尊祖親考之義也卜之日王親立于澤宮以聽誓命擇宮擇賢宮也王既受命于祖廟而上已吉又至澤宮使有司誓勑祭禮典章而親聽之受教諫之義也誓命祖教也使有司申勑之受諫也既卜獻命庫門之內所以誠百官也庫門在雉門之外王自澤宮至庫門之內有司

獻王之誓命以申勑與祭之百官所以命誡百官也將郊則天子皮弁以聽報示民嚴上也皮弁視朝之服報當祭之候未服祭服而聽報亦以朝服臨之郊之日喪者不敢哭凶服者不敢入國門記掃清路郊特牲作反道即清路之義言反新土于上也記似凡泛有三音遍也行者必止清路以新土無復行也特牲有鄉為田燭四字具燎以照路也弗命而民聽敬之至也通結喪者不哭以下言不令而行民化嚴上之教也天子大裘以黼之按周禮王祀天被龍袞以襲裘以有象天之文故彼之道路至泰壇而後脫之乘素車貴其質也按虞書天子五輅此素車疑木輅也而書圖王輅太常之制以專其祭祀則此當為王輅旂十有二旒書作旂龍章而設以日月所以法天也旂太常也縿用正幅屬十二斿斿旒之末垂者背畫交龍三辰之文法大法天象也既至泰壇王脫裘矣服袞以臨燔

柴（積柴泰壇加牲玉燎之以達氣）戴冕璪（按說文璪玉飾也以五采玉為之而貫以五采絲繩記作藻蓋言采絲繩也○璪子皓切）則天數也（天之大數不過十二）臣聞之誦詩三百不足以一獻（祭祀小禮）一獻之禮不足以大饗（祫祭也）大饗之禮不足以大旅（祭五帝）大旅具矣不足以饗帝（祭天也）是以君子無敢輕議於禮者也（學詩能言而言不足以盡祭禮之意其義深也）

五刑解第三十

冉有問於孔子曰古者三皇五帝不用五刑信乎孔子曰聖人之設防貴其不犯制五刑而不用所以為至治也凡夫（猶常人也）之為姦邪竊盜靡（滅也）法妄行者生

於不足不足生於無度無度則小者偷盜大者侈靡各不知節是以上有制度則民知所止民知所止則不犯故雖有姦邪盜賊靡法妄行之獄而無陷刑之民不孝者生於不仁不仁者生於喪祭之無禮明喪祭之禮所以教仁愛也能教仁愛則喪思慕祭祀不解人子饋養之道也言孝子奉祭祀不敢解即生時饋養之道也喪祭之禮明則民孝矣故雖有不孝之獄而無陷刑之民弒上生於不義義所以別貴賤明尊卑也貴賤有別尊卑有序則民莫不尊上而敬長朝聘之禮者所以明義君臣之義也義必明則民不犯故雖有弒上之獄而無

陷刑之民鬬變者生於相陵相陵者生於長幼無序而遺敬讓鄉飲酒之禮者所以明長幼之序而崇敬讓也長幼必序民懷敬讓故雖有鬬變之獄而無陷刑之民淫亂者生於男女無別男女無別則夫婦失義昏禮聘享者所以別男女明夫婦之義也男女既別夫婦既明故雖有淫亂之獄而無陷刑之民此五者刑罰之所以生各有源焉不豫塞其源而輙繩之以刑是謂為民設穽而陷之刑罰之源生於嗜慾不節夫禮度者所以禦民之嗜慾而明好惡順天之道禮度既陳五教畢脩而民猶或未化尚必明其法典

以申固之（申令以固其教）其犯姦邪靡法妄行之獄者則飭制量之度有犯不孝之獄者則飭喪祭之禮有犯弒上之獄者則飭朝覲之禮有犯鬬變之獄者則飭鄉飲酒之禮有犯淫亂之獄者則飭昏聘之禮三皇五帝之所以化民者如此雖有五刑不用不亦可乎孔子曰夫罪有五而殺人為下逆天地者罪及五世誣文武者罪及四世逆人倫者罪及三世謀（議也）鬼神者罪及二世手殺人者罪及其身故曰大罪有五而殺人為下矣

冉有問於孔子曰先王制法使刑不上於大夫禮不

下於庶人然則大夫犯罪不可以加刑庶人之行事不可以治於禮乎孔子曰不然凡治君子以禮御其心所以厲之以廉恥之節也故古之大夫有坐不廉汙穢而退放之者不謂之不廉汙穢而退放則曰簠簋不飾有坐淫亂男女無別者不謂之淫亂男女無別則曰帷幕不脩也有坐罔上不忠者不謂之罔上不忠則曰臣節未著有坐罷軟不勝任者不謂之罷軟不勝任則曰下官不職（言其下官不稱職不斥其身也）有坐干國之紀者不謂之干國之紀則曰行事不請此五者大夫既自定有罪名矣而猶不忍斥然正以呼之也（直指

（其罪而正之也）既而為之諱所以愧耻之是大夫之罪其在五刑之域者（按誼傳作大譴大訶譴謫也訶怒也）聞而譴發（罪聞於上而譴責發露之也按誼傳作聞譴訶則是大夫聞上之譴訶而與下文聞命自弛自裁之義同良是）則白冠氂纓（氂氂牛尾毛之強曲者也）盤水加劍（明君法平而已當自刎也）造乎闕（誼傳作造請室）而自請罪君不使有司執縛牽掣而加之也（按誼傳加當作行謂係引而行也其下又有其中罪者聞命而自弛君不使人頸盭而加之也二十字此蓋闕中罪一節而誤也弛廢也頸盭師古曰以緩盭其頸而加刀鋸則又甚於執縛係引矣）其有大罪者聞命則北面再拜跪而自裁君不使人捽引（引誼傳作抑捽持其髮抑按之則又甚於頸盭矣）而刑殺之也曰子大夫自取之耳吾遇子有禮矣以刑不上大夫而大夫亦不失

其罪者教使然也所謂禮不下庶人者以庶人遽其事而不能充禮（遽忽也充用也）故不責之以備禮也冉有跪然（跪拜也去委切）免（避也）席曰言則美矣求未之聞退而記之

刑政第三十一

仲弓問於孔子曰雍聞至刑無所用政（任刑則政褻也）至政無所用刑（政善則刑錯也）至刑無所用政桀紂之世是也至政無所用刑成康之世是也信乎孔子曰聖人之治化也必刑政相參焉太上以德教民而以禮齊之其次以政事道民以刑禁之刑不刑也（刑設而不用也）化之弗變道之弗從傷義而敗俗於是乎用刑矣顓（顓顓制也）五

刑必即天倫（即就也謂合天意也）行刑罰則輕無赦（行刑罰之官雖輕猶不得作威福也）刑侀也侀成也（侀與形同言不可變）壹成而不更故君子盡心焉（人命至重惟刑不可更故君子所必慎也）仲弓曰古之聽訟尤罰麗於事不以其心可得聞乎（王曰尤過也麗附也有過而罰之必以事相當不由其心也○一說有罪過當誅使罰與事相附麗乃刑當其罪孔子以下明麗事而不由其心也）孔子曰凡聽五刑之訟必原父子之情立君臣之義以權之意論輕重之序慎測淺深之量以別之悉其聰明正其忠愛以盡之大司寇正刑明辟以察獄獄必三訊焉（一曰訊羣臣二曰訊羣吏三曰訊萬民也）有指無簡則不聽也（王曰簡誠也有意無其誠者不論以為罪也○一說當決之罪三訊然後決其輕重若有發露之旨無簡

覈之實則不聽決也附從輕赦從重王曰附人之罪以輕爲比赦人之罪以重爲比○一說不聽者難於出而附以罪則從輕使不失入可出而赦其罪則從重使不失出即前輕無赦之意疑獄汎與衆共之衆疑則赦之皆以小大之比成也比猶例也因其罪之大小各以其例察而成之惟其公也比毗志切是故爵人必於朝與衆共之也刑人必於市與衆弃之也古者公家不畜刑人大夫弗養也士遇之塗以弗與之言屏諸四方唯其所之不及與政弗欲生之也言與衆弃之也仲弓曰聽獄獄之成成何官孔子曰成獄成於吏吏以獄成告於正吏獄官吏正獄官長正既聽之乃告大司寇聽之乃奉於王王命三公卿士參聽棘木之下外朝法左九棘孤卿大夫位焉右九

（棘公侯伯子男位馬面三槐三公位）然後乃以獄之成疑（定也○宜戟切）於王。王三宥之以聽命（君王尚寬宥罪雖已定猶三宥之不可得輕然後刑之者也三宥一不識二過失三遺忘也）而制刑焉所以重之也。仲弓曰：其禁何禁？孔子曰：巧言破律（巧賣法令者也）遁名改作（變言與物名也）執左道以亂政者殺（左道亂也）作淫聲（淫逸也惑亂人之聲）造異服（非所常見）設伎奇器以蕩上心者殺（設巧異眩燿人心之器○眩奇也柯開切）行僞而堅（行詐僞而守之堅也）言詐而辯學非而博順非而澤（順其非而滑澤）以惑衆者殺。假於鬼神時日卜筮以疑衆者殺。此四誅者不以聽（不聽棘不之下）。仲弓曰：其禁盡於此而已？孔子曰：此其急者，其餘禁者十有四焉：命服命車不粥於市(粥賣也 余六切)圭璋璧琮不粥於市宗廟之器不粥於市兵車旍旗不粥於市犧牲秬鬯不粥於市布帛精麤不中數廣狹不中量不粥於市姦色亂正色不粥於市文錦珠玉之器雕飾靡麗不粥於市衣服飲食不粥於市(賣成衣服非侈必僞故禁之禁賣熟食所以防侈也)果實不時不粥於市五木不中伐不粥於市鳥獸魚鼈不中殺不粥於市凡執此禁以齊衆者不赦過也

體運第三十二

孔子爲魯司寇與於蜡既賓(徹俎而享曰賓)事畢乃出遊於觀之上(觀宮門外闕周禮所謂象魏者也)喟然而嘆言偃侍曰夫子

何嘆也孔子曰昔大道之行（此謂三皇五帝時大道行也）與三代之英（秀也謂禹湯文武也）吾未之逮也（逮及見）而有記焉（聞而知之）大道之行天下為公選賢與能講信脩睦（賢能可選即與之習誠信脩親睦不私其有也）故人不獨親其親不獨子其子（所謂大道天下為公）老有所終壯有所用矜（鰥同）寡孤疾皆有所養貨惡其棄於地不必藏於己力惡其不出於身不必為人（言力惡其不出於身不以為德惠於人而為之也）是以姦謀閉而不興盜竊亂賊不作故外戶而不閉謂之大同今大道既隱天下為家各親其親各子其子貨則為己力則為人大夫世及以為常城郭溝池以為固禹湯文武周王周公由

此而選（言用大道而禮所由出所以為選也）未有不謹於禮禮之所興與天地並如有不由禮而在位者則以為殃（記有此謂小康四字）言偃復問曰如此乎禮之急也孔子曰夫禮先王所以承天之道以治人之情（記有本於天殽於地）列於鬼神達於喪祭鄉射冠昏朝聘故聖以禮示之則天下國家可得而正矣言偃曰今之在位莫知由禮何也孔子曰嗚呼哀哉我觀周道幽厲傷之（幽厲二王者皆傷周道也）吾捨魯何適（魯有聖人之風猶勝諸國也）夫魯之郊及禘皆非禮（言失於禮而亡其義）周公其已衰矣（子孫不能行其禮義故也何孟春曰春秋意林謂魯之郊禘非成王之賜伯禽之受伯禽受封傳世二十二至魯惠王始有請郊廟之事平王使史角止之使成王時魯

已得郊則惠公奚用請之按魯史惠隱桓莊閔僖六公相繼而立惠公之四十六年乃周平王之四十九年即隱公之元年隱公四年初獻六羽爲周桓王之元年至僖公魯頌有稱美郊祀之事僖公元年為周惠王十八年去成王益遠矣要之郊禘之事惠公之得請在平王之末年隱公攝位而改正之桓莊之後僖公復僭用之詩與春秋乃孔子之所刪定良可考也何孟春歷引魯頌君陳春秋以明成王無首壞周公禮樂之事三經之語宜皆不繆也

杞之郊也禹杞夏后本郊鯀周公以鯀非令德故令杞郊禹郊禹與廟制不同此以周公所制言也宋之郊也契是天子之事守也禹契所行之事杞宋得守而行之天子以杞宋二王之後周公攝政致太平而與天子同是禮也魯本難同於杞宋夫子於此不正言其失矣也如作耶諸侯祭社稷記上有天子祭天地句宗廟上下皆奉其典而祝嘏莫敢易其常法是謂大嘉祥也令使祝嘏辭

說徒藏於宗祝巫史非禮也按周禮太宗伯詔相王之大禮言君臣皆當知辭說之意義相而行之是謂幽國幽敝於禮醆斝及尸君非禮也夏曰醆殷曰斝非王者之後則尸與君不得用是謂僭君僭侈之君冕弁兵車藏於私家非禮也大夫稱家冕弁祭服按禮曰天子諸侯大夫冕弁服歸設奠復此謂不得賜而藏之也兵車帶說是謂脅君迫於其君大夫具官祭器不假聲樂皆具非禮也大夫家臣不能具官無田不能為祭器今皆不假按周禮大夫不用樂君賜乃有之是爲亂國故仕於公曰臣仕於家曰僕三年之喪與新有婚者朞不使也君不使之所以使服色順人情也以衰裳入朝與家僕雜居齊齒非禮也是謂臣與君共國不居喪於家是以君朝爲家也與僕並列於朝是與家臣同朝也天子有田以處其子孫

諸侯有國以處其子孫大夫有采以處其子孫是謂制度天子子孫有功者封侯餘分以畿內之田諸侯子孫命為卿大夫其餘有功德者亦賜采地大夫不當割采地以與子孫但養以采地之祿天子適諸侯必舍其宗廟而不以禮籍入是謂天子壞法亂紀天子臨諸侯將舍其宗廟必先告其鬼神以將入不以天子而慢人之宗廟禮也不以禮籍入是自壞也諸侯非問疾弔喪而入諸臣之家是謂君臣為謔謔戲夫禮者君之柄柄亦秉持所以別嫌明微儐擯同鬼神考制度列仁義立政教安君臣上下也故政不正則君位危君位危則大臣倍小臣竊刑肅而俗獘刑悛則民無耻則法無常法無常則禮無別禮無別則士不仕一作事不修職也民不歸是謂疵

國是故夫政者君之所以藏身也（言所藏於身不必可以假於人也）本之天效以降命（效天以下教令所謂則天之明）命降於社之謂教地（所謂因地之利教作殺卽效也）降於祖廟之謂仁義（奉祖廟彌近彌親彌遠彌尊仁義之道也）降於山川之謂興作（下命所謂祭山川者謂其興造雲雨作生萬物也）降於五祀之謂制度（下命使事五祀者以其能爲人事之制度）此聖人所以藏身之固也（藏身以此則固）聖人參於天地並於鬼神以治政也處其（其指天地鬼神下同）所存禮之序也翫其所樂民之治也（言聖人常法其所存此禮之所以序也常法其所樂此民之所以治安也）天生時地生財人其父生而師教之四者君以政（記作正）用之所以立於無過之地（言在人君先正其身也）君者人所明（記作）

（則）非明（則）人者也人所養非養人者也人所事非事人者也夫君者明（則）人則有過（失其師教之責）故養人則不足（時君失政不能給其養）事人則失位故百姓明（則）君以自治養君以自安事君以自顯是以禮達而分定人皆愛其死而患其生（人皆愛惜其死而患其生之無禮也）是故用人之智去（舍也下同）其詐用人之勇去其怒用人之仁去其貪國有患君死社稷謂之義大夫死宗廟謂之變（大夫有去就之義未必常死宗廟者其死宗廟者權變爲之也變一作辨言得其正也）凡聖人能以天下爲一家以中國爲一人非意之必知其情（不待測度自知其必有此七情）從於其義明於其利達於其患然後爲之何謂

人情喜怒哀懼愛惡欲七者弗學而能何謂人義父慈子孝兄良弟悌夫義婦聽長惠幼順君仁臣忠十者謂之人義講信脩睦謂之人利爭奪相殺謂之人患聖人之所以治人七情脩十義講信脩睦尚辭讓去爭奪舍禮何以治之飲食男女人之大欲存焉死亡貧苦人之大惡存焉欲惡者人之大端人藏其心不可測度美惡皆在其心不見其色欲一以窮之舍禮何以哉（禮有常度得失以之）故人者天地之德陰陽之交鬼神之會五行之秀天秉陽垂日星地秉陰竅於山川（山澤通氣）播五行於四時和四氣而後月生（五行一陰陽分王於四時）

四時布四氣而温涼寒暑各應其候言十二月而歲成也是以三五而盈三五而缺月陰道不常滿故十五日滿十五日缺也言三十日而月成也五行之動共記作迭相竭也竭盡也水用事盡則木用事五行用事更相盡也五行四氣十二月還相爲本用事者爲本也五聲六律十二管還相爲宮五聲者宮商角徵羽也律陰陽各六也管候氣之管一月一管陽律陰呂其用事者爲宮也五味六和十二食還相爲質五味酸苦鹹辛甘六和者和之各有宜者春多酸秋多辛之屬是也十二食者十二月之食質本也以用事者爲本也五色六章十二衣還相爲主五色青赤白黑黃并玄爲六章十二月之衣如月令春青夏赤之類主其時之一色而間雜成章也故人者天地之心人於天地間如五藏之有心矣人有生最靈心之藏最聖而五行之端端始也能用五行也食味別聲被色而生者也聖人作

則（作為則法）必以天地為本，陰陽為端，以四時為柄，以日星為紀，月以為量，鬼神以為徒，五行以為質，禮義以為器，人情以為田，四靈以為畜。以天地為本，故物可舉；（天地為本，則萬物苞在於其中。）以陰陽為端，故情可睹；（淑慝之情。）以四時為柄，故事可勸；（四時各有事，故事可得而勸也。）以日星為紀，故業可別；（日以紀晝，星以紀夜，故事可得而分別也。）月以為量，故功有藝；（有度量以成四時，猶功業各有分理也。藝猶理。）鬼神以為徒，故事有功；（鬼神不相干，各有守。）五行以為質，故事可復也；（五行終則復始，故事可修復也。）禮義以為器，故事行有考；（考成。）人情以為田，故人以為奧也；（治人情如治田，不使邪之害正，猶去莠之害苗，人知向道之方，如知室之有奧也。）四靈以為畜，故飲食有由也（四靈鳥獸之長其屬因四靈而至故飲食可由之而用也）何謂四靈麟鳳龜龍謂之四靈故龍以爲畜而魚鮪不淰（驚散也式荏切）鳳以爲畜而鳥不獝（飛去也呼決切）麟以爲畜而獸不狘（驚走也呼決切）龜以爲畜而人情不失（易曰定天下之吉凶成天下之亹亹者莫善於蓍龜人情不失也）先王秉蓍龜列祭祀瘞繒宣祝嘏（瘞謂祭祀之瘞繒謂若繒封太山之禮繒贈也宣謂播宣揚之也）設制度（禮器）祝嘏辭說（禮文）故國有禮官有衘（治也）職有序先王患禮之不達於下故饗帝於郊所以定天位也祀社於國所以列地利也禘祖廟所以本仁也旅山川所以儐鬼神也祭五祀所以本事也（按五祀者戶竈中霤門行也春戶以木夏竈以火中霤以土秋門以金冬行以

水各本其所用事之神而祀之也饗帝以下五者乃達下之義故宗祝在廟三公在朝三老在學五更三老在學王前巫而後史卜著瞽侑瞽樂師也以辨樂侑四輔也以贊儀皆在左右王中句居其中也心無爲也以守至正後五者君之自防以率下也是以禮行於郊而百神受職禮行於社而百貨可極禮行於祖廟而孝慈服焉孝慈之道爲遠近所服焉禮行於五祀而正法則焉即上文制度之差等如天子以下以次降殺至庶人一祀或戶或竈是也故郊社宗廟山川五祀義之脩而禮之藏禮之藏一曰府夫禮必本於太一太一者元氣也分而爲天地轉而爲陰陽變而爲四時列而爲鬼神其降曰命即上所爲命降於天地祖廟也其官於天也官謂職分也言禮之職分皆從天而至也協

於分藝藝者理也藝上記有禮本於天動而之地列而之事變而從時十六字疏云即申前章本於天地以至功有藝之意良是其居於人也曰養王曰禮之於人身所以養成人也○按疏養作義而養下記有其行之以貨力辭讓飲食冠昏喪祭射御朝聘故禮義者人之大端也二十七字而以冠昏以下八者爲禮以貨力以下四者爲義以終前章義脩禮藏之意所以講信脩睦而固人之肌膚之會筋骸之束者所以養生送死事鬼神之大端所以達天道順人情之大竇竇所以通達唯聖人爲知禮之不可以已也故破國喪家亡人必先去其禮禮之於人猶酒之有糵也糵牙米也君子以厚小人以薄聖王脩義之柄禮之序以治人情人情者聖王之田也脩禮以耕之陳義以種之講學以耨之

耨除穢也本仁以聚之播樂以安之故禮者義之實也協
諸義而協則禮雖先王未之有可以義起焉義者藝
事理之宜之分仁之節心之則協於藝講於仁得之者強失
之者喪仁者義之本全體也順百順也之體也得之者尊
故治國不以禮猶無耜而耕爲禮而不本於義猶耕
之而弗種爲義而不講於學猶種而弗耨講之以學
而不合之以仁猶耨而不穫合之以仁而不安之以
樂猶穫而弗食安之以樂而不達於順猶食而不肥
四體既正膚革充盈人之肥也父子篤兄弟睦夫婦
和家之肥也大臣法小臣廉官職相序君臣相正國

之肥也天子以德爲車以樂爲御諸侯以禮相與大夫以法相序士以信相考百姓以睦相守天下之肥也是謂大順順者所以養生送死事鬼神之常也故事大積焉而不苑滯積也委粉切並行而不謬細行而不失深而通茂而不間言有理也連而不相及言有序也動而不相害此順之至也明於順然後乃能守危高而不危以長守危夫禮之不同不豐不殺所以持情而合危也保合而不危也山者不使居川渚者不使居原用水火金木飲食必時用水漁人以時入澤梁及溉灌用火季春出火季秋納火也用金以時釆銅鐵用木斧斤以時入山林飲食各隨四時之道者也冬合男女春頒爵位必當季德男女之季賢否

之德用民必順說以使民皆所順也故無水旱昆蟲之災民無凶饑妖孽之疾天不愛其道地不愛其寶人不愛其情是以天降甘露地出醴泉山出器車謂石中象形之類如圭璧璜玦之象河出龍圖龍似馬負圖出鳳凰麒麟皆在郊棷藪同龜龍在宮沼其餘鳥獸及卵胎皆可俯而窺也則是無故先王能循禮以達義體信以達順此順之實也

孔聖家語圖卷之八

孔聖家語圖卷之九

武林後學吳嘉謨集校

冠頌第三十三

郰隱公既即位（郰今兗州郰城地隱公名益定公十三年即位）將冠（禮男子二十加冠於首也）使大夫因孟懿子問禮於孔子孔子曰其禮如世子之冠（世子諸侯之適子也）冠於阼階以著代也（阼主人之階以明其代父）醮於客位（酌而無酬酢曰醮客位在戶牖之間）加其有成（於阼階而期之以主於客位而崇之以賓是加禮於其有成之人也）三加彌尊（始冠緇布冠次加皮弁又次加爵弁）導喻其志（冠三加而彌尊所以導引之使喻知益大其志以求稱也考之冠禮不特冠彌尊而衣履亦莫不然祝辭醮辭皆有進焉無非以導喻其志也）冠而字之敬其名也（古者

童子雖貴亦名之而已冠而後賓字之以字以成人之道故敬其名也雖天子之元子猶士也其禮無變與士同天下無生而貴者有德乃有位也故也行冠事必祖廟以祼享之禮以將之祼用鬱鬯之酒灌地以降神也享祭獻先君將行禮也以金石之樂節之金石者鍾磬也所以自卑而尊先祖示不敢擅也懿子曰天子未冠即位長亦冠乎孔子曰古者王世子雖幼其即位則尊爲人君人君治成人之事者何冠之有懿子曰然則諸侯之冠異天子與惟天子無冠禮如諸侯之冠故問之孔子曰君薨而世子主喪是冠也主喪已重於任成人之服矣與人君無所殊也諸侯亦人君與天子無異懿子曰今邾君之冠非禮也是時邾君已先爲冠具矣有疑

而後因懿子而問焉懿子聞夫子之言而謂邾君之冠非禮也以其不知夫子之所言也一作乎字

孔子曰諸侯之有冠禮也夏之末造也夏之末世乃造諸侯冠禮有自來矣今無譏焉邾君之冠非禮也是即夏之末造也當時諸侯之有冠禮其必異於夫子所言如世子之冠者矣天子冠者因論諸侯冠而上及天子之事武王崩成王十三而嗣立周公居冢宰攝政以治天下明年夏六月既葬周書曰歲有十三武王崩元年六月葬冠成王而朝於祖祖廟以見諸侯亦爲君也周公命祝雍作頌曰祝王辭達而勿多也祝雍辭曰使王近於民得民之心也遠於年壽長嗇於時嗇愛也於時不奪民時也惠於財親賢而任能其頌曰令月吉日王始加元服去王幼志服衮職天子龍衮故曰衮職

王職也欽若昊天欽敬若順詩昊天有成命六合是天地四方謂之六合言為之法式也率爾祖考脩文武之道永永無極此周公之制也懿子曰諸侯之冠其所以為賓主何如孔子曰公冠則以卿為賓無介公自為主迎賓此以下至乘馬皆言賓禮揖升自阼立於席北其醴也則如士饗之以三獻之禮儀禮曰醴賓以一獻之禮既醴降自階諸侯非公而自為主者其所以異皆降自西階西階賓階也玄端與皮弁異朝服素韠韠蔽膝也朝服素韠示不忘古公冠四公四加冠加玄冕祭加玄冕著祭服其酬幣於賓則束帛乘馬已冠而饗既饗與賓幣謂之酬幣乘馬駟馬也王太子庶子之冠擬焉王之太子庶子皆擬諸侯之冠禮也皆天子自為主其禮與

士無變說見前饗食賓也皆同懿子曰始冠必加緇布之冠何也孔子曰示不忘古太古冠布齋則緇之其緌也吾未之聞言今有緌未聞古之有緌也緌冠之飾也今則冠而敝之可也冠而棄之言不復用也懿子曰三王之冠其異何也孔子曰周弁殷冔夏收一也三代冠者時王所制以為三加之冠者也弁名出於槃槃大也冔名出於幠幠覆也收所以收歛其髮也皆祭服也三王共皮弁素緌句委貌周道也章甫殷道也毋追夏后氏之道也委貌章甫毋追皆緇布冠三加始加之冠也皆曰道者先王制禮之道寓焉其形制有不同也委貌玄冠委安也言所以安正容貌章明也所以表明丈夫毋發聲之辭毋追猶推也以其形各郊特牲比節在周弁殷冔夏收前

廟制第三十四

衛將軍文子（名彌牟）將立三將軍之廟於其家（公子郢襄公靈公也）使子羔訪於孔子子曰公廟設於私家非古禮之所及吾弗知子羔曰敢問尊卑上下立廟之制可得而聞乎孔子曰天下有王（有王者作）分地建國置都立邑（分建置立有大有小）設廟祧壇墠而祭之乃爲親疏多少之數（惟建置有大小尊卑之分故設祭有親疏多少之数自天下有王至此見記祭法）是故天子立七廟三昭三穆（左為昭右為穆）與太祖之廟而七（太始也）曰太廟（太盖統七廟言之）有一壇有一墠（七廟外又立壇墠各一起土為壇除地曰墠）曰考廟（父）曰王考廟（祖）曰皇考廟（曾祖）曰顯考廟（高祖）曰祖考廟（始祖）皆月祭之（始祖百世不遷而高曾祖禰以親故此五廟每月一祭）

遠廟爲祧，有二祧（遠謂三昭三穆親盡當遷者二祧即昭穆已遞遷者其主古制藏於太廟之東西夾室至周則穆之祧藏於文世室昭之祧於武世室）享嘗乃止（祧昭穆已祧之主不以月祭但以四時祭之）去祧爲壇（世數遠不得於祧處受祭而祭之於壇）去壇爲墠（不得於壇處受祭而祭之於墠）壇墠有禱焉祭之，無禱乃止（祭之於壇墠必須有祈禱之事不然亦不祭也）去墠爲鬼（去墠則祈禱亦所不及故但曰鬼而已）諸侯立五廟，二昭二穆與太祖之廟而五（諸侯太祖始封之君也）曰祖考廟（蓋統五廟言之）有一壇一墠，曰考廟，曰王考廟，曰皇考廟，皆月祭之（月祭三廟降於天子也）顯考廟、祖考廟，享嘗乃止（四時祭之）去祖爲壇，去壇爲墠（高祖之父雖遷主寄太祖之廟而不得於此受祭若有祈禱則去祖而祭之於壇高祖之祖則去壇而祭之於墠也）壇墠有禱焉祭之無禱乃止去墠爲鬼大夫立三廟一昭一穆與太祖之廟而三大夫太祖始爵者也曰皇考廟蓋統三廟言之有一壇考廟月祭王考廟皇考廟爲始祖廟享嘗乃止始爵者爲曾祖則爲皇考廟始爵者爲高祖以上則爲始祖廟顯考無廟有禱焉爲壇祭之去祖爲壇去壇爲鬼已上記王制祭法大抵同王制祭法中竊疑是此分析而互載之而此一節祭法作大夫立三廟二壇曰考廟曰王考廟曰皇考廟享嘗乃止顯考祖考無廟有禱焉爲壇祭之與王制所謂一昭一穆與太祖之廟而三者不相入以禮意推之家語爲是適士上士二廟曰王考廟蓋統二廟言之有一壇曰考廟曰王考廟享嘗乃止皇考無廟有禱焉爲壇祭之去壇爲鬼天子上中下士及諸侯之士古皆得立二廟士無封爵但親其祖考而已朱子曰各有始祖廟以藏祧主如適士二廟各有門

堂寢各三間是十八間室今士人如何行得官師一廟曰考廟王考無廟而祭之去王考爲鬼祖禰共一廟祭之庶人無廟四時祭於寢居室曰寢此自有虞以至於周之所不變也凡四代帝王之所謂郊者皆以配天其所謂禘者皆五年大祭之所及也虞郊以嚳夏以鯀殷以冥周以稷虞禘以黃帝夏亦以黃帝殷以嚳周亦以嚳應爲太祖者則其廟不毀不及太祖雖在禘郊其廟則毀矣諸禘享考無廟郊亦無廟后稷之所以有廟自以太祖故也不爲太祖雖在郊禘其廟亦毀據后稷而言殷人郊冥有大功契既爲太祖之廟若復不郊則冥永不與於祀典是以郊冥也古者祖有功而宗有德謂之祖宗者其廟皆不毀祖宗者不毀之名其廟有功者謂之祖周文王是也有德者謂之宗周武王是也是二廟自爲祖宗乃謂之二祧又以爲

配祀明堂之名亦可謂不違聖旨寔事也

子羔問曰祭典云昔有虞氏祖顓頊而宗堯夏后氏亦祖顓頊而宗禹殷人祖契而宗湯周人祖文王而宗武王此四祖四宗或乃異代或其考祖之有功德其廟可也若有虞宗堯夏祖顓頊皆異代之有功德者也亦可以存其廟乎孔子曰善如汝所問也如殷周之祖宗其廟可以不毀其他祖宗者功德不殊雖在殊代亦可以無疑矣詩云蔽芾甘棠勿翦勿伐邵伯所憩國風召南甘棠之辭周人之於召公也愛其人猶敬其所舍之樹況祖宗其功德而可以不尊奉其廟焉

辯樂解第三十五

孔子學琴於師襄子[按史記有十日不進四字]襄子曰吾雖以擊磬爲官然能於琴今子於琴已習可以益矣孔子曰丘未得其數也[數○按宗吳淑作教]有間曰已習其數[吳曰教]可以益矣孔子曰丘未得其志也有間曰已習其志可以益矣孔子曰丘未得其爲人也有間孔子有所謬然思焉[謬史作穆王曰謬然深思貌無考]有所睪[一作皇]然高望而遠眺[睪伺視貌眺視也]曰丘迨得其爲人矣近黮而黑[黮黑貌○徒感切]頎然長[頎長貌渠希切]○曠如望羊[曠用志廣遠望羊遠視也]奄有四方[奄同也文王之時三分天下有其二後周有四方文王之功也]非文王其孰能爲

此師襄子避席葉拱而對曰（葉拱兩手薄其心也）子聖人也其傳曰文王操

子路鼓琴孔子聞之謂冉有曰甚矣由之不才也夫先王之制音也奏中聲以爲節流入於南不歸於北夫南者生育之鄉北者殺伐之域故君子之音溫柔居中以養生育之氣憂愁之感不加於心暴厲之動不在於體（中心溫柔其舉動不使暴厲加于身）夫然者乃所謂治安之風也小人之音則不然亢麗（一作厲溫柔之反）微末（居中之反）以象殺伐之氣中和之感不載於心溫和之動不存於體夫然者乃所以爲亂亡之風昔者舜彈五絃之琴

造南風之詩其詩曰南風之薰兮可以解吾民之愠兮南風之時兮可以阜吾民之財兮得其時阜盛也唯脩此化故其興也勃焉德如泉流一作流泉至於今王公大人述而弗忘殷紂好爲北鄙之聲其廢也忽焉至於今王公大人舉以爲誡夫舜起布衣積德含和而終以帝紂爲天子荒淫暴亂而終以亡非各所脩之致乎由今也匹夫之徒曾無意於先王之制而習亡國之聲豈能保其六七尺之體哉冉有以告子路子路懼而自悔靜思不食以至骨立夫子曰過而能改其進矣乎

周賓牟賈侍坐於孔子孔子與之言及樂曰夫武之備誡之久何也（武謂周武備誡擊鼓警衆也）對曰病不得其衆（病憂恐不得其士衆之心故也）詠嘆之淫液之何也（淫液歌遲之也）對曰恐不逮事也（言汲汲欲及此安民和衆事也）發揚蹈厲之已蚤何也（厲病也備誡雖久至其發作又疾也）對曰及時事（欲令事及其時）武坐致右而軒左何也（右膝至地左膝不至地也）對曰非武坐也（坐跪也言非武人坐也）聲淫及商何也（言聲歆淫貪商）對曰非武音也（武王之事不得已爲天下除殘賊非苟貪商也）孔子曰若非武音則何音也對曰有司失其傳也（已上皆孔子問而賓牟賈荅也）孔子曰唯丘聞諸萇弘亦若吾子之言是也若非有司失其傳則武王之志荒矣賓牟

賓起免席而請曰夫武之備誡之以久則既聞命矣（謂孔子是其言也）敢問遲矣而又久立於綴（舞列也朱劣切）何也子曰居吾語尒夫樂者象成者也（象成功而爲樂）揔干（楯也）而山立武王之事也（山立不動也）發揚蹈厲太公之志也（志在鷹揚）武亂皆坐（此坐非作跪）周召之治也（武亂武治也皆坐以象安民無事也）且夫武始成而北出再成而滅商三成而南反（誅紂已而南也）四成而南國是疆（言南國以爲疆界）五成而分陝（兹也○古洽切）周公左召公右（分東西而治也）六成而復綴以崇其天子焉（以象尊天子也凡成爲武之節解也）衆挾振焉而四伐所以盛威於中國（挾記作夾夾武王會振威武也四伐者伐四方與紂同惡者）分郟而進所以事蚤

濟分號曰部分也鄭記作夾言所以部分而蚤進者欲事蚤成也○分分問切久立於綴所以待諸侯之至也總荅牟賈遲久之問今汝獨未聞牧野之語乎武王克殷而反商之政未及下車則封黃帝之後於薊封帝堯之後於祝封帝舜之後於陳下車又封夏后之後於杞封殷之後於宋武王伐殷封其子祿父武王崩祿父叛周公誅之封微子於宋以爲殷後祿父不成殷後故武王封之封王子比干之墓釋箕子之囚使人行商容之舊以復其位商容商之禮儀其位舊居也傳說多以商容爲殷之賢人或使箕子求商容乎行猶索也庶民弛政解其力役之事○弛尸紙切庶士倍祿既濟河西馬散之華山之陽而弗復乘牛散之桃林之野而弗復服桃林西方塞也○華胡化切車

甲則釁史記作豭記作衅釁同○豭他刀切而藏諸府庫以示弗復用倒載干戈而包之以虎皮弓衣也將率之士率記作帥使爲諸侯命之曰鞬居言切櫜盛矢器也言所以櫜弓矢而不用者將率之士力也故建以爲諸侯謂之鞬櫜也○按記疏則當云倒載干戈而包以虎皮命之曰鞬櫜將帥之士使爲諸侯則文理乃順○櫜始勞切然後天下知武王之不復用兵也散軍而脩郊射郊有學宮可以習禮左射以貍首右射以騶虞而貫革之射息也左東學右西學貍首騶虞歌以爲節也裨冕搢縉同笏而虎賁之士脫劒衮冕之屬通謂之裨冕脫劒解劒也○賁符分切郊祀后稷而民知尊父焉配明堂而民知孝焉朝覲然後諸侯知所以臣耕籍然後民知所以敬親親耕籍田所以奉祠祀之粢盛六者

天下之大教也食三老五更於太學天子袒而割牲執醬而饋執爵而酳（食畢以酒漱口以養氣也○酳羊進切）冕而揔干親在舞位所以教諸侯之弟也如此則周道四達禮樂交通則大武之遲久不亦宜乎（申言遲久之意）

問玉第三十六

子貢問於孔子曰敢問君子貴玉而賤珉何也（君子貴于玉賤珉其意何也云）爲玉之寡而珉之多乎（珉石似玉）孔子曰非爲玉之寡故貴之珉之多故賤之夫昔者君子比德於玉潤温而澤仁也（玉之温潤光澤比于仁也）縝密以栗智也（玉之縝密堅栗比于智也）廉而不劌義也（有廉隅而不割傷比於義也）垂之如墜禮

也（佩玉如禮卑讓）叩之其聲清越而長（擊之其音清越不已）其終則詘然樂矣（及其聲音樂之息矣）瑕不掩瑜瑜不掩瑕忠也（瑕玉之疵也玉之美者曰瑜玉之美惡不相掩比乎忠者也）孚尹旁達信也氣如白虹天也精神見於山川地也圭璋特達德也天下莫不貴者道也詩云言念君子溫其如玉（秦誓小戎之辭）故君子貴之也

孔子曰入其國其教可知也（言入其國即知其教）其為人也溫柔敦厚詩教也（其為人溫良篤厚者乃詩人之教使然）疏通知遠書教也（其為人疏貫通達者乃書教使然）廣博易良樂教也（其人該博平易者乃樂教使然）絜淨精微易教也恭儉莊敬禮教也屬辭比事春

秋教也其人屬辭比事者春秋教使然故詩之失愚敦厚之失則近于愚書之失誣知遠之失則近于誣樂之失奢廣博之失則近于奢易之失賊精微之失則近于賊害禮之失煩春秋之失亂其爲人也温良敦厚而不愚則深於詩者矣疏通知遠而不誣則深於書者矣廣博易良而不奢則深於樂者矣潔凈精微而不賊則深於易者矣恭儉莊敬而不煩則深於禮者矣屬辭比事而不亂則深於春秋者矣天有四時春夏秋冬風雨霜露無非教也天之四時風雨霜露以生殺物者無非教也地載神氣吐納雷霆流形萬物無非教也地載一元之氣雷霆流布成萬物之形者亦無非造化清明在躬志氣如神聖人清明之德在身則其

志氣如神也有物将至其兆必先物事也言有事将来必有其兆朕是故天地之教與聖人相參按天地之教見於風雨霜露聖人之教發於詩書易禮春秋其造物之功一也而有失之愚誣者賊煩亂者猶天地之無全功也其在詩曰嵩高惟嶽峻極於天惟嶽降神生甫及申大雅嵩高之辭也王曰岳降神靈和氣生申甫之大賢也惟申及甫惟周之翰翰幹也美其宗族世有大功於周甫保相穆王制祥刑申伯佐宣王成德教四國於蕃四方於宣言能蕃屏四國宣王之德化於天下也此文武之德也言文武聖德篤佑周家爲先主良佐成中興之功矢其文德協此四國矢陳也協和也此文王之德也凡三代之王必先其令聞詩云明明天子令聞不已三代之德也二詩大雅江漢之辭本召穆公美周宣王而作與此註少異大抵皆發明聖人德教之意

子夏侍坐於孔子曰敢問詩云愷悌君子民之父母大雅洞酌之辭何如斯可謂民之父母孔子曰夫民之父母必達於禮樂之原以致五至而行三無以橫於天下四方有敗必先知之以其憂民切故知幾神也此之謂民之父母子夏曰敢問何謂五至孔子曰志之所至詩亦至焉詩之所至禮亦至焉禮之所至樂亦至焉樂之所至哀亦至焉詩禮相成哀樂相生皆自然之致即下文無體無聲之意是以正明目而視之不可得而見傾耳而聽之不可得而聞正視則明全傾聽則聰審然且不得見聞則惟其志氣之充塞而已志氣塞乎天地行之充於四海此之謂五至矣子夏曰敢問何謂

三無孔子曰無聲之樂無體之禮無服之喪此之謂三無子夏曰敢問三無何詩近之孔子曰夙夜基命宥密無聲之樂也此周頌昊天有成命之辭言文武夙夜恭勤以肇基天命務行寬靜之政而民以安寧故謂之無聲之樂也威儀逮逮逮詩作棣不可選也無體之禮也此邶風栢舟之辭逮盛也選擇也凡民有喪扶伏詩作匍匐救之無服之喪也此邶風谷風之辭也言救人之禍不以服屬之親也子夏曰言則美矣大矣言盡於此而已乎孔子曰何謂其然吾語女其義猶有五起焉子夏曰何如孔子曰無聲之樂氣志不違無體之禮威儀遲遲無服之喪內恕孔悲無聲之樂所願必從無體之禮上下和同無服之喪

施及萬邦此上二起疑闕其三按記五起無聲之樂由氣志不遠以至既得以至既從由既從以至日聞由日聞以至既起無體之禮由威儀遲遲以至翼翼由翼翼以至和同由和同以至日就月將由就將以至施及四海無服之喪由內恕孔悲以至施及四國由四國以至萬邦由萬邦以至純德由純德以至施於子孫皆以漸而至於充積之盛此五起之義也既然而又奉之以三無私而勞天下此之謂五起此以三無私合前二節爲五也據正文又奉二字而下文子夏亦爲更端則當不在五起之列更詳之子夏曰何謂三無私孔子曰天無私覆地無私載日月無私照其在詩曰帝命不遠至于湯齊言天心未嘗去商至湯而後與天心齊也湯降不遲聖敬日躋湯疾行下人之道其聖敬之德日升聞也昭假遲遲上帝是祗湯之威德昭明編至化行寬舒故上帝敬其德帝命式於九圍天命湯爲法於九州以爲天下

（王也）是湯之德也（此以商頌長發之辭言湯之德以明奉三無私之義記復舉天地之無私以明湯德之同天又引大雅嵩高江漢之詩以言文武之德之無私以足聖人奉三無私之意宜參記觀之其義始畫）子夏蹶然（喜躍之貌）而起負墻而立曰弟子敢不志之

屈節解第三十七

子路問於孔子曰由聞丈夫居世富貴不能有益於物（丈夫處富貴之地以道濟物不爲身也）處貧賤之中而不能屈節以求伸（居貧賤而不屈節以求伸於道也）則不足以論乎人之域矣（不足論人之地位）孔子曰君子之行已期於必達（夫子言人之行已必期於顯達也）於已可以屈則屈可以伸則伸（其身可屈則屈可伸則伸視時

之何如爾也故屈節者可以有待待人之知已也求伸者所以及時欲伸其道者當及時而伸是以雖受屈而不毀其節雖受屈于人不毀其素節志大而不犯於義及其得志所行皆合乎義

孔子在衛聞齊國田常將欲爲亂夫子在衛聞齊人田常專政有無君之心而憚鮑管鮑氏管氏齊之卿大夫田常畏之也因欲移其兵以伐魯遂欲移齊國兵以伐魯國孔子會諸弟子而告之曰夫子會合衆弟子與言其事者也魯父母之國不可不救今吾欲屈節於田常以救魯二三子誰爲使於是子路曰請往焉孔子弗許子張請往又弗許子石公孫龍也請往又弗許三子退爲子貢曰今夫子欲屈節以救父母之國吾三人請使

而不獲往此則吾子用辯之時也吾子盍請行焉子貢請使夫子許之遂如齊說田常曰夫魯者難伐之國而子欲之過矣田常曰魯何難伐也子貢曰其城薄以卑其地狹以泄其君愚而不仁其大臣爲而無用其士民又惡甲兵之事此不可與戰君不若移兵伐吳（吳王夫差時）夫吳城高而厚池廣以深田段以新士選（選練）以飽重器精兵盡在其中又使明大夫守之此易伐也田常忿然作色曰子之所難人之所易子之所易人之所難而以教常何也子貢曰吾聞之夫憂在內者攻強憂在外者攻弱今子憂在內吾聞子三

封而三不成者事無考大臣有不聽者也今子又欲破魯以廣齊戰勝以驕主破國以尊臣是時鮑晏等帥師若破國則臣尊矣而子之功不與焉則交日疏於主是子上驕主心下恣群臣求以成大事難矣夫上驕則恣下恣史作臣驕則爭是子上與主有郤隙也下與大臣交爭也如此則子立於齊危矣故曰不如伐吳伐吳不勝民人外死大臣內空是子上無彊臣之敵下無民人之過孤主制齊者唯子也使主孤立而已得專制其國田常曰善然兵甲已加魯矣去而之吳大臣疑我柰何子貢曰若緩師吾請往見吳王令之救魯而伐齊君因以兵迎之田常

許諾子貢遂南說吳王曰臣聞之王者不絕世霸者無強敵千鈞之重加銖兩而移今以萬乘之齊而私（私有之）千乘之魯與吳爭彊甚爲王患之且夫救魯顯名也伐齊大利也以撫泗上諸侯威暴齊而服強晉利莫大焉名存亡魯實困強齊頓王不疑也吳王曰善雖然吾嘗與越戰棲之會稽越王（名勾踐）今苦身養士有報吳之心待我伐越然後可子貢曰越之勁不過魯吳之強不過齊王置齊而伐越則齊必私魯矣（爲齊聽用）且王方以存亡繼絕爲名（存亡國繼絕世）夫伐小越而畏強齊非勇也夫勇者不避難仁者不窮約（不窮苦其約小）

者智者不失時義者不絕世（吳越春秋仁人不困厄以廣其德智者不棄時以立其功王者不絕世以立其義）今存越示諸侯以仁（不窮約）救魯（不絕世）伐齊威加晉國（不避難不失時）諸侯必相率而朝吳霸業成矣若王必惡越（惡猶畏也）臣請東見越王令出兵以從此則實空越而名從諸侯以伐齊吳王大悅乃使子貢之越越王除道郊迎身御至舍而問曰此蠻夷之國大夫何以儼然辱而臨之子貢曰今者吾說吳王以救魯伐齊其志欲之而心畏越曰待我伐越而後可如此則破越必矣且夫無報人之志而令人疑之拙也有報人之意而使人知之殆也事未發而先聞

者危也三者舉事之大患也越王頓首曰再拜曰孤少失前人（勾踐父允常）内不量力與吴戰困於會稽痛入於骨髓日夜焦唇乾舌徒欲與吴王接踵而死孤之願也遂問子貢（問計安所出）子貢曰吴王爲人暴猛群臣不堪國家敝於數（音朔）戰士卒弗忍百姓怨上大臣内變申胥以諫死（申胥伍子胥也按越絶書無此五字是時子胥未死）太宰嚭用事（嚭吴王佞臣也○嚭普鄙切）順君之過以安其私此則報吴之時也今王誠發士卒佐之（佐之伐齊）以徼射（徼激也結堯反射厭斁也夷益反）其志而重寶以說其心卑辭以尊其禮則其伐齊必矣彼戰不勝王之福矣戰勝必以兵臨晉臣還

北見晉君令共攻之吳銳兵盡於齊重甲困於晉而王制其敝此滅吳必矣此聖人所謂屈節以求其伸者也越王大悅頓首許諾送子貢金百鎰（二十四兩爲鎰）劍一良矛二（矛建於兵車長丈二吳越春秋作馬）子貢不受遂行報吳王曰臣敬以大王之言告越王越王大恐曰孤不幸少失前人內不自量抵罪於吳軍敗身辱棲於會稽國爲虛莽賴大王之賜使得奉俎豆而脩祭祀死不敢忘何謀之敢慮後五日越王悉境內之兵使大夫種頓首言於吳王曰東海役臣勾踐使者臣種敢脩下吏問於左右今聞大王將興大義誅強救弱困暴齊

而撫周室請悉起境內士卒三千人孤請自披堅執銳以先受矢石因越賤臣種奉先入藏器甲二十領鐵屈盧之矛步光之劍以賀軍吏吳王大說以告子貢曰越王欲身從寡人伐齊可乎子貢曰不可夫空人之國悉人之衆又從其君不義君受其幣許其師而辭其君吳王許諾乃謝越王於是吳王乃發九郡之兵以伐齊子貢因去之晉謂晉君晉定公名午曰慮不先定不可以應卒音促兵不先辨辨辦集也不可以勝敵今夫齊與吳將戰彼戰而不勝越亂之必矣與齊戰而勝必以其兵臨晉晉君大恐曰爲之柰何子貢曰休

兵脩卒以待之晋君許諾子貢去而之魯吳王果與齊人戰於艾陵大破齊師獲七将軍之兵而不歸果以兵臨晋與晋人相遇黄池之上黄池衛地今陳留封丘縣南黄亭近濟水吳晋争彊左傳哀公十三年公會晋定公吳夫差於黄池将盟吳人曰於周室我爲長晋人曰於姬姓我爲伯乃先晋人也晋人擊之大敗吳師越王因之涉江襲吳潜師曰襲去城七里而軍吳王聞之去晋而歸與越戰於五湖三戰不勝城門不守越遂圍王宮殺夫差而戮其相破吳三年東向而霸左傳黄池之會無晋擊吳敗吳師事是年越入吳歸與越平越未滅吳故子貢一出存魯亂齊破吳彊晋而霸越子貢一使使勢相破十年之中五國各有變

孔子曰夫其亂齊存魯吾之初願若強晉以敝吳使吳亡而越霸者賜之說也美言傷信慎言哉按左傳載越滅吳在哀公二十二年是時孔子卒已七年則非孔子所及言明矣而子貢使齊之事亦不經見惟韓非子曰齊將攻魯魯使子貢說齊不聽而卒加兵於魯初無說吳越之事然則韓非之所記顧可信歟吾從其理之可信者耳

孔子弟子有宓子賤者仕於魯為單父宰恐魯君聽讒言使已不得行其政於是辭行故請君之近史二人與之俱至官宓子戒其邑吏令二史書方書輒掣其肘書不善則從而怒之二史患之辭請歸魯宓子曰子之書甚不善子免而歸矣二史歸報於君曰宓

子使臣書而掣肘書惡而又怒臣邑吏皆笑之此臣之所以去之而來也魯君以問孔子子曰宓不齊君子也其才任霸王之佐屈節治單父將以自試也意者以此爲諫乎公寤太息而歎曰此寡人之不肖寡人亂宓子之政而責其善者數矣微二史寡人無以知其過微夫子寡人無以自寤遽發所愛之使告宓子曰自今以往單父非吾有也從子之制有便於民者子決爲之五年一言其要宓子曰敬奉詔遂得行其政於是單父治焉躬敦厚明親親尚篤敬施至仁加懇誠致忠信百姓化之齊人攻魯道由單父單父

之老請曰麥已熟矣今齊寇至不及人人自收其麥

請放民出皆穫傳傳麃著也郭之麥可以益糧且不資於

寇三請而宓子不聽俄而齊寇逮逮行将及也于麥季孫

康子康子名肥聞之怒使人讓宓子曰民寒耕熱耘曾不得食

豈不哀哉不知猶可以告者三而子不聽非所以爲

民也宓子蹵然曰今茲無麥明年可樹若使不耕者

穫是使民樂有寇且得單父一歲之麥於魯不加彊

喪之不加弱若使民有自取之心其創傷也初莊切○必數

世不息季孫聞之赧然而愧曰地若可入吾豈忍見

宓子哉三年孔子使巫馬期遠觀政巫馬期陰免

衣衣（上如字下於既切）敝裘入單父界見漁者得魚輒舍之

巫馬期問焉曰凡漁者爲（爲于位反）得何以得魚即舍之

漁者曰魚之大者名爲鱄（鱄鯉魚懷姙者○除留切）吾大夫愛之

其小者名爲鱦（鱦以證切）吾大夫欲長之是以得二者輒

舍之巫馬期返以告孔子曰宓子之德至使民闇（暗同）

行若有嚴刑於旁敢問宓子何行而得於是孔子曰

吾嘗與之言曰誠於此者刑乎彼宓子行此術於單

父也

孔子之舊曰原壤其母死夫子將助之以沐槨子路

曰由也昔者聞諸夫子曰無友不如己者過則勿憚

改夫子憚矣姑且也已若何孔子曰凡民有喪匍匐救之邶谷風之辭況故舊乎非友也吾其往及爲槨原壤登木曰久矣予之不託於音也遂歌曰貍首之斑然執女忍與反手之卷然卷好貌逵員反○夫子爲之隱佯不聞以過之子路曰夫子之屈節而極於此失其與矣豈未可以已乎孔子曰吾聞之親者不失其爲親也故者不失其爲故也

孔聖家語圖卷之九

孔聖家語圖卷之十

武林後學吳嘉謨集校

正論解第三十八

孔子在齊齊侯（景公）出田（按左傳昭公二十年齊侯田於沛田獵也蒐苗獮狩必法於田故謂之田也）招虞人以旌不進（虞人掌山澤之官旌折羽為之象文德也）公使執之對曰昔先君之田也旌以招大夫弓以招士皮冠以招虞人（諸侯田服皮冠故以招掌山澤之官）臣不見皮冠故不敢進乃舍之孔子聞之曰善守道不如守官（君招當往道之常非物不進官之制）君子韙之（韙是也烏賄切）

齊國書伐魯（國書齊卿事在哀公十一年）季康子使冉有率左師

禦之樊遲為右師不踰溝樊遲曰非不能也不信子言康子德不素為民所信請三刻而踰之與衆要約三刻而踰溝如之如樊遲要約之言衆從之師入齊軍遁齊軍逃冉有用戈故能入焉

孔子聞之曰義也用命之義既戰季孫康子謂冉有曰子之於戰學之乎性達之乎對曰學之季孫曰從事孔子惡乎學冉有曰即學之孔子也夫孔子者大聖無不該備也文武竝用兼通求也適聞其戰法猶未之詳也季孫說樊遲以孔子孔子曰季孫於是乎可謂說人之有能矣

南容說南宮敬叔仲孫何忌孟懿子既除喪除父僖子仲孫貜之喪而

昭公在外時季孫意如執國命公在乾侯未之命也未命說忌為卿大夫定公即位而命之辭句曰先臣有遺命焉先臣僖子也以相昭公如楚鄭病已之不知禮不能答楚郊勞之禮將死屬其二子學禮於孔子曰夫禮人之幹也非禮則無以立屬家老命二子學於孔子孔子曰能補過者君子也詩云君子是則是傚孟僖子可謂則傚矣懲已所病以誨其嗣大雅所謂詒厥孫謀以燕翼子則法也傚傚也小雅鹿鳴之辭詒遺也燕安也翼敬也大雅文王有聲之辭言遺其子孫以嘉謀使學安敬之道也是類也夫

衛孫文子衛卿孫林父也得罪於獻公居戚邑居戚也公獻公卒未葬文子擊鐘焉延陵季子吳公子札適晉過戚聞之曰異

哉夫子（夫一作逢夫切）之在此猶燕子巢於幕也（言至危也）懼猶未也又何樂焉君又在殯可乎文子於是終身不聽琴瑟孔子聞之曰季子能以義正人文子能克己服義可謂善改矣

孔子覽晉志（志晉史也）晉趙穿殺靈公（穿晉大夫趙盾從弟之子靈公名夷皐○按左傳宣公二季靈公不君宣子盾驟諫靈公患之設計飲盾酒伏甲將攻之盾車右提彌明知之遂扶盾以下鬭且出彌明死之初靈輙德宣子與為公介倒戟以禦公徒而免之趙穿遂攻靈公而弑之）趙盾亡未及山而還（山晉之境也）史書（太史董狐書曰）趙盾弑其君（左有以示於朝六字）盾曰不然史曰子為正卿亡不越境（聞弑而還）返不討賊非子而誰盾曰嗚呼我之懷矣自詒伊

感此邶風雄雌之辭盾引以自明言人多所懷戀則自遺其憂戚其我之謂乎孔子歎曰董狐古之良史也書法不隱趙宣子古之良大夫也為法受惡為書法受弒君之名惜也越境乃免謂越境則不與聞乎其故乃可免弒君之名也

鄭伐陳入之使子產獻捷于晉晉人問陳之罪焉子產對曰陳忘周之大德武王以元女大姬以配胡公而封諸陳介大也恃楚眾馮陵敝邑是以有往年之告告晉為陳所侵未獲命未得晉平陳之成命則又有東門之役與楚共伐陳至其東門也當陳隧墓道也者井堙木刊堙塞也刊斫也敝邑大懼謂懼不競而辱大姬天誘其衷誘進也衷善也天導其善大報陳也○誘云九切啓敝邑心陳知其罪辱大姬之

罪陳侯袒服擁社使男女自囚待命授首于我用敢獻功晉人曰何故侵小對曰先王之命惟罪所在各致其辟辟法也誅也且昔天子一圻地方千里列國一同地方百里自是以衰差降也周之制也言大國方百里從是以為差伯方七十里子男五十里乃周之制也今大國多數圻矣若無侵小何以至焉晉人曰其辭順晉人趙文子武也以其辭順乃受之孔子聞之謂子貢曰志有之志古書也言以足志文以足言足成之也不言誰知其志言之無文行之不遠有言而不文則雖行不遠也晉為伯謂牧伯長諸侯也鄭入陳非文辭不為功小子慎哉

楚靈王汰汰與泰同奢也侈右尹子革侍坐右尹官名子革鄭丹左史

倚相趨而過王曰是良史也子善視之是能讀三墳

五典八索九丘（三墳伏羲神農黃帝之書也○按漢劉熙曰墳分也論三才之分而治之也又曰一曰山墳連山易二曰氣墳歸藏易三曰形墳乾坤易而詳演其義五典少昊顓頊帝嚳帝堯帝舜之書也說文曰典從冊以冊載帝王之事也八索號曰八卦索求也即易一索得震之索九丘謂九州丘區也聚也區別其聚而志之也皆不經見未可考信畧附明之）對曰夫良史者記

君之過揚君之善而此子以潤辭為官不可為良史

曰（一作日）臣又嘗聞焉昔周穆王欲肆其心將遍行天

下使皆有車轍馬跡焉祭公謀父作祈招（按左謀父周卿士祈父司馬之官招當作招其名也祭公諫遠遊故借以名詩乃逸詩也）以止王心（逸遊之心）王

是以獲歿於文宮（左作秖宮言令終也）臣聞其詩焉而不知若

問遠焉其焉能知王曰子能乎對曰能其詩曰祈昭之愔愔乎式昭德音思我王度式如玉式如金刑左作形體也民之力而無有醉飽之心愔愔和樂也言德音之安和思王度之純美能體民之力而無不厭足之心也王曰昭即徵招之招而以樂言刑以刑傷民力而反上文王度之義言此又作一義解也靈王揖而入饋不食寢不寐數日句則固不能勝其情以及於難靈王起章華之臺為奔疾所逼縊于乾谿孔子讀其志曰古者有志克己復禮為仁信善哉楚靈王若能如是以禮勝情豈其辱於乾谿子革之非左史所以風撫鳳切也誦詩以諫順哉

叔孫穆子名豹避難奔齊豹兄僑如淫亂故避之而出奔宿於庚宗之

邑庚宗寡婦通焉而生牛（牛子名）穆子返魯以牛為內豎（通內外之命○豎仁庾切）相家（及長命為家相）牛讒叔孫二子（長子孟丙次子仲壬）殺之叔孫有病牛不通其饋不食而死遂輔叔孫庶子（叔孫婼也）而立之（是為昭子）昭子既立朝其家衆曰豎牛禍叔孫氏使亂大從（從順也）殺適立庶又披其邑以求舍罪（南遺助牛殺仲壬牛取東鄙三十邑以與之披散也）罪莫大焉必速殺之遂殺豎牛孔子曰叔孫昭子之不勞（勞功也不以立己為功也）不可能也周任有言曰（周任古之賢人）為政者不賞私勞不罰私怨詩云有覺德行四國順之（覺直也大雅抑之辭）昭子有焉晉邢侯與雍子（皆楚人）爭田（晉邑鄐地田○鄐許六切）叔魚攝理（叔魚

羊舌鮒也理獄官名時士景伯如楚叔魚攝景伯理事罪在雍子雍子納其女於叔魚叔魚蔽獄邢侯蔽斷也斷罪歸邢侯邢侯怒殺叔魚與雍子於朝韓宣子名起問罪於叔向時宣子命斷舊獄在雍子乃問殺叔魚之罪於向也叔向曰三姦同罪施生戮死可也謂行生者之刑戮死者之刑罪雍子自知其罪而賂以買直鮒也鬻獄邢侯專殺其罪一也已惡而掠美為昏昏亂也已惡而賂以取善為亂貪以敗官為默官官常也默墨同謂貪污而不潔也殺人不忌為賊忌憚也夏書曰昏默賊殺夏書夏禹之書也殺謂三者皆當大辟之刑咎陶之刑也咎姓即皐姓陶夏士官名請從之乃施邢侯行生者之刑也而尸雍子叔魚於市戮死之罪孔子曰叔向古之遺直也治國制刑不隱

於親三数叔魚之罪不為末減末謂薄也曰義可謂直矣平丘之會数其指叔魚賄瀆貨也以寛衛國晋不為暴諸侯會於平丘晋兵次於衛地滛蒭蕘者衛人患之賂叔向以請向曰叔魚瀆貨若以賜之其已衛人從之鮒為禁之歸魯季孫稱其詐給季孫也以寛魯國晋不為虐平丘之會晋執季孫意如子服惠伯湫使穆子荀吴言於韓宣子起將歸之惠伯責晋盟而遣之不欲私歸宣子患之謂叔向曰子能歸季孫乎曰不能鮒也能叔魚見季孫泣且紿之曰聞為子除館西河若之何季孫懼先歸留惠伯待遺禮邢侯之獄言其貪鬻獄也以正刑書晋不為頗頗偏也三言而除三惡加三利暴衛虐魯頗晋三姦三惡也不暴不虐不頗三利也殺親益榮殺其弟而名益顯由義也夫鄭有鄉校之士非論執政鬷明大夫鬷然明蔑也欲毀鄉校

子產曰何以毀為也夫人朝夕退而遊焉以議執政之善否其所善者吾則行之其所否者吾則改之若之何其毀也我聞忠善以損怨（為忠善則怨謗息）不聞立威以防怨防怨猶防水也大決所犯傷人必多吾弗克救也不如小決使導之不如吾聞而藥之（導之使通又不如存之自治也）孔子聞是言也曰吾以是觀之人謂子產不仁吾不信也

晉平公會諸侯於平丘齊侯及盟鄭子產爭貢賦之所承（承貢賦之次）曰昔日（左無日字）天子班貢輕重以列尊卑貢周之制也卑而貢重者甸服（甸服王圻之內與圻外諸侯異故貢重也）

鄭伯男南也而使從公侯之貢南左傳作男古字作南亦多有作此南連言之猶言公侯也懼弗給也敢以為請自日中爭之以至于昏晉人許之孔子曰子產於是行也足以為國基也詩云樂只君子邦家之基本也子產君子之於樂者能為國之本則人樂藝也且曰合諸侯而藝貢事禮也藝分別貢獻之事也

鄭子產有疾謂子太叔曰我死子必為政唯有德者能以寬服民其次莫如猛夫火烈民望而畏之故鮮死焉水濡弱民狎而翫之狎易也翫習也則多死焉故寬難

子產卒子太叔為政不忍猛而寬鄭國多掠盜抄掠太叔悔之曰吾早從夫子必不及此孔子聞之曰善哉

政寬則民慢慢則糾於猛（糾猶攝也）猛則民殘（猛政民殘）民殘則施之以寬寬以濟猛猛以濟寬寬猛相濟政是以和詩曰民亦勞止汔可小康（汔危也勞民人病汔可小变故以安也吸）惠此中國以綏四方施之以寬也毋縱詭隨以謹無良（詭隨不顧是非而妄隨人者小惡也亦毋縱而小懲之）式遏寇虐憯不畏明（憯詩作憯○七感切曾也言此寇虐之人曾不畏天之明命也故毋縱詭隨小惡之人則無良之人肅而寇虐之人止也）糾之以猛也柔遠能邇以定我王平之以和也（柔安也能順習也言遠者安而近者順而王室定也已上三章皆大雅民勞之辭）又曰不競不絿不剛不柔布政優優百祿是遒和之至也（競彊也絿綏也遒聚也此商頌長發之辭）子產之卒也孔子聞之出涕曰古之

遺愛也

孔子適齊過泰山之側有婦人哭於野者而哀夫子式而聽之曰此哀一似重有憂者使子貢往問之而曰昔舅死於虎吾夫又死焉今吾子又死焉子貢曰何不去乎婦人曰無苛政子貢以告孔子孔子曰小子識之苛政猛於暴虎

晉魏獻子為政獻子魏舒分祁氏及羊舌氏之田荀櫟滅晉大夫祁氏羊舌氏故獻子分其田以賞諸大夫及其子成魏戊舒之庶子皆以賢舉也又將賈辛曰今汝有力於王室吾是以舉汝周有子朝之亂賈辛帥師救周行乎敬之哉毋墮乃力一作切孔子聞

之曰魏子之舉也近不失親（子可舉而舉也）遠不失舉（不以遠故不舉）可謂美矣又聞其命賈辛以為忠詩云永言配命自求多福忠也（此大雅文王之辭周公追述文王之德以戒成王欲其念爾祖之脩德以致福與獻子戒賈辛之意同為忠也○王曰言文王長配天命而行庶國亦當求多福人求多福忠也與今文少異）魏子之舉也義其命也忠其長有後於晉國乎

趙簡子（晉大夫鞅）賦晉國一鼓鐵（三十斤謂之鈞鈞四謂之石石四謂之鼓）以鑄刑鼎著范宣子所為刑書（按左傳范士匄無刑書事乃趙宣子盾也事在魯文公六季詳其後夷蒐下）孔子曰晉其亾乎失其度矣夫晉國將守唐叔之所受法度（唐叔成王母弟始封於晉）以經緯其民者也（經緯猶織以成文也）卿大夫以序守之（序次序也）民是以能遵其

道而守其業貴賤不愆同愆所謂度也文公是以作執秩之官為被廬之法被廬晉地〇按文公始覇蒐於被廬示民以禮作執秩以正其官為晉法蒐治兵也以為盟主今弃此度也而為刑鼎銘在鼎矣何以尊貴民將弃度而徵於書不復戴奉上也何業之守也民不奉上則上無所守也貴賤無序何以為國且夫宣子之刑夷之蒐也夷晉地〇按襄公六季蒐於夷以治軍師使狐射姑為中軍趙宣子盾為佐靈公初季陽處父黨於趙氏改蒐於董易宣子為中軍射姑為佐宣子於是始為國政制晉法故趙簡子欲以鑄刑鼎也晉國亂制射姑怨處父殺之故曰亂制若之何其為法乎

楚昭王有疾卜曰河神為祟王弗祭大夫請祭諸郊王曰三代命祀祭不越望天子望祀天地諸侯祀境內故曰祭不越望也江

漢沮（子余切）漳（止良切）楚之望也（四水楚之所當祀也）禍福之至不是過也（不過境內山川）不穀雖不德河非所獲罪也遂不祭孔子曰楚昭王知大道矣（求之於已不越祀也）其不失國也宜哉（楚為吳所滅昭王出奔已而復國）夏書曰維彼陶唐率彼天常（陶唐堯也率循也常道也）在此冀方（中國為冀）今失厥道亂其紀綱乃滅而亾（謂夏桀）又曰允出茲在茲由己率常可矣（言善惡各有類信出此則在此以能循常道斯可也）

衛孔文子使太叔疾出其妻而以其女妻之（疾娶於宋子朝其娣嬖子朝怒文子使疾出其妻而以己女妻之）疾誘其初妻之娣為之立宮與文子女如二妻之禮文子怒將攻之孔子舍蘧

伯玉之家文子就而訪焉孔子曰簠簋之事則嘗聞學之矣兵甲之事未之聞也退而命駕而行曰鳥則擇木木豈能擇鳥乎文子遽自止之曰圉也豈敢度其私哉（度謀）亦防衛國之難也將止會季康子問冉求之戰冉求既對之又曰夫子播之百姓質之鬼神而無憾（根也）用之則有名康子言於哀公以幣迎孔子曰

句

人之於冉求信之矣將大用之

齊陳恒（齊相田常也）弑其簡公（齊君名壬）孔子聞之三日沐浴而適朝告於哀公曰陳恒弑其君請伐之公弗許三請公曰魯為齊弱久矣子之伐也將若之何對曰臣

弑其君民之不與者半以魯之衆加齊之半可克也

公曰子告季氏孔子辭（不告季氏）退而告人曰以吾從大夫之後不敢不告也

子張問曰書云高宗三年不言（書無逸高宗下有亮陰二字）言乃雍（和也）有諸孔子曰胡為其不然也古者天子崩則世子委政於冢宰三年成湯既歿太甲（湯世子太丁先卒太甲太丁長子）聽於伊尹武王既喪成王聽於周公其義一也

衛孫桓子（良夫）侵齊遇敗焉（與齊師會為齊所敗）齊人乘之執新築（地名）大夫仲叔于奚以其衆救桓子桓子乃免衛人以邑賞仲叔于奚于奚辭請曲懸之樂（禮天子宮懸四周諸侯軒懸

懸軒懸闕一面故謂之曲懸也繁纓以朝繁馬飾大帶也纓當馬膺以索帬銜以黃金為飾膺馬胷銜馬口勒也許之書在三官司徒書名司馬書服司空書勳也子路仕衛見其故以訪孔子孔子曰惜也不如多與之邑惟器與名不可以假人禮樂以器尊卑以名君之所司司主也名以出信信以守器器以藏禮有器然後得行其禮禮以行義義以生利義之和也利以平民政之大節也若以假人與人政也政亾則國家從之不可止也

公父文伯之母文伯名歜母穆伯妻敬姜也紡績不解文伯諫焉其母曰古者王后親織玄紞紞冠垂也公侯之夫人加之紘綖纓屈而上者謂之紘綖冠之上覆也卿之內子卿妻也為大帶緇布命

婦成祭服命婦大夫妻也祭服玄衣纁裳也列士之妻加之以朝服庶士以下各衣其夫列士天子士皮弁素積諸侯士玄端委貌秋而成事烝而獻功王曰男女春秋而勤歲事冬祭而獻其功一作社而賦事春分祭社藝農桑冬而烝獻穀布帛之功男女紡績愆則有辟愆愆同辟罪也聖王之制也今我寡也爾又在位朝夕恪勤猶恐忘先人之業況有怠惰其何以避辟孔子聞之曰弟子志之季氏之婦可謂不過矣

樊遲問於孔子曰鮑牽事齊君執政不撓可謂忠矣齊慶剋通於靈公夫人鮑牽知之以告國武子佐武子召慶剋而讓之慶剋告夫人夫人怒國武子子相靈公以會於諸侯伐鄭高無咎鮑牽處守及公還將至高鮑閉門索客以備夫人訴之曰高鮑將不納君而

公子角遂刖鮑牽足夫人靈公母聲孟子也而君刖之其為至闇乎孔子曰古之士者國有道則盡忠以輔之國無道則退身以避之今鮑莊子食於淫亂之朝不量主之明暗以受大刑是智之不如葵葵猶能衛其足葵傾葉隨日轉故曰能衛足也

季康子欲以一井田出法賦焉按古法丘賦十六井為丘丘賦一乘一井田賦則每井賦一乘也使冉有訪孔子子曰丘弗識也冉有三發卒曰終乃言曰子為國老待子而行若之何子之不言孔子不對亦不公言也而私於冉有曰求來汝弗聞乎先王制土籍田以力二十者受田五十畝三十者受田百畝六十收之而砥其

遠邇（砥平也○按周禮近郊十一遠郊二十而三甸稍縣都皆無過十二稍采邑也四井為邑四邑為丘四丘為甸四甸為縣四縣為都）賦里以入而量其有無（按左於商賈所居之廛計其利入多少而量其財業以為差周禮國宅無征園廛二十而一漆林二十而五）任力以夫而議其老幼（按左傜役以夫家為數老幼則復除）於是乎有鰥寡孤疾老者軍旅之出則徵之無則已（於軍旅之役則鰥寡孤疾或有所共無軍事則止之）其歲收田一井出稯禾秉缶米（其歲軍旅之歲也缶庾也十六斗曰庾十庾曰秉四秉曰莒十莒曰稯）不是過也（言軍旅之歲一井田所出不過如此非賦其一乘也）先王以為足君子之行必度於禮施取其厚（施以厚為德也）事舉其中（事以中為節）斂從其薄若是其以丘亦足矣（丘十六井）不度於禮而貪冒無厭則雖以田賦將又

不足且季孫若欲行而取法則有周公之典在若欲
犯法則苟行之又何訪焉
子游問於孔子曰夫子之極言子產之惠也可得聞
乎孔子曰惠在愛民而已矣子游曰愛民謂之德教
何翅施惠哉孔子曰夫子產者猶衆人之母也能食
之弗能教也子游曰其事可言乎孔子曰子產以所
乘之輿濟冬涉者是愛無教也
哀公問於孔子曰二三大夫皆勸寡人使隆敬於高
年何也孔子對曰君之及此言將天下實賴之豈唯
魯哉公曰何也其義可得聞乎孔子曰昔者有虞氏

貴德而尚齒夏后氏貴爵而尚齒殷人貴富而尚齒（富貴世祿之家）周人貴親而尚齒虞夏殷周天下之盛王也未有遺年者焉高年者貴於天下久矣次於事親是故朝廷同爵而尚齒七十杖於朝君問則席（君欲問之則為之設席而問焉）八十則不仕朝君問則就之而悌達乎朝廷矣其行也肩而不竝（不敢與長者竝肩也）不錯則隨（錯鴈行父黨隨行兄黨鴈行也）班白者不以其任於道路而悌達乎道路矣居鄉以齒而老窮不匱（記作遺）強不犯弱眾不暴寡而悌達乎州巷矣古之道五十不為甸役（四丘為甸君田則起甸之卒徒五十始老故不及也）頒禽隆之長者（長者多賜）而悌達乎蒐狩矣軍

旅什伍同爵則尚齒而悌達乎軍旅矣夫聖王之教孝悌發諸朝廷行於道路至於州巷放於蒐狩循於軍旅則衆感（一作咸）以義死之而弗敢犯公曰善哉寡人雖聞之弗能成

哀公問於孔子曰寡人聞東益宅不祥（東益宅名）信有之乎孔子曰不祥有五而東益不與焉夫損人自益身之不祥棄老而取幼家之不祥釋賢而用不肖國之不祥老者不教幼者不學俗之不祥聖人伏匿愚者擅權天下不祥不祥有五東益不與焉

孔子適季孫季孫之宰謁曰君使人假於馬將與之

乎季孫未言孔子曰吾聞之君取於臣謂之取與於臣謂之賜臣取於君謂之假與於君謂之獻季孫色然悟曰吾誠未達此義遂命其宰曰自今已往君有取之一切不得復言假也

曲禮子貢問第三十九

子貢問於孔子曰晉文公實召天子而使諸侯朝焉晉文公會諸侯于溫召襄王且使狩於河陽因使諸侯朝天子作春秋云天王狩於河陽何也孔子曰以臣召君不可以訓亦書其率諸侯事天子而已

孔子在宋見桓魋自為石槨三季而不成工匠皆病

夫子愀然曰若是其靡也(靡過侈也)死不如速朽之愈也冉子僕曰禮凶事不豫此何謂也夫子曰既死而議謚謚定而卜葬既葬而立廟皆臣子之事非所豫屬也况自爲之哉南宮敬叔以富得罪於定公奔衛衛侯請復之載其寶以朝夫子聞之曰若是其貨也喪(失位去國也)不若速貧之愈也子游侍曰敢問何謂如此孔子曰富而不好禮殃也敬叔以富喪矣而又弗改吾懼其將有後患也敬叔聞之驟如孔氏(以謝過也)而後循禮施(式至切)㪚焉

孔子在齊齊大旱春饑景公問於孔子曰如之何孔

子曰凶年則乘駑馬力役不興馳道不修（馳道君行之道）祈以幣玉（君所祈請用幣及玉不用牲也）祭祀不懸（不作樂也）祀以下牲（當用大牢者用小牢）此賢君自貶以救民之禮也

孔子適季氏康子晝居內寢孔子問其所疾康子出見之言終孔子退子貢問曰季孫不疾而問諸疾禮與孔子曰夫禮君子不有大故則不宿於外非致齊也非疾也則不晝處於內是故夜居外雖弔之可也晝居於內雖問其疾可也

孔子為大司寇國廐焚子退朝而之火所鄉人有自為火來者則拜之士一大夫再子貢曰敢問何也孔

子曰其來者亦相弔之道也吾為有司故拜之
子貢問曰管仲失於奢晏子失於儉與其俱失矣二者孰賢孔子曰管仲鏤簋而朱紘（鏤刻而飾之朱紘天子冕之紘）旅樹而反坫（旅施也樹屏也天子外屏諸侯內屏反坫在兩楹之間人君好會獻酬禮畢反爵於其上）山節藻棁（節栱也刻為山雲棁梁上楹也畫藻文也）賢大夫也而難為上（數其所為則有踰分之事而難為在其上者）晏平仲祀其先祖而豚肩不揜豆（言陋小也）一狐裘三十秊賢大夫也而難為下（即其所為則有不及分之事而難為在其下者）君子下不僭上上不偪下
冉求曰昔臧文仲知魯國之政立言垂法于今不亾可謂知禮矣孔子曰若臧文仲安知禮夏父弗綦逆

祀而不止燔柴於竈以祀焉夫竈者老婦之所祭謂祭祭瓶其功老婦主祭也盛於甕尊於瓶非所柴也故曰禮也者由體也體不備謂之不成人設之不當猶不備也

子路問於孔子曰臧武仲率師與邾人戰于狐鮐遇敗焉師人多喪而無罰古之道然與孔子曰凡謀人之軍師敗則死之謀人之國邑危則亡之謀為人謀之謀軍國既敗危不能獨生也古之正也其君在焉者有詔則無討詔君之教也有君教則臣無討

晉將伐宋使人覘之觀也宋陽門之介夫死陽門宋城門也介夫被甲衛門者司城子罕哭而哀覘之反言於晉侯曰陽門

長

之介夫必而子罕哭之哀民咸説宋殆未可伐也孔子聞之曰善哉覘國乎詩云凡民有喪匍匐救之比谷風之辭子罕有馬雖非晉國其天下孰能當之言雖非但晉國使天下有強者猶不能當也是以周任有言曰民説其愛者弗可敵也

楚伐吴工尹商陽與陳弃疾追吴師及之弃疾曰王事也子手弓而可商陽手弓弃疾曰子射諸射之斃一人韔其弓韔弓衣也韔丑亮切又及弃疾謂之又及弃疾復謂之斃二人每斃一人輒掩其目止其御曰吾朝不坐燕不與朝正朝燕燕朝不與言亦不在坐列也殺三人亦足以反命

矣孔子聞之曰殺人之中又有禮焉子路怫然進曰人臣之節當君大事唯力所及歿而後已夫子何善此子曰然如汝言也吾取其有不忍殺人之心而已

孔子在衛司徒敬之卒夫子弔焉主人不哀夫子哭不盡聲而退蘧伯玉請曰衛鄙俗不習喪禮煩吾夫子辱相焉孔子許之掘中霤而浴（室中曰霤）毀竈而綴（綴音拙）足襲於牀及葬毀宗而躐（躐同）行也（按殷禮始歿于中霤作坎設竈而浴浴畢毀竈竈明不有事于此也聯尸之足令勿強而僻戾可著履也既斂殯于廟及葬毀廟西垣以出躐壇上而行神位在廟門之外也躐躐跨也）出於大門及墓男子西面婦人東面既封而歸殷道也孔子行之子游問曰君子

行禮不求變俗夫子變之矣孔子曰非此之謂也喪事則從其質而已矣（殷尚質也）

宣公八年六月辛巳有事于太廟而東門襄仲（公子遂也）卒壬午猶繹（繹者祭之明日又祭以賓尸也禮大夫卒當祭則不告終事而聞則不繹仲遂國卿卒而猶繹失遇大臣之禮故問也）子游見其故以問孔子曰禮與孔子曰非禮也卿卒不繹

季桓子喪康子練（熟絲也）而無衰子游問於孔子曰既服練服可以除衰乎孔子曰無衰衣不以見賓何以除焉

邾人以同母異父之昆弟死將為之服因顏克而問

禮於孔子子曰繼父同居者則異父昆弟從為之服
不同居繼父且猶不服況其子乎
齊師侵魯公叔務人昭公子公為也遇人入保負杖而息遇魯人避齊師將入保疲憊而負杖以息者也王曰保縣邑小城也則當作堡務人泣曰使之
雖病任之雖重務人歎魯人之困於勞役厚斂也君子弗能謀士弗
能死言在上者不能率下以死難也不可也我既言之矣務人將踐死難之言
敢不勉乎與其鄰嬖童汪錡乘往奔敵死焉皆殯魯
人欲勿殤童汪錡問於孔子子曰能執干戈以衛社
稷可無殤乎言童有成人之行也
魯昭公夫人吳孟子卒不訃於諸侯孔子既致仕而

往弔焉適于季氏季氏不絰孔子投絰而不拜以季氏不絰故已亦不成禮也子游問曰禮與孔子曰主人未成服則弔者不絰焉禮也

公父穆伯之喪敬姜晝哭文伯之喪晝夜哭孔子曰季氏之婦可謂知禮矣愛而無私上下有章上謂穆伯夫下謂文伯子哭夫以禮哭子以情禮之節也

南宮縚之妻孔子兄之女喪其姑而誨之髽去纚露髻曰髽曰爾毋從從從音總爾毋扈扈爾從從高扈扈大也言喪無容飾髽毋高大也葢榛以為笄笄簪榛木為之長尺而總八寸總束髮垂為飾者

子張有父之喪公明儀相焉問啓當作稽顙於孔子孔

子曰拜而後啓顙頽乎其順〇（頽與隤同順也頽徒回切）啓顙而後拜頎〇（頎貇同誠也〇頎口很切）乎其至也三秊之喪吾從其至也（拜以為賓稽顙以致哀先敬後哀為順先哀後敬為至）

孔子在衛衛之人有送葬者而夫子觀之曰善哉為喪乎足以為法也小子識之子貢問曰夫子何善爾其往也如慕其返也如疑（不忘其親之情也）子貢曰豈若速返而虞哉（返葬而祭謂之虞也）子曰此情之至者也小子識之我未之能也（未之能行言其情不易言也）

卞人有母死而孺子之泣者孔子曰哀則哀矣而難繼也夫禮為可傳也為可繼也故哭踊有節而變除

有期

孟獻子禫懸而不樂可（記作比）御而不處內（及當御而不入寢也）子游問於孔子曰若是則過禮也孔子曰獻子可謂加於人一等矣

魯人有朝祥（祥一十四月之祭也）而暮歌者子路笑之孔子曰由爾責于人終無已夫三年之喪亦已久矣子路出孔子曰又多乎哉（又復也言去二十五月不多也）踰月則其善

子路問於孔子曰傷哉貧也生而無以供養死則無以為禮也孔子曰啜菽飲水盡其歡心斯為之孝乎斂手足形旋葬而無槨（旋便）稱其財為之禮貧何傷乎

吳延陵季子聘於上國適齊於其返也其長子死於嬴博之間嬴博地名孔子聞之曰延陵季子吳之習於禮者也往而觀其葬焉其斂以時服而已隨冬夏之服無所加其壙掩坎深不至於泉其葬無盟器之贈既葬其封廣輪廣橫也又東西曰廣輪從也又南北曰輪○廣古曠切輪龍春切掩坎其高可時隱也記無時字既封則季子乃左袒右還其封還還莊相與還而觀之○還取絹切又胡慣切且號者三曰骨肉歸於土命也若魂氣則無所不之無所不之而遂行孔子曰延陵季子之禮其合矣

子游問喪之具孔子曰稱家之有亡焉子游曰有亡

惡於一作齊記作劑量之齊○才詣切何一說取中之意聲如字孔子曰有也

則無過禮苟亾矣則斂手足形還葬還葬斂畢即葬盡禮也○還句

不誒緣切縣棺而封封陂驗切○以手縣繩而下無碑繂也碑下窆鹿盧柱也繂音律大索也

人豈有非之者哉故夫喪亾與其哀不足而禮有餘

不若禮不足而哀有餘也祭祀與其敬不足而禮有

餘不若禮不足而敬有餘也

伯高死於衛赴與訃同於孔子子曰吾惡乎哭諸兄弟

吾哭諸廟父之友吾哭諸廟門之外師吾哭之寢朋

友吾哭之寢門之外所知吾哭諸野今於野則已踈

於寢則已重夫由賜也而見我吾哭於賜氏遂命子

貢為之主曰為爾哭也來者女拜之知伯高而來者女勿拜既哭使子張往弔焉未至冉求在衛攝（貸也）束帛乘馬而以將之孔子聞之曰異哉徒使我不成禮於伯高者是冉求也

子路有姊之喪可以除之矣而弗除孔子曰何不除也子路曰吾寡兄弟而弗忍也孔子曰行道之人皆弗忍先王制禮過之者俯而就之不至者企而及之子路聞之遂除之

伯魚之喪母也期而猶哭夫子聞之曰誰也門人曰鯉也孔子曰嘻其甚也非禮也伯魚聞之遂除之

衛公使其大夫求婚於季氏桓子問禮於孔子子曰同姓為宗有合族之義故繫之以姓而弗別綴之以食而弗殊君有食族人之禮雖親盡不異族食多少也雖百世昏姻不得通周道然也桓子曰魯衛之先雖寡兄弟今已絕遠矣可乎孔子曰固非禮也夫上治祖禰以尊尊之下治子孫以親親之旁治昆弟所以教睦也此先王不易之教也

有若問於孔子曰國君之於百姓如之何孔子曰皆有宗道焉故雖國君之尊猶百世不廢其親所以崇愛也雖於族人之親而不敢戚君所以謙也戚親也尊敬君

不敢如其親也

曲禮子夏問第四十

子夏問於孔子曰居父母之仇如之何孔子曰寢苫苫覆艸也喪以覆席○苫慈鹽切枕干楯也不仕弗與共天下也遇於朝市不返兵而鬬兵常不離於身曰請問居昆弟之仇如之何孔子曰仕弗與同國銜君命而使式至切雖遇之不鬬曰請問從才仲切昆弟之仇如之何曰不為魁主人指其衆昆弟而言能報之則執兵而陪陪隨助也其後

子夏問三年之喪既卒哭金革之事無避禮與初有司為之乎有司當吏職也孔子曰夏后氏之喪三年既殯而

致事殷人既窆而致事周人既卒哭而致事致事還政於君也卒哭卒無時之哭大夫三月而窆五月而卒哭士既窆而卒哭也記曰君子不奪人之親亦不可奪親也親記作喪既曰不奪人親喪之情怨也亦不自奪其親喪之情孝也子夏曰金革之事無避非與孔子曰吾聞諸老聃曰魯公伯禽有為為之也伯禽有母之喪東方有戎為不義伯禽為方伯以不得不誅之令以三季之喪從利者記作從其利謂攻取之利也吾弗知也

子夏問於孔子曰記云周公相成王教之以世子之禮有諸孔子曰昔者成王嗣立幼未能蒞阼周公攝政而治抗舉行也世子之法於伯禽欲王之知父子君

臣之道所以善成王也夫知為人子者然後可以為人父知為人臣者然後可以為人君知事人者然後可以使人是故抗世子之法於伯禽使成王知父子君臣長幼之義焉凡君之於世子親則父也尊則君也有父之親有君之尊然後兼天下而有之（記有是故養世子向）不可不慎也行一物（物猶事也）而三善皆得唯世子齒於學之謂也世子齒於學則國人觀之曰此將君我而與我齒讓何也曰有父在則禮然然而衆知父子之道矣其二曰此將君我而與我齒讓何也曰有君在則禮然然而衆知君臣之義也其三曰此將君我

而與我齒讓何也曰長長也則禮然然而衆知長幼之節矣故父在斯為子君在斯為臣居子與臣之位所以尊君而親親也在（記作故）學學之為父子焉學之為君臣焉學之為長幼焉父子君臣長幼之道得而後國治語曰樂正司業父師司成（司業大樂正授教肄業者也司成太少傅及師保有父道成生人者也）一有元良萬國以貞（王曰一謂天子也元善太子也書曰一人無有字）世子之謂也聞之曰為人臣者殺其身而有益於君則為之況于其身（疏曰于讀若迂曲也王曰寬也大也即下優為之義）以善其君乎周公優為也

子夏問於孔子曰居君之母與妻之喪如之何孔子

曰居處言語飲食衎和樂意爾於喪所則稱其服而已謂容色與服稱情而已○稱丑正切敢問伯母之喪如之何孔子曰伯母叔母疏衰期而踊不絕地姑姊妹之大功踊絕於地若知此者由文矣哉因情以為踊之輕重能用禮之節文也

子夏問於孔子曰凡喪小功已上虞葬而祭也祔合祖祭也練朞秊祭也祥三秊祭也之祭皆沐浴於三秊之喪子則盡其情矣謂祥而後浴也孔子曰豈徒祭而已哉三秊之喪身有瘍則浴首有創平聲傷也○俗作瘡則沐病則飲酒食肉毀瘠而病君子不為也毀瘠而死者君子謂之無子句則祭之沐浴為齊潔也非為飾也

子夏問於孔子曰客至無所舍而夫子曰生於我乎館客死無所殯夫子曰於我乎殯敢問禮與仁者之心與孔子曰吾聞諸老聃曰館人使（句式至反）若有之惡（汪胡反）有有之而不得殯乎夫仁者制禮者也故禮者不可不省也禮不同不異不豐不殺稱其義以為之宜故曰我戰則尅祭則受福葢得其道矣

孔子食於季氏食祭主人不辭不食（饗也）亦不飲而飧（以飲澆飯也）子夏問曰禮也孔子曰非禮也從主人也吾食於少施氏而飽少施氏食我以禮吾食祭作而辭曰疏食不足祭也吾飧作而辭曰疏食不敢以傷吾

子之性主人不以禮客不敢盡禮主人盡禮則客不敢不盡禮也

子夏問曰官於大夫既升於公（為公臣也）而反為之服禮與孔子曰管仲遇盜取二人焉上之為公臣曰所與游辟也（原其所游相誘為盜爾）可人也（言猶可用也）公許管仲卒桓公使為之服官於大夫者為之服自管仲始也有君命焉

子貢問居父母喪孔子曰敬為上哀次之瘠為下顏色稱情戚容稱服曰請問居兄弟之喪孔子曰則存乎書策已（言當依禮經所載而行若父母之喪其哀容體狀則經不能備也）

子貢問於孔子曰殷人既窆而弔於壙周人反哭而弔於家如之何孔子曰反哭之弔也哀之至也反而亡矣失之矣於斯為甚故弔之言不復得見其親哀於是為甚故弔之死人卒事也殷以慤大質也吾從周殷人既練練朞秊祭也之明日而祔于祖周人既卒哭虞而卒哭葬而祭也之明日祔于祖祔祭神之始事也舉新主入廟以鬼事之也周以戚言急於鬼事其親也吾從殷

子貢問曰聞諸晏子少連大連善居喪其有異稱乎求其所以善也孔子曰父母之喪三日不怠三月不解期悲哀三秊憂東夷之子達於禮者也

子游問曰諸侯之世子喪慈母如母禮與孔子曰非禮也古者男子外有傅父内有慈母君命所使教子者也何服之有昔魯孝公少喪其母其慈母良及其死也公弗忍欲喪之有司曰禮國君慈母無服今也君為之服是逆古之禮而亂國法也若終行之則有司將書之以示後世無乃不可乎公曰古者天子喪慈母練冠以燕居謂庶子王為其母也遂練以喪慈母喪慈母如母始則魯孝公之為也

孔子適衛遇舊館人之喪入而哭之哀出使子貢脫驂以贈之子貢曰於所識之喪不能有所贈贈於舊

館不已多乎孔子曰吾向入哭之遇一哀而出涕吾惡夫涕而無以將之一哀而出涕情已厚矣則禮不可以不厚若不賻則吾涕之厚無以將之為無從也小子行焉

子路問於孔子曰魯大夫練朞年祭名而杖禮與孔子曰吾不知也子路出謂子貢曰吾以為夫子無所不知夫子亦徒有所不知也子貢曰子所問何哉子路曰由問魯大夫練而杖禮與夫子曰吾不知也子貢曰止吾將為子問之遂趨而進曰練而杖禮與孔子曰非禮也子貢出謂子路曰子謂夫子而弗知之乎夫子徒無所不知也子問非也禮居是邦則不非其大

夫

叔孫武叔之母死既小斂舉尸者出户武孫從之出户乃祖祖宜改為祖○按禮小斂畢主人括髮而祖奉尸以出户武叔尸出而後祖故子路疑之投其冠而括髮子路嘆之孔子曰是禮也子路問曰將小斂則變服今乃出户而夫子以為知禮何也孔子曰由女問非也君子不舉人以質士質猶正也不舉人以質士如上不非其大夫

齊晏桓子卒平仲麤衰斬苴苴黎黑麻也○苴子余切絰帶杖句言皆苴也按喪服小記曰苴杖竹也按疏曰苴者黯也則杖本用竹但以苴之色言耳惟絰帶則直用黑麻也以菅菅巳漚艸也○菅居顏切屨食粥居傍廬寢苫艸也以覆席○苫憃

盬切枕艸（記作内土塊也○苦夬切）其老曰非大夫喪父之禮也晏子曰唯卿大夫曾子以問孔子孔子曰晏平仲可謂能遠害矣不以已知是駁人之非愻（遜同）辭以避咎義也夫

季平子（名意如）卒將以君之璠璵斂（按昭公初出於乾侯平子行君事嘗佩璠璵故桓子欲用以斂也）贈以珠玉（按禮當塟主人贈玄纁各二不以珠玉）孔子初為中都宰聞之歷級而救焉（歷級遽登階不聚足急救其過也）曰送[redacted]而以寶玉是猶曝尸於中原也其示民以姦利之端而有害於死者安用之且孝子不順情以危親忠臣不兆姦以陷君（兆姦為姦之兆端也）乃止

孔子之弟子琴張與宗魯友衛齊豹見（薦也）宗魯於公子孟縶（靈公之兄）孟縶以為參乘焉及齊豹將殺孟縶（縶奪豹司寇與鄄邑豹將為亂）告宗魯使行宗魯曰吾由子而事之今聞難而逃是僭子也（使豹失薦己之信）子行事乎吾將死以周事子（周豹薦己之事）而歸死於公孟可也（時公孟將祭於蓋獲之門外宗魯驂乘及閎中）齊氏用戈擊公孟宗魯以背蔽之斷肱中公孟宗魯皆死琴張聞宗魯死將往弔之孔子曰齊豹之盜而孟縶之賊也（賊殺也謂豹之為盜而縶之見殺皆宗魯許豹行事之故）女何弔焉君子不食姦（知公孟之不善而食其祿食姦也）不受亂（許豹行事受亂也）不為利病於回（回邪也以利故不能去病於邪）不以回亭人（左作

待人知難不告以邪待人也不蓋非義周事於豹蓋不義也不犯非禮二心事縶犯非禮也女何弔焉琴張乃止

郕人子蒲卒哭之呼滅滅子蒲名王曰人少以滅名者又哭而名其父不近人情疑以孤窮自謂亾滅也子游一作皐曰若是哭也其野哉孔子惡野哭者哭者聞之遂改之

公父文伯卒其妻妾皆行哭失聲敬姜戒之曰吾聞好外者士死之好內者女死之今吾子早夭吾惡其以好內聞也二三婦人之欲供先祀言欲畱不改嫁供奉先人之祀請無瘠色無揮涕無搯膺揮涕不哭流涕以手揮之搯猶撫也膺謂胷也無哀容無加服有降服從禮而靜是昭吾子也孔子聞

之曰女智無若婦男智莫若夫公父氏之婦智矣剖情損禮欲以明其子為令德也

子路與子羔仕於衛衛有蒯聵之難孔子在魯聞之曰柴也其來由也死矣既而衛使至曰子路死焉夫子哭之於中庭有人弔者而夫子拜之已哭進使者而問故使者曰醢之矣（言已為肉醬也）遂令左右皆覆醢曰吾何忍食此

季桓子（名斯）死魯大夫朝服而弔子游問於孔子曰禮乎夫子不答他日又問子曰始死則矣（矣或作以）羔裘玄冠者易之而已女何疑焉

子罕問於孔子曰始死之設重也何為孔子曰重主（主神主也）道也殷主綴重焉周人徹重焉（重平聲初殯而立旌木以依神雖非主而有主道焉天子九尺以次損短士三尺綴連也殷禮殯於廟連其重而懸之周禮虞而作主徹重而埋之）請問喪朝（喪將葬朝於廟而後行焉）子曰喪之朝（朝見於祖考廟也）也順死者之孝心故至於祖考廟而後行殷朝而後殯於祖周朝而後遂葬

孔子之守狗死謂子貢曰路馬死（路馬常所乘馬）則藏之以帷狗則藏之以蓋女往埋之吾聞敝幃不弃為埋馬也敝蓋（張帛也）不弃為埋狗也今吾貧無蓋於其封也與之席無使其首陷於土焉

曲禮公西赤問第四十一

公西赤問於孔子曰大夫以罪免卒其葬也如之何孔子曰大夫廢其事終身不仕死則葬之以士禮老而致仕者死則從其列

公儀仲子嫡子死而立其弟檀弓問子服伯子何居我未之前聞也子服伯子曰仲子亦猶行古人之道昔者文王捨伯邑考而立武王（按史記周同姓世家伯邑考文王長子同母兄弟十八人惟發旦賢左右輔文王故文王舍伯邑考而以發為太子文王崩子發立是為武王武王克商封同母兄弟八人而伯邑考已先卒後武王崩子誦立是為成王故孔子曰周制立孫也）微子捨其孫腯立其弟衍（微子適子先卒立其弟衍是為微仲）子游以問諸

孔子子曰否周制立孫

孔子之母既喪將合葬焉曰古者不祔葬為不忍先死者之復見也詩云死則同穴自周公已來祔葬矣故衛人之祔也離之有以間焉魯人之祔也合之美夫吾從魯遂合葬於防曰吾聞之古墓而不墳今丘也東西南北之人不可以弗識也吾見封之若堂者矣（堂形四方而高者）又見若防者矣（防上平旁殺南北長也）又見覆夏屋（旁廣而卑也）者矣又見若斧形者矣吾從斧者焉（從其儉也）於是封之崇四尺孔子先反虞門人後雨甚至墓崩脩之而歸孔子問焉曰爾來何遲對曰防墓崩孔子

不應三云孔子泫然而流涕曰吾聞之古不脩墓及二十五月而大祥五日而彈琴不成聲十日過禫而成笙歌按禮二十五月而大祥二十七月而禫十日過禫言孔子二十七月有奇而後哀歎也

孔子有母之喪既練練朞年祭也疑作歛陽虎弔焉私於孔子曰今季氏將大饗境内之士子聞諸孔子曰丘弗聞也若聞之雖在衰絰亦欲與往陽虎曰子謂不然乎季氏饗士不及子也陽虎出曾點問曰吾之何謂也孔子曰已則衰服猶應其言示所以不非也孔子衰服陽虎之言犯禮矣故孔子答之以示不非其言也

顏回死魯定公弔焉使人訪於孔子孔子對曰凡在

封內皆臣子也禮君弔其臣升自東階向尸而哭其恩賜之施不有筭也(筭與算同言不計也)

原思言於曾子曰夏后氏之送葬也用盟(盟記作明)器示民(之死者)無知也殷人用祭器示民(之死者)有知也周人兼而用之示民疑也曾子曰其不然乎(言非有知無知之謂)夫盟器鬼器也祭器人器也古之人胡為而死其親也(言夏后氏不忍以無知待其親也)

子游問於孔子子曰之死(之死送死者之往也)而致死乎不仁不可為也(送死而極以死禮待之是無愛之之情)之死而致生乎不智不可為也(送死而極以生禮待之是不明其理也)凡為盟器者知喪道也備物而不可用也是故竹不成

用謂蘧之無緣也而尾不成滕滕檀弓作味沫也言質粗而無黒光也疑漆字之誤琴瑟張而不平不可彈也笙竽備而不和有鍾磬而無簨簴簨簴可以懸鍾磬者○簨先尹切簴其舉切○其曰盟器神明之也哀哉死者而用生者之器不殆於用殉也殺人以從死謂之殉

子游問於孔子曰葬者塗車芻靈自古有之然今人或有偶偶亦人也是無益於喪孔子曰為芻靈者善矣為偶者不仁不殆於用人乎

顔淵之喪既祥三年祭也顔路饋祥肉於孔子孔子自出而受之入彈瑟以散情而後乃食之

孔子嘗奉薦而進嘗秋祭也其親也慤親謂親奉薦也慤質也朴也其

行也趨趨〔趨音促〕以數〔言少威儀〕已祭子貢問曰夫子之言祭也濟濟漆漆〔漆音切〕焉〔威儀容止〕今夫子之祭無濟濟漆漆何也孔子曰濟濟者容也遠也〔王曰言賓客疏遠之容也〕漆漆者自反〔王曰謂安之之容也〕容以遠若容以自反夫何神明之及交必如此則何濟濟漆漆之有〔按記曰濟濟者衆盛之容非所以接親親也漆漆者專致之容所以自脩整也何濟濟漆漆之有言非所以祭其親也〕反饋樂成進則燕俎序其禮樂備其百官〔反饋以下言天子諸侯祭畢而燕之儀也〕於是君子致其濟濟漆漆焉夫言豈一端而已哉亦各有所當也

子路為季氏宰季氏祭逮昏而奠〔逮昏未明〕終日不足繼

以燭雖有彊力之容肅敬之心皆倦怠矣有司跛偏任也倚以臨事其為不敬也大矣他日祭子路與焉室事交於戶執事於室者交於戶之內外堂事當於階執事於堂者當於階之上下質明而始行事質明平明也晏朝而徹孔子聞之曰以此觀之孰謂由也而不知禮

衛莊公之反國也改舊制變宗廟易朝市高子皋問於孔子曰周禮繹祭於祊祊在廟門之西前朝而後市今衛君欲其事事一更之如之何孔子曰繹之於庫門內祊之於東市朝於西方失之矣

季桓子將祭齊三日而二日鐘鼓之音不絕冉有問

於孔子子曰孝子之祭也散齊七日愼思其事三日致齊而一用之（積一而用之也）猶恐其不敬也而二日伐鼓何居焉

公父文伯之母季康子之從（才從切）祖母康子往焉側門而與之言曰皆不踰閾（側門於門之側而與之言言不外出身不踰門限也）文伯祭其祖悼子康子與焉（悼子文伯始祖）進俎而不授（進俎康子而不親授）徹俎而不與燕（徹俎之後而不與歡燕之坐）宗老不具則不繹（繹又祭宗老大夫家臣也典祭祀及宗族之事不具不在也）繹不盡飫則退（飫厭也不盡厭飲之禮而去也）孔子聞之曰男女之別禮之大經公父氏之婦動中德趨度於禮矣

季康子朝服以縞曾子問於孔子曰禮乎孔子曰諸侯皮弁告朔然服之以視朝若此禮者也朝服以縞僭宋禮也孔子惡指斥康子但言諸侯皮弁以告朔卒然後朝服以視朝朝服明不用縞也按服志夏尚黑殷尚白周兼用之而皮弁縞服以告朔受聘故王曰朝服以縞僭宋禮也宋殷之後也皮弁白鹿為之皮弁縞服即禮器所謂至敬無文以素為貴者也

孔聖家語圖卷之十

孔聖家語圖卷之十一

武林後學吳嘉謨集校

本姓解第四十二

孔子之先宋之後也微子啓帝乙之元子紂之庶兄以圻内諸侯入為王卿士微國名子爵初武王尅殷封紂之子武庚於朝歌使奉湯祀武王崩而與管蔡霍三叔作難周公相成王東征之二秊罪人斯得乃命微子代殷後微子名啓史記作開食菜於微子爵也作微子之命申之與國於宋徙殷之子孫唯微子先往謂先抱祭器奔周故封之賢句史記作故能仁賢殷之餘民甚戴之微子卒其弟曰仲思名衍或名泄

嗣微之後故號微仲生宋公稽冑子雖遷爵易位而班級不及其故者得以故官為稱故二微雖為宋公而猶以微之號自終至於稽乃稱公焉宋公生丁公申申公生緡公共及襄公熙熙生弗父何及厲公方祀方祀以下世為宋卿弗父何生宋父周周生世子勝勝生正考甫考甫生孔父嘉五世親盡別為公族故後以孔為氏焉一曰孔父者生時所賜號也是以子孫遂以氏族孔父生子木金父金父生睪夷睪夷生防叔避華氏之旤而奔魯按左傳桓公元年為宋殤公初年華父督見孔父嘉之妻美欲奪之二年督殺孔父嘉而取其妻何孟春謂杜預稱父嘉為孔子六世祖此云至防叔始

奔魯去華督殺孔父嘉三世矣於事不相次按宋世家華督弒殤公為殤公十年而莊公立凡九年至湣公十一年宋卿南宮萬弒湣公因殺華督諸公子與萬黨爭弒立國亂疑孔防叔避亂乃在宋湣公末年非即宋殤公初年父嘉之亂也　方叔生伯夏伯夏生叔梁紇曰雖有九女而無子其妾生孟皮孟皮一字伯尼有足病於是乃求婚於顏氏顏氏有三女其小曰徵在顏父問三女曰陬大夫雖父祖為士然其先聖王之裔今其人身長十尺武力絕倫吾甚貪之雖年長性嚴不足為疑三子孰能為之妻二女莫對徵在進曰從父所制將何問焉父曰即爾能矣遂以妻之徵在既往廟見以夫之年大懼不時有勇而私禱尼丘之山以祈

焉生孔子故名丘字仲尼孔子三歲而叔梁紇卒葬於防至十九娶於宋之幵（音堅）官氏一歲而生伯魚魚之生也魯昭公以鯉魚賜孔子榮君之貺故因以名曰鯉而字伯魚魚年五十先孔子卒

齊太史子與適魯見孔子孔子與之言道子與說曰吾鄙人也聞子之名不覩子之形久矣而求知之寶賢也（疑有闕誤）乃今而後知泰山之為高淵海之為大惜乎夫子之不逢明王道德不加於民而將垂寶以貽後世遂退而謂南宮敬叔曰今孔子先聖之嗣自弗父何以來世有德讓天所祚也成湯以武德王天下

其配在文殷宗以下未始有也孔子生於衰周先王典籍錯亂無紀而乃論百家之遺記考正其義祖述堯舜憲章文武刪詩述書定禮理樂制作春秋讚明易道垂訓後嗣以為法式其文德著矣然凡所教誨束脩已上三千餘人或者天將欲與素王之乎（與一作興）夫何其盛也敬叔曰殆如吾子之言夫物莫能兩大吾聞聖人之後而非繼世之統其必有興者焉今夫子之道至矣乃將施之無窮雖欲辭天之祚故未得耳子貢聞之以二子之言告孔子子曰豈若是哉亂而治之滯而起之自吾志天何與焉

（一無之字）

終記解第四十三

孔子晨作（作起）負手曳杖逍遥於門而歌曰泰山其頹乎梁木其壞乎（梁木木主為梁者）哲人其萎乎（萎頓）既歌而入當戶而坐子貢聞之曰泰山其頹則吾將安仰梁木其壞吾將安仗（呈兩切）哲人其萎吾將安放夫子殆將病也遂趨而入夫子歎而言曰賜女來何遲予疇昔夢坐奠於兩楹之間（疇昔猶近昨夜兩楹之間殷人所殯處而具奠於殯處故自知死也）夏后氏殯於東階之上則猶在阼（阼主位也）殷人殯於兩楹之間（兩楹賓主相夾之位也）即與賓主夾之周人殯於西階之上（西階賓位也）則猶賓之而丘也殷人也夫明王不

興則天下其孰能宗余言天下無明王莫能宗巳道既終傷道之不行也余逮將死遂寢病七日而終時年七十三矣哀公誄曰旻天不弔不慭遺一老俾屏余一人以在位煢煢余在疚於乎哀哉尼父無自律不弔閔魯也慭且也俾使也屏輔也煢獨也疚病也律法也言無尼父無以為法也子貢曰公其不歿於魯乎不歿於魯言不得其死二十七年如越果不歿於魯夫子有言曰禮失則昏名失則愆失志為昏失所為愆生不能用死而誄之非禮也稱一人非名一人天子之稱也君兩失之矣既卒門人疑所服夫子者按疏曰士弔服疑衰麻謂環絰也一股絰也子貢曰昔夫子之喪顏回也若喪其子而無服喪子路亦然今請喪夫子

如喪父而無服於是弟子皆弔服而加麻出有所之則由經由用也子夏曰入宜經可居出則不經子游曰吾聞諸夫子喪朋友居則經出則否喪所尊雖經而出可也孔子之喪公西赤掌殯葬焉唅以疏米三貝疏嘉疏貝海介也襲衣十有一稱加朝服一冠章甫之冠珮象環徑五寸而綦組綬綦雜色組綬所以繫環象桐棺四寸柏椁五寸飾牆音牆幃也置翣音歃形如扇棺飾也設披周也設崇殷也綢練設旐夏也披柩行夾引棺者崇崇牙刻練為旌旗之飾綢練綢盛旌旗之竿纏素錦也以素錦於杠首設長尋之旐葬時爨車所建也兼用三王禮所以尊師且備古也葬於魯城北泗水上藏入地不及泉而封為

偃斧之形高四尺樹松柏為志焉弟子皆家於墓行心喪之禮既葬有自燕來觀者舍於子夏氏子貢謂之曰吾亦人之葬聖人非聖人之葬人子奚觀焉昔夫子言曰吾見封若夏屋者（記夏屋上有封之若堂若防八字夏屋今之殿形中高而傍下也）見若斧矣從若斧者也（上狹難登又易為功也）馬鬣封之謂也（鬣鬣同馬鬣上薄封形似之）今徒一日三斬板而以（記作已）封（板廣二尺長六尺斬板謂斬其縮縮繩也縮斬則上傍殺言易就也）尚行夫子之志而已何觀乎哉二三子三年喪畢或留或去惟子貢廬於墓六年自後群弟子及魯人處於墓如家者百有餘家因名其居曰孔里焉

七十二弟子解第四十四（古本皆大書見別本而古本未備者分註其下）

顏回魯人字子淵少孔子三十歲秊二十九而髮白三十一早歿（此書久遠秊數錯誤未可詳校○顏回歿時孔子秊六十一歲然伯魚五十先孔子卒卒時孔子且七十此謂顏回先伯魚歿而論語云顏回之歿顏路請子之車以為之椁子曰鯉也歿有棺而無椁或以為誤）孔子曰自吾有回門人日益親（顏回為孔子疏附之友能使門人益親夫子）回以德行著名孔子稱其仁焉

閔損魯人字子騫少孔子五十歲以德行著名夫子稱其孝焉

冉耕魯人字伯牛以德行著名有惡疾孔子曰命也

夫
冉雍字仲弓伯牛之宗族少孔子二十九歲生於不肖之父
以德行著名孔子稱其可使南面
宰予字子我魯人有口才以言語著名仕齊為臨菑
大夫與田常為亂夷其三族孔子耻之曰不在利病
其在宰我言宰予為利病
端木賜字子貢衛人少孔子三十一歲有口才著名
孔子每詘其辯家富累千金常結駟連騎以造原憲
憲居蒿廬蓬戶之中與之言先王之義原憲衣弊衣
冠幷日蔬食既蔬食幷日而後食也衎然有自得之志子貢曰

甚矣子之病也原憲曰吾聞無財者謂之貧學道不能行者謂之病吾貧也非病也子貢慚終身恥其言之過子貢好販與時轉貨歷相魯衛而終於齊

冉求字子有仲弓之宗族少孔子二十九歲有才藝以政事著名仕為季氏宰進則理其官職退則受教聖師為性多謙退故孔子曰求也退故進之

仲由弁人也字子路一字季路少孔子九歲有勇力才藝以政事著名為人果烈而剛直性鄙而不達於變通仕衛為大夫遇蒯聵與其子輒爭國子路遂死輒難孔子痛之曰自吾有由而惡言不入於耳子路為孔

子樂悔之友故惡言不入夫子之耳

言偃吳人字子游少孔子三十五歲特習於禮以文學著名仕為武城宰嘗從孔子適衛與將軍子蘭相善使之受學於夫子

卜商衛人鄭玄曰溫國人今河內溫縣屬衛字子夏少孔子四十四歲習於詩能誦疑作通其義子夏所叙詩義今之毛詩序是也以文學著名為人性不弘好論精微時人無以尚之嘗返衛見讀史志者云晉師伐秦三豕度河子夏曰非也巳亥耳讀史志者問諸晉史果曰巳亥於是衛以子夏為聖孔子卒後教於西河之上魏文侯師事之而諮

國政焉

顓孫師陳人字子張少孔子四十八歲為人有容貌資質寛冲博接捷同從容自務居不務立於仁義之行子張不侮鰥寡性豈弟寛冲然不務立仁義之行故子貢㵽之以為未仁也孔子門人友之而弗敬

曾參南武城人武城魯邑有兩武城故稱南以別之字子輿少孔子四十六歲志存孝道故孔子因之以作孝經齊嘗聘欲以為卿而不就曰吾父母老食人之祿則憂人之事故吾不忍遠親而為人役參後母遇之無恩而供養不衰及其妻以藜烝不熟因出之人曰非七出也參

曰棃烝小物耳吾欲使孰而不用吾命况大事乎遂
出之終身不取妻其子元請焉告其子曰高宗以後
妻殺其子孝己尹吉甫以後妻放伯奇吾上不及高
宗中不比吉甫庸知其得免於非乎
澹臺滅明武城人字子羽少孔子四十九歲有君子
之姿孔子嘗以容貌望其才其才不充孔子之望史記
此下有退而脩行云云然其為人公正無私以取與去就以諾
為名此上疑有闕誤史記設取與去就名施乎諸侯云云疑即此之誤也
高柴齊人高氏之別族齊敬仲高傒十代孫也字子羔少孔子
四十歲長不過六尺狀貌甚惡為人篤孝而有法正

一無正字少居魯見知名於孔子之門仕為武城宰

宓不齊魯人字子賤少孔子四十九歲仕為單父宰有才智仁愛百姓不忍欺孔子大之

樊須魯人字子遲少孔子四一作三十六歲弱仕於季氏弱早秊也或曰早屈意仕季氏無考

有若魯人字子有一子若少孔子三十六歲為人彊識好古道

公西赤魯人字子華少孔子四十二歲束帶立朝閑賓主之儀

原憲宋人字子思少孔子三十六歲清靜守節貧而

樂道孔子為魯司寇原憲嘗為孔子宰孔子卒後原憲退隱於衛

公冶長魯人字子長為人能忍耻孔子以女之（論語）子謂公冶長可妻也雖在縲紲之中非其罪也以其子妻之夫子之取長取其非罪也非為其能忍恥也記者因縲紲之中事而創為能忍恥之言豈惟不知長亦不知夫子之所以取長者也

南宮韜魯人字子容以智自將世清不廢世濁不污孔子以兄子妻之

公皙哀齊人字季沉（一作次）鄙天下多仕於大夫家者是故未嘗屈節（一有為字）人臣孔子特嘆賞之

曾點（史記作蒧）曾參父字子皙疾時禮教不行欲脩之孔

子善焉論語所謂浴乎沂風乎舞雩之下一曰浴當作沿謂沿於沂水之濱樂春風也

顏繇史記作顏無繇顏回父字季路史記作字路索隱引家語亦曰顏繇字路回之父良是少孔子六歲孔子始教於闕里而受學焉

商瞿魯人字子木少孔子二十九歲特好易孔子一子下有之字傳之志焉言孔子之傳易於瞿瞿之志也

漆雕開蔡人字子若少孔子十一歲習尚書不樂仕孔子曰子之齒可以仕矣時將過子若報其書曰吾斯之未能信言未能明信此書意孔子說焉

公良儒當作孺陳人字子正賢而有勇孔子周行常以

家車五乘從

秦商魯人鄭玄曰楚人字不慈按左傳及史記正義引少家語皆曰丕茲良是孔子四十歲其父堇父與孔子父叔梁紇俱以力聞

顏刻史記作高字子驕少孔子五十歲孔子適衛子驕為僕衛靈公與夫人南子同車出而令宦者雍渠參乘使孔子為次游過市孔子恥之顏刻曰夫子何恥之孔子曰詩云覯爾新婚以慰我心乃歎曰吾未見好德如好色者也史記正義亦引孔子在衛南子招夫子為次乘過市顏高為御則此宜從高

司馬黎耕一無黎字宋人字子牛牛為性躁好言語見兄

桓魋行惡牛嘗憂之

巫馬期（史記作施）陳人字子期少孔子三十歲孔子將近行命從者皆持蓋已而果雨巫馬期問曰旦無雲既日出而夫子命持雨具（史記已而果雨在此句之下）敢問何以知之孔子曰昨暮月宿畢詩不云乎月離于畢俾滂沱矣（史畢濁也月離陰星則雨）以此知之（史以為有若事）

梁鱣（一作鯉）齊人字叔魚少孔子三十九歲年三十未有子欲出其妻商瞿謂曰子未也昔吾年三十八無子吾母為吾更取室夫子使吾之齊母欲請留吾孔子曰無憂也瞿過四十當有五丈夫今（一作而已）果然吾

恐子自晚生耳未必妻之過從之二季而有子史記正義曰魯人商瞿孔子使向齊國瞿年四十無子今復使行遠路恐絕無子孔子正月與瞿母筮告曰後有五丈夫子子貢曰何以知之子曰卦遇大畜艮之二世九二甲寅木為世六五景行水為應世生外象生象來爻生互內象艮別子應有五子一子短命顏回曰何以知之內象是本子一艮變為二醜三陽爻於是五子一子短命何以知短命他以故也文雖疑有闕誤存以備考

琴牢衛人字子開一字子張與宗魯友聞宗魯死欲往弔焉孔子弗許曰非義也

冉儒史記作孺魯人字子魚一字魯少孔子五十歲

顏辛一作辛魯人字子柳少孔子四十六歲

伯虔字楷一字子折少孔子五十歲

公孫寵一作龍衛人字子石少孔子五十三歲

曹卹一字子循少孔子五十歲

陳亢陳人字子亢一字子禽少孔子四十歲

叔仲會魯人字子期少孔子五十歲與孔璇史記作孺季

相比每孺子之執筆記事於夫子二人迭侍左右孟

武伯見孔子而問曰此二孺子之幼也於學豈能識

於壯哉孔子曰然少成則若性也習慣若自然也

秦祖字子南鄭玄曰秦人

典

奚蔵多泰反字子偕史記作奚容蔵字子晳衛人

公祖茲一作公祖句茲魯人字子之

廉絜字子曹（史記作子庸衛人）

公西輿（史記作輿如）字子上

宰父黑（宰作罕）字子黑（史記作子索）

公西蔵字子尚（一作上）

穰駟赤字子從（史記穰作壤從作徒秦人）

冉季字子產（魯人）

薛邦字子從（史記作鄭國避漢高祖諱鄭字乃薛字之誤今祀鄭國）

石處字里之（石史作后里之作子里齊人）

懸亶（亶一作豐）字子象

左郢（史記作左人郢）字子行

狄黑字皙之一作子皙衛人

商澤字子秀秀史作季

任不齊字子選楚人

榮祈字子祺

顏噲字子聲魯人

原桃字子籍史記引家語桃作亢正義亢文作冗

公肩肩一作有史記作公堅定字子仲史作中

秦非字子之魯人

漆雕從史作徒父字子文

燕級史記作伋字子思魯人

公夏守守史作首字子乘魯人

勾井疆一作字子疆衛人

步叔乘字子車齊人

石子蜀字子明史記為石作蜀成紀人

邽選字子飲史記飲作歆魯人

施之常史記字子恒

申績字子周史記作申黨或以為棠字之誤而以棠為棖魯人

樂欣字子聲魯人

顏之僕字子叔魯人

孔弗弗史作忠字子蔑孔子兄孟皮之子

漆雕侈（侈史作哆魯人）字子斂

懸成字子横（横史記作祺魯人）

顏相（史記作祖魯人）字子襄

右夫子七十五弟子皆升堂入室者

按史記仲尼弟子列傳載顏回及公孫龍顓有季名及受業聞見於書傳者三十五人而公伯寮與馬其無季有名不見書傳者冉季至公孫蔵四十二人共七十七人蓋孔子所謂受業身通六藝者（史記身通下無六藝二字）七十有七人皆異能之士是也小司馬亦謂家語數同今按家語止得七十五人中間

姓氏亦復差異史記有公伯寮秦冉鄡單家語不
載而載薛邦申續又史記所無又索隱云文翁圖
有蘧伯玉林放申棖申棠今石室圖七十二人亦
無所謂棖與棠者考之孔廟弟子配享隋以前惟
顏子一人東漢時雖嘗祀七十二弟子不出闕里
唐開元中追贈十哲及七十子爵號天下始竝從
祀杜右通典載開元贈典自史記七十七人外有
蘧瑗林放陳亢申棖琴牢琴張六人宋祥符大觀
中加封從祀除去琴牢餘竝因之懸豐今家語作
懸亶字子象而祀典不及焉家語薛邦字子徒申

續字子周與史記載鄭國申黨同字此則邦即國也續即黨也琴牢琴張自是一人而傳者之誤耳論語釋文申棖孔子弟子鄭康成云申續而續即續字之誤文翁圖有申棖石室圖有黨無棖是以黨為棖也後漢王政云有羔羊之潔無申棠之欲是以棖為棠也則黨固為棠而棠又為棖也二申猶二琴本一人而二祀薛邦即鄭國而亦為一人以之竝祀不已瀆乎明嘉靖何職方孟春上疏言其事未即條別至嘉靖十秊改正文廟祀典已補祀郯單而申黨琴牢薛邦皆已除祀而前古之繆

為之一正此特舉孔子及門之士有關於家語者
詳附其末其他因華非所及也

孔聖家語圖卷之十一

孔聖家語圖跋

吴子蓋能讀古文辭。好吴子者。楊子也。楊子亦能讀古文辭。然兩人所讀。裁損壹禀於孔氏。其它悖詭曼冶恠誕之語。不讀也。奚何。吴子鐫家語繪圖於卷首。楊子覽焉。曰。嗟虖。予迺今知吴子之能讀古文辭也。曩予睹子語言狀貌。規然繩墨。恂恂然博雅君子也。予迺今知吴子之能讀古文辭也。蓋得于是編者深也。且予有真放予非觀於是編則殆矣。吴子其振我哉。不詎𧽚讀古文辭已也。予故志之。俾讀是編者毋徒以古文辭同類而共眎之也。示

萬曆己丑攝提貞于孟陬。惟癸亥仁和後學楊士經謹識。

《孔圣家语图跋》简体标点释文

吴子盖能读文辞，好吴子者杨子也。杨子亦能读古文辞，然两人所读，裁损壹禀于孔氏，其它恢谐、曼冶、怪誕之语不读也。无何，吴子镌《家语》，绘图于卷首。杨子览焉，曰：「嗟乎！予乃今知吴子之能读古文辞也。曩予睹子语言、状貌，规然绳墨，恂恂然博雅君子也。予乃今知吴子之能读古文辞也，盖得于是编者深也。且予有真放，予非观于是编则殆矣。吴子其振我哉，不詎能读古文辞已也。予故志之，俾读是编者，毋徒以古文辞同类而共视之也。

万历己丑摄提贞于孟陬惟癸亥，仁和后学杨士经谨识。

四部叢刊本《孔子家語》簡體標點

卷一

相鲁第一

孔子初仕，为中都宰，制为养生送死之节：长幼异食，强弱异任，男女别涂，路无拾遗，器不雕伪；为四寸之棺、五寸之椁，因丘陵为坟，不封不树。行之一年，而西方之诸侯则焉。定公谓孔子曰：「学子此法以治鲁国，何如？」孔子对曰：「虽天下可乎，何但鲁国而已哉？」于是二年，定公以为司空，乃别五土之性，而物各得其所生之宜，咸得厥所。

先时季氏葬昭公于墓道之南，孔子沟而合诸墓焉。谓季桓子曰：「贬君以彰己罪，非礼也。今合之，所以掩夫子之不臣。」由司空为鲁大司寇，设法而不用，无奸民。

定公与齐侯会于夹谷，孔子摄相事，曰：「臣闻有文事者必有武备，有武事者必有文备。古者诸侯并出疆，必具官以从。请具左右司马。」定公从之。

至会所，为坛位，土阶三等，以遇礼相见，揖让而登。献酢既毕，齐使莱人以兵鼓噪，劫定公。孔子历阶而进，以公退，曰：「士以兵之！吾两君为好，裔夷之俘敢以兵乱之，非齐君所以命诸侯也。裔不谋夏，夷不乱华，俘不干盟，兵不逼好，于神为不祥，于德为愆义，于人为失礼，君必不然。」齐侯心怍，麾而避之。

有顷，齐奏宫中之乐，俳优、侏儒戏于前。孔子趋进，历阶而上，不尽一等，曰：「匹夫荧侮诸侯者，罪应诛！请右司马速刑焉！」于是斩侏儒，手足异处。齐侯惧，有惭色。

将盟，齐人加载书曰：「齐师出境，而不以兵车三百乘从我者，有如此盟！」孔子使兹无还对曰：「而不返我汶阳之田，吾以供命者，亦如之！」

齐侯将设享礼。孔子谓梁丘据曰：「齐、鲁之故，吾子何不闻焉？事既成矣，而又享之，是勤执事。且牺、象不出门，嘉乐不野合。享而既具，是弃礼；若其不具，是用秕稗。用秕稗，君辱；弃礼，名恶。子盍图之？夫享，所以昭德也。不昭，不如其已。」乃不果享。

齐侯归，责其群臣曰：「鲁以君子道辅其君，而子独以夷狄道教寡人，使得罪。」于是乃归所侵鲁之四邑及汶阳之田。

孔子言于定公曰：「家不藏甲，邑无百雉之城，古之制也。今三家过制，请皆损之。」乃使季氏宰仲由堕三都。叔孙不得意于季氏，因费宰公山弗扰，率费人以袭鲁。孔子以公与季孙、叔孙、孟孙入于费氏之宫，登武子之台。费人攻之，及台侧，孔子命申句须、乐颀勒士众，下伐之。费人北。遂堕三都之城，强公室，弱私家，尊君卑臣，政化大行。

初，鲁之贩羊有沈犹氏者，常朝饮其羊以诈市人。有公慎氏者，妻淫不制。有慎溃氏，奢侈逾法。鲁之鬻六畜者，饰之以储价。及孔子之为政也，则沈犹氏不敢朝饮其羊，公慎氏出其妻，慎溃氏越境而徙。三月，则鬻牛马者不储价，卖羊豚者不加饰，男女行者别其途，道不拾遗，男尚忠信，女尚贞顺，四方客至于邑，不求有司，皆如归焉。

始诛第二

孔子为鲁司寇，摄行相事，有喜色。仲由问曰：「由闻君子祸至不惧，福至不喜。今夫子得位而喜，何也？」孔子曰：「然，有是言也。不曰『乐以贵下人』乎？」于是朝政七日而诛敌政大夫少正卯，戮之于两观之下，尸于朝三日。

子贡进曰：「夫少正卯，鲁之闻人也。今夫子为政而始诛之，或者为失乎？」孔子曰：「居，吾语汝以其故。天下有大恶者五，而窃盗不与焉：一曰心逆而险，二曰行僻而坚，三曰言伪而辩，四曰记丑而博，五曰顺非而泽。此五者，有一于人，则不免君子之诛，而少正卯皆兼有之：其居处足以撮徒成党，其谈说足以饰褒荣众，其强御足以反是独立。此乃人之奸雄者也，不可以不除。夫殷汤诛尹谐，文王诛潘正，周公诛管蔡，太公诛华士，管仲诛付乙，子产诛史何，是此七子皆异世而同诛者，以七子异世而同恶，故不可赦也。《诗》云：『忧心悄悄，愠于群小。』小人成群，斯足忧矣。」

孔子为鲁大司寇，有父子讼者，夫子同狴执之，三月不别。其父请止，夫子赦之焉。季孙闻之，不悦，曰：「司寇欺余。曩告余曰：『国家必先以孝。』余今戮一不孝以教民孝，不亦可乎而又赦，何哉？」冉有以告孔子。

子喟然叹曰：「呜呼！上失其道而杀其下，非理也。不教以孝而听其狱，是杀不辜。三军大败，不可斩也；狱犴不治，不可刑也。何者上教之不行，罪不在民故也。夫慢令谨诛，贼也；征敛无时，暴也；不试责成，虐也。政无此三者，然后刑可即也。《书》云：『义刑义杀，勿庸以即汝心，惟曰未有慎事。』言必教而后刑也。既陈道德，以先服之；而犹不可，尚贤以劝之；又不可，即废之；又不可，而后以威惮之。若是三年，而百姓正矣。其有邪民不从化者，然后待之以刑，则民咸知罪矣。《诗》云：『天子是毗，俾民不迷。』是以威厉而不试，刑错而不用。今世则不然，乱其教，繁其刑，使民迷惑而陷焉，又从而制之，故刑弥繁而盗不胜也。夫三尺之限，空车不能登者，何哉峻故也。百仞之山，重载陟焉，何哉陵迟故也。今世俗之陵迟久矣，虽有刑法，民能勿逾乎？」

王言解第三

孔子闲居，曾参侍。孔子曰：「参乎！今之君子唯士与大夫之言可闻也，至于君子之言者希也。於乎！吾以王言之，其不出户牖而化天下。」曾子起，下席而对曰：「敢问何谓王之言？」孔子不应。曾子曰：「侍夫子之闲也难对，是以敢问。」孔子又不应，曾子肃然而惧，抠衣而退，负席而立。

有顷，孔子叹息，顾谓曾子曰：「参，汝可语明王之道与。」曾子曰：「非敢以为足也。请因所闻而学焉。」子曰：「居，吾语汝。夫道者所以明德也，德者所以尊道也，是以非德道不尊，非道德不明。虽有国之良马，不以其道服乘之，不可以道里。虽有博地众民，不以其道治之，不可以致霸王。是故昔者明王内修七教，外行三至。七教修然后可以守，三至行然后可以征。明王之道，其守也，则必折冲千里之外；其征也，则必还师衽席之上。故曰内修七教而上不劳，外行三至而财不费。此之谓明王之道也。」

曾子曰：「不劳不费之谓明王，可得闻乎？」孔子曰：「昔者帝舜左禹而右皋陶，不下席而天下治。夫如此，何上之劳乎政之不平，君之患也；令之不行，臣之罪也。若乃十一而税，用民之力岁不过三日，入山泽以其时而无征，关讥市鄽，皆不收赋，此则生财之路，而明王节之，何财之费乎？」

曾子曰：「敢问何谓七教？」孔子曰：「上敬老则下益孝，上尊齿则下益悌，上乐施则下益宽，上亲贤则下择友，上好德则下不隐，上恶贪则下耻争，上廉让则下耻节，此之谓七教。七教者，治民之本也。政教定则本正也。凡上者民之表也，表正则何物不正是故人君先立人于己，然后大夫忠而士信，民敦俗璞，男悫而女贞。六者教之致也，布诸天下四方而不怨，纳诸寻常之室而不塞，等之以礼，立之以义，行之以顺，则民之弃恶如汤之灌雪焉。」

曾子曰：「道则至矣，弟子不足以明之。」孔子曰：「参以为姑止乎又有焉。昔者明王之治民也，法必裂地以封之，分属以理之，然后贤民无所隐，暴民无所伏，使有司日省而时考之，进用贤良，退贬不肖，然则贤者悦而不肖者惧。哀鳏寡，养孤独，恤贫苦，诱孝悌，选才能。此七者修，则四海之内无刑民矣。上之亲下也，如手足之于腹心；下之亲上也，如幼子之于慈母矣。上下相亲如此，故令则从，施则行，民怀其德，近者悦服，远者来附，政之致也。夫布指知寸，布手知尺，舒肘知寻，斯不远之则也。周制三百步为里，千步为井，三井而埒，埒三而矩，五十里而都，封百里而有国，乃为稸积资聚焉，恤行者有亡。是以蛮夷诸夏，虽衣冠不同，言语不合，莫不来宾。故曰无市而民不乏，无刑而民不乱。田猎罩弋，非以盈宫室也；征敛百姓，非以盈府库也。惨怛以补不足，礼节以损有余，多信而寡貌，其礼可守，其言可覆，其迹可履，如饥而食，如渴而饮，民之信之，如寒暑之必验。故视远若迩，非道迩也，见明德也。是故兵革不动而威，用利不施而亲，万民怀其惠。此之谓明王之守，折冲千里之外者也。」

曾子曰：「敢问何谓三至？」孔子曰：「至礼不让而天下治，至赏不费而天下士悦，至乐无声而天下民和。明王笃行三至，故天下之君可得而知，天下之士可得而臣，天下之民可得而用。」

曾子曰：「敢问此义何谓？」孔子曰：「古者明王必尽知天下良士之名。既知其名，又知其实，又知其数及其所在焉，然后因天下之爵以尊之，此之谓至礼不让而天下治。因天下之禄以富天下之士，此之谓至赏不费而天下之士悦。如此则天下之民名誉兴焉，此之谓至乐无声而天下之民和。故曰所谓天下之至仁者，能合天下之至亲也；所谓天下之至明者，能举天下之至贤者也。此三者咸通，然后可以征。是故仁者莫大乎爱人，智者莫大乎知贤，贤政者莫大乎官能。有土之君修此三者，则四海之内供命而已矣。夫明王之所征，必道之所废者也，是故诛其君而改其政，吊其民而不夺其财。故明王之政，犹时雨之降，降至则民悦矣。是故行施弥博，得亲弥众。此之谓还师衽席之上。」

大婚解第四

孔子侍坐于哀公。公问曰：「敢问人道孰为大？」孔子愀然作色而对曰：「君及此言也，百姓之惠也，固臣敢无辞以对。人道，政为大。夫政者，正也。君为正，则百姓从而正矣。君之所为，百姓之所从。君不为正，百姓何所从乎？」

公曰：「敢问为政如之何？」孔子对曰：「夫妇别，男女亲，君臣信。三者正，则庶物从之。」

公曰：「寡人虽无能也，愿知所以行三者之道。可得闻乎？」孔子对曰：「古之政，爱人为大。所以治爱人，礼为大；所以治礼，敬为大；敬之至矣，大婚为大；大婚至矣，冕而亲迎。亲迎者，敬之也。是故君子兴敬为亲。舍敬则是遗亲也。弗亲弗敬，弗尊也。爱与敬，其政之本与？」

公曰：「寡人愿有言也。然冕而亲迎，不已重乎？」孔子愀然作色而对曰：「合二姓之好，以继先圣之后，以为天下宗庙社稷之主，君何谓已重焉？」

公曰：「寡人实固，不固，安得闻此言乎寡人欲问，不能为辞，请少进。」孔子曰：「天地不合，万物不生。大婚，万世之嗣也，君何谓已重焉？」

孔子遂言曰：「内以治宗庙之礼，足以配天地之神；出以治直言之礼，以立上下之敬。物耻则足以振之，国耻足以兴之。故为政先乎礼。礼，其政之本与？」

孔子遂言曰：「昔三代明王，必敬妻子也，盖有道焉。妻也者，亲之主也；子也者，亲之后也，敢不敬与是故君子无不敬。敬也者，敬身为大。身也者，亲之支也，敢不敬与不敬其身，是伤其亲；伤其亲，是伤本也；伤其本，则支从之而亡。三者，百姓之象也。身以及身，子以及子，妃以及妃。君以修此三者，则大化忾乎天下矣。昔太王之道也如此，国家顺矣。」

公曰：「敢问何谓敬身？」孔子对曰：「君子遂言则民作辞，过行则民作则。言不过辞，动不过则，百姓恭敬以从命。若是则可谓能敬其身，则能成其亲矣。」

公曰：「何谓成其亲？」孔子对曰：「君子者也，人之成名也。百姓与名，谓之君子，则是成其亲为君而为其子也。」

孔子遂言曰：「为政而不能爱人，则不能成其身；不能成其身，则不能安其土；不能安其土，则不能乐天。」

公曰：「敢问何能成身？」孔子对曰：「夫其行已不过乎物，谓之成身。不过乎，合天道也。」

公曰：「君子何贵乎天道也？」孔子曰：「贵其不已也。如日月东西相从而不已也，是天道也；不闭而能久，是天道也；无为而物成，是天道也；已成而明之，是天道也。」

公曰：「寡人且愚冥，幸烦子之于心。」孔子蹴然避席而对曰：「仁人不过乎物，孝子不过乎亲。是故仁人之事亲也如事天，事天如事亲。此谓孝子成身。」

公曰：「寡人既闻如此言，无如后罪何？」孔子对曰：「君子及此言，是臣之福也。」

儒行解第五

孔子在卫，冉求言于季孙曰：「国有圣人而不能用，欲以求治，是犹却步而欲求及前人，不可得已。今孔子在卫，卫将用之。己有才而以资邻国，难以言智也。请以重币迎之。」季孙以告哀公，公从之。

孔子既至舍，哀公馆焉。公自阼阶，孔子宾阶，升堂立侍。公曰：「夫子之服，其儒服与？」孔子对曰：「丘少居鲁，衣逢掖之衣。长居宋，冠章甫之冠。丘闻之，君子之学也博，其服以乡。丘未知其为儒服也。」

公曰：「敢问儒行。」孔子曰：「略言之则不能终其物，悉数之则留，仆未可以对。」

哀公命席。孔子侍坐，曰：「儒有席上之珍以待聘，夙夜强学以待问，怀忠信以待举，力行以待取。其自立有如此者。

「儒有衣冠中，动作顺，其大让如慢，小让如伪，大则如威，小则如愧，难进而易退也，粥粥若无能也。其容貌有如此者。

「儒有居处齐难，其起坐恭敬，言必诚信，行必忠正，道涂不争险易之利，冬夏不争阴阳之和，爱其死以有待也，养其身以有为也。其备预有如此者。

「儒有不宝金玉而忠信以为宝，不祈土地而仁义以为土地，不求多积，多文以为富，难得而易禄也，易禄而难畜也。非时不见，不亦难得乎非义不合，不亦难畜乎先劳而后禄，不亦易禄乎其近人情有如此者。

「儒有委之以货财而不贪，淹之以乐好而不淫，劫之以众而不惧，阻之以兵而不慑。见利不亏其义，见死不更其守。往者不悔，来者不豫，过言不再，流言不极，不断其威，不习其谋。其特立有如此者。

「儒有可亲而不可劫，可近而不可迫，可杀而不可辱。其居处不过，其饮食不溽，其过失可微辩而不可面数也。其刚毅有如此者。

「儒有忠信以为甲胄，礼义以为干橹，戴仁而行，抱德而处。虽有暴政，不更其所。其自立有如此者。

「儒有一亩之宫，环堵之室，筚门圭窬，蓬户瓮牖，易衣而出，并日而食。上答之，不敢以疑；上不答之，不敢以谄。其为士有如此者。

「儒有今人以居，古人以稽。今世行之，后世以为楷。若不逢世，上所不受，下所不推。诡谄之民有比党而危之，身可危也，其志不可夺也，虽危起居，犹竟信其志，乃不忘百姓之病也。其忧思有如此者。

「儒有博学而不穷，笃行而不倦，幽居而不淫，上通而不困。礼必以和，优游以法。慕贤而容众，毁方而瓦合。其宽裕有如此者。

「儒有内称不避亲，外举不避怨。程功积事，不求厚禄；推贤达能，不望其报。君得其志，民赖其德。苟利国家，不求富贵。其举贤援能有如此者。

「儒有澡身浴德，陈言而伏，静言而正之，而上下不知也，默而翘之，又不急为也。不临深而为高，不加少而为多。世治不轻，世乱不沮。同己不与，异己不非。其特立独行有如此者。

「儒有上不臣天子，下不事诸侯，慎静尚宽，底厉廉隅，强毅以与人，博学以知服。虽以分国，视之如锱铢，弗肯臣仕。其规为有如此者。

「儒有合志同方，营道同术，并立则乐，相下不厌，久别则闻流言不信，义同而进，不同而退。其交有如此者。

「夫温良者，仁之本也；慎敬者，仁之地也；宽裕者，仁之作也；逊接者，仁之能也；礼节者，仁之貌也；言谈者，仁之文也；歌乐者，仁之和也；分散者，仁之施也。儒皆兼而有之，犹且不敢言仁也。其尊让有如此者。

「儒有不陨获于贫贱，不充诎于富贵，不溷君王，不累长上，不闵有司，故曰儒。今人之名儒也妄，常以儒相诟讥。」

哀公既得闻此言也，言加信，行加敬，曰：「终殁吾世，弗敢复以儒为戏矣。」

问礼第六

哀公问于孔子曰：「大礼何如子之言礼，何其尊也？」孔子对曰：「丘也鄙人，不足以知大礼也。」

公曰：「吾子言焉。」孔子曰：「丘闻之，民之所以生者，礼为大。非礼则无以节事天地之神焉，非礼则无以辩君臣、上下、长幼之位焉，非礼则无以别男女、父子、兄弟、婚姻、亲族、疏数之交焉。是故君子此之为尊敬，然后以其所能教顺百姓，不废其会节。既有成事，而后治其文章、黼黻，以别尊卑、上下之等。其顺之也，而后言其丧祭之纪、宗庙之序，品其牺牲，设其豕腊，修其岁时，以敬其祭祀，别其亲疏，序其昭穆，而后宗族会宴。即安其居，以缀恩义。卑其宫室，节其服御，车不雕玑，器不彤镂，食不二味，心不淫志，以与万民同利。古之明王，行礼也如此。」

公曰：「今之君子，胡莫之行也？」孔子对曰：「今之君子，好利无厌，淫行不倦，荒怠慢游，固民是尽，以遂其心，以怨其政，忤其众，以伐有道。求得当欲，不以其所；虐杀刑诛，不以其治。夫昔之用民者由前，今之用民者由后。是即今之君子莫能为礼也。」

言偃问曰：「夫子之极言礼也，可得而闻乎？」孔子言：「我欲观夏道，是故之杞，而不足征也，吾得《夏时》焉。我欲观殷道，是故之宋，而不足征也，吾得《乾坤》焉。《乾坤》之义，《夏时》之等，吾以此观之。

「夫礼初也，始于饮食。太古之时，燔黍擘豚，汙樽抔饮，蕢桴土鼓，犹可以致敬鬼神。及其死也，升屋而号，告曰：『高！某复！』然后饮腥苴熟。形体则降，魂气则上，是谓天望而地藏也。故生者南向，死者北首，皆从其初也。

「昔之先王未有宫室，冬则居营窟，夏则居橧巢。未有火化。食草木之实、鸟兽之肉，饮其血，茹其毛。未有丝麻，衣其羽皮。后圣有作，然后修火之利，范金合土，以为宫室、户牖，以炮以燔，以烹以炙，以为醴酪。治其丝麻，以为布帛。以养生送死，以事鬼神。故玄酒在室，醴盏在户，粢醍在堂，澄酒在下。陈其牺牲，备其鼎俎，列其琴瑟管磬钟鼓，以降上神与其先祖，以正君臣，以笃父子，以睦兄弟，以齐上下，夫妇有所。是谓承天之佑。作其祝号，玄酒以祭，荐其血毛，腥其俎，熟其殽。越席以坐，疏布以幂。衣其浣帛，醴盏以献，荐其燔炙。君与夫人交献，以嘉魂魄。然后退而合亨，体其犬豕牛羊，实其簠簋笾铏羹，祝以孝告，嘏以慈告，是为大祥。此礼之大成也。」

五仪解第七

哀公问于孔子曰：「寡人欲论鲁国之士，与之为治。敢问如何取之？」孔子对曰：「生今之世，志古之道；居今之俗，服古之服。舍此而为非者，不亦鲜乎？」

曰：「然则章甫絇履，绅带搢笏者，皆贤人也。」孔子曰：「不必然也。丘之所言，非此之谓也。夫端衣玄裳，冕而乘轩者，则志不在于食焄；斩衰管菲，杖而歠粥者，则志不在于酒肉。生今之世，志古之道；居今之俗，服古之服，谓此类也。」

公曰：「善哉！尽此而已乎？」孔子曰：「人有五仪：有庸人，有士人，有君子，有贤人，有圣人。审此五者，则治道毕矣。」

公曰：「敢问何如斯可谓之庸人？」孔子曰：「所谓庸人者，心不存慎终之规，口不吐训格之言，不择贤以托其身，不力行以自定。见小暗大，而不知所务；从物如流，不知其所执。此则庸人也。」

公曰：「何谓士人？」孔子曰：「所谓士人者，心有所定，计有所守。虽不能尽道术之本，必有率也；虽不能备百善之美，必有处也。是故知不务多，必审其所知；言不务多，必审其所谓；行不务多，必审其所由。智既知之，言既道之，行既由之，则若性命之形骸之不可易也。富贵不足以益，贫贱不足以损。此则士人也。」

公曰：「何谓君子？」孔子曰：「所谓君子者，言必忠信而心不怨，仁义在身而色不伐，思虑通明而辞不专，笃行信道，自强不息，油然若将可越而终不可及者。此则君子也。」

公曰：「何谓贤人？」孔子曰：「所谓贤人者，德不逾闲，行中规绳，言足以法于天下而不伤于身，道足以化于百姓而不伤于本。富则天下无宛财，施则天下不病贫。此则贤者也。」

公曰：「何谓圣人？」孔子曰：「所谓圣者，德合于天地，变通无方，穷万事之终始，协庶品之自然，敷其大道，而遂成情性。明并日月，化行若神，下民不知其德，睹者不识其邻。此谓圣人也。」

公曰：「善哉！非子之贤，则寡人不得闻此言也。虽然，寡人生于深宫之内，长于妇人之手，未尝知哀，未尝知忧，未尝知劳，未尝知惧，未尝知危，恐不足以行五仪之教，若何？」孔子对曰：「如君之言，已知之矣，则丘亦无所闻焉。」

公曰：「非吾子，寡人无以启其心。吾子言也。」孔子曰：「君子入庙如右，登自阼阶，仰视榱桷，俯察机筵，其器皆存，而不睹其人。君以此思哀，则哀可知矣。昧爽夙兴，正其衣冠，平旦视朝，虑其危难，一物失理，乱亡之端。君以此思忧，则忧可知矣。日出听政，至于中冥。诸侯子孙，往来为宾，行礼揖让，慎其威仪。君以此思劳，则劳亦可知矣。缅然长思，出于四门，周章远望，睹亡国之墟，必将有数焉。君以此思惧，则惧可知矣。夫君者舟也，庶人者水也。水所以载舟，亦所以覆舟。君以此思危，则危可知矣。君既明此五者，又少留意于五仪之事，则于政治何有失矣！」

哀公问于孔子曰：「请问取人之法。」孔子对曰：「事任于官，无取捷捷，无取钳钳，无取哼哼。捷捷，贪也；钳钳，乱也；哼哼，诞也。故弓调而后求劲焉，马服而后求良焉，士必悫而后求智能者焉。不悫而多能，譬之豺狼不可迩。」

哀公问于孔子曰：「寡人欲吾国小而能守，大则攻。其道如何？」孔子对曰：「使君朝廷有礼，上下相亲，天下百姓皆君之民，将谁攻之？」苟违此道，民畔如归，皆君之仇也，将与谁守？」

公曰：「善哉！」于是废山泽之禁，弛关市之税，以惠百姓。

哀公问于孔子曰：「吾闻君子不博，有之乎？」孔子曰：「有之。」公曰：「何为？」对曰：「为其有二乘。」公曰：「有二乘则何为不博？」子曰：「为其兼行恶道也。」

哀公惧焉。有间，复问曰：「若是乎，君子恶恶道至甚也。」孔子曰：「君子之恶恶道不甚，则好善道亦不甚；好善道不甚，则百姓之亲上亦不甚。《诗》云：『未见君子，忧心惙惙。亦既见止，亦既觏止，我心则悦。』《诗》之好善道甚也如此！」

公曰：「美哉！」夫君子成人之善，不成人之恶。微吾子言焉，吾弗之闻也。」

哀公问于孔子曰：「夫国家之存亡祸福，信有天命，非唯人也。」孔子对曰：「存亡祸福，皆己而已，天灾地妖，不能加也。」

公曰：「善！吾子之言，岂有其事乎？」孔子曰：「昔者殷王帝辛之世，有雀生大鸟于城隅焉。占之曰：『凡以小生大，则国家必王而名必昌。』于是帝辛介雀之德，不修国政，亢暴无极，朝臣莫救，外寇乃至，殷国以亡，此即以己逆天时，诡福反为祸者也。又其先世殷王太戊之时，道缺法圮，以致夭蘖，桑穀于朝，七日大拱。占之者曰：『桑穀，野木，而不合生朝，意者国亡乎』太戊恐骇，侧身修行，思先王之政，明养民之道。三年之后，远方慕义，重译至者十有六国。此即以己逆天时，得祸为福者也。故天灾地妖，所以儆人主者也；寤梦征怪，所以儆人臣者也。灾妖不胜善政，寤梦不胜善行。能知此者，至治之极也，唯明王达此。」

公曰：「寡人不鄙固此，亦不得闻君子之教也。」

哀公问于孔子曰：「智者寿乎仁者寿乎？」孔子对曰：「然。人有三死而非其命也，行己自取也。夫寝处不时，饮食不节，逸劳过度者，疾共杀之。居下位而上干其君，嗜欲无厌而求不止者，刑共杀之。以少犯众，以弱侮强，忿怒不类，动不量力者，兵共杀之。此三者，死非命也，人自取之。若夫智士仁人，将身有节，动静以义，喜怒以时，无害其性，虽得寿焉，不亦可乎？」

卷二

致思第八

孔子北游于农山，子路、子贡、颜渊侍侧。孔子四望，喟然而叹曰：「于斯致思，无所不至矣。二三子各言尔志，吾将择焉。」子路进曰：「由愿得白羽若月，赤羽若日，钟鼓之音，上震于天，旍旗缤纷，下蟠于地，由当一队而敌之，必也攘地千里，搴旗执馘，唯由能之。使二子者从我焉。」夫子曰：「勇哉！」

子贡复进曰：「赐愿使齐楚合战于漭瀁之野，两垒相望，尘埃相接，挺刃交兵，赐著缟衣白冠，陈说其间，推论利害，释国之患，唯赐能之。使夫二子者从我焉。」夫子曰：「辩哉！」

颜回退而不对。孔子曰：「回，来，汝奚独无愿乎？」颜回对曰：「文武之事，则二子既言之矣，回何云焉」孔子曰：「虽然，各言尔志也。小子言之。」对曰：「回闻薰莸不同器而藏，尧桀不共国而治，以其类异也。回愿得明王圣主辅相之，敷其五教，导之以礼乐，使民城郭不修，沟池不越，铸剑戟以为农器，放牛马于原薮，室家无离旷之思，千岁无战斗之患。则由无所施其勇，而赐无所用其辩矣。」夫子凛然曰：「美哉德也！」

子路抗手而对曰：「夫子何选焉」孔子曰：「不伤财，不害民，不繁词，则颜氏之子有矣。」

鲁有俭啬者，瓦鬲煮食，食之，自谓其美，盛之土型之器，以进孔子。孔子受之，欢然而悦，如受大牢之馈。子路曰：「瓦甂，陋器也；煮食，薄膳也。夫子何喜之如此乎？」子曰：「夫好谏者思其君，食美者念其亲。吾非以馔具之为厚，以其食厚而我思焉。」

孔子之楚，而有渔者而献鱼焉，孔子不受。渔者曰：「天暑市远，无所鬻也，思虑弃之粪壤不如献之君子，故敢以进焉。」于是夫子再拜受之，使弟子扫地，将以享祭。门人曰：「彼将弃之，而夫子以祭之，何也？」孔子曰：「吾闻诸惜其腐馁而欲以为务施者，仁人之偶也。恶有受仁人之馈而无祭者乎？」

季羔为卫之士师，刖人之足，俄而卫有蒯聩之乱，季羔逃之。走郭门，刖者守门焉，谓季羔曰：「彼有缺。」季羔曰：

「君子不逾。」又曰：「彼有窦。」季羔曰：「君子不隧。」又曰：「于此有室。」季羔乃入焉。

既而追者罢，季羔将去，谓刖者：「吾不能亏主之法而亲刖子之足矣。今吾在难，此正子之报怨之时，而逃我者三，何故哉？」刖者曰：「断足固我之罪，无可奈何。曩者君治臣以法令，先人后臣，欲臣之免也，臣知。狱决罪定，临当论刑，君愀然不乐，见君颜色，臣又知之。君岂私臣哉天生君子，其道固然。此臣之所以悦君也。」

孔子闻之，曰：「善哉为吏！其用法一也，思仁恕则树德，加严暴则树怨，公以行之，其子羔乎？」

孔子曰：「季孙之赐我粟千钟也，而交益亲。自南宫敬叔之乘我车，而道加行。故道虽贵，必有时而后重，有势而后行。微夫二子之贶财，则丘之道殆将废矣。」

孔子曰：「王者有似乎春秋，文王以王季为父，以太任为母，以太姒为妃，以武王、周公为子，以太颠、闳夭为臣，其本美矣。武王正其身以正其国，正其国以正天下，伐无道，刑有罪，一动而天下正，其事成矣。春秋致其时而万物皆及，王者致其道而万民皆治。周公载己行化而天下顺之，其诚至矣。」

曾子曰：「入是国也，言信于群臣，而留可也；行忠于卿大夫，则仕可也；泽施于百姓，则富可也。」孔子曰：「参之言此，可谓善安身矣。」

子路为蒲宰，为水备，与其民修沟渎。以民之劳烦苦也，人与之一箪食、一壶浆。孔子闻之，使子贡止之。

子路忿然不悦，往见孔子曰：「由也以暴雨将至，恐有水灾，故与民修沟洫以备之。而民多匮饿者，是以箪食壶浆而与之。夫子使赐止之，是夫子止由之行仁也。夫子以仁教而禁其行，由不受也。」孔子曰：「汝以民为饿也，何不白于君，发仓廪以赈之而私以尔食馈之，是汝明君之无惠而见己之德美矣。汝速已则可，不则汝之见罪必矣。」

子路问于孔子曰：「管仲之为人何如？」子曰：「仁也。」子路曰：「昔管仲说襄公,公不受,是不辩也；欲立公子纠而不能，是不智也；家残于齐而无忧色，是不慈也；桎梏而居槛车，无惭心，是无丑也；事所射之君，是不贞也；召忽死之，管仲不死，是不忠也。仁人之道，固若是乎？」孔子曰：「管仲说襄公，襄公不受，公之暗也；欲立子纠而不能，不遇时也；家残于齐而无忧色，是知权命也；桎梏而无惭心，自裁审也；事所射之君，通于变也；不死子纠，量轻重也。夫子纠未成君，管仲未成臣。管仲才度义，管仲不死束缚而立功名，未可非也；召忽虽死，过与取仁，未足多也。」

孔子适齐，中路闻哭者之声，其音甚哀。孔子谓其仆曰：「此哭哀则哀矣，然非丧者之哀矣。」驱而前，少进，见有异人焉，拥镰带素，哭音不哀。

孔子下车，追而问曰：「子何人也？」对曰：「吾，丘吾子也。」曰：「子今非丧之所，奚哭之悲也？」丘吾子曰：「吾有三失，晚而自觉，悔之何及」曰：「三失可得闻乎愿子告吾，无隐也。」丘吾子曰：「吾少时好学，周遍天下，后还，丧吾亲，是一失也；长事齐君，君骄奢失士。臣节不遂，是二失也；吾平生厚交，而今皆离绝，是三失也，夫树欲静而风不停，子欲养而亲不待。往而不来者，年也；不可再见者，亲也。请从此辞！」遂投水而死。

孔子曰：「小子识之！斯足为戒矣。」自是弟子辞归养亲者十有三。

孔子谓伯鱼曰：「鲤乎，吾闻可以与人终日不倦者，其唯学焉！其容体不足观也，其勇力不足惮也，其先祖不足称也，其族姓不足道也。终而有大名，以显闻四方，流声后裔者，岂非学之效也故君子不可以不学，其容不可以不饬。不饬无类，无类失亲，失亲不忠，不忠失礼，失礼不立。夫远而有光者，饬也；近而愈明者，学也。譬之污池，水潦注焉，萑苇生焉，虽或以观之，孰知其源乎？」

子路见于孔子曰：「负重涉远，不择地而休；家贫亲老，不择禄而仕。昔者由也事二亲之时，常食藜藿之实，为亲负米百里之外。亲殁之后，南游于楚，从车百乘，积粟万钟，累茵而坐，列鼎而食，愿欲食藜藿，为亲负米，不可复得也。枯鱼衔索，几何不蠹二亲之寿，忽若过隙。」

孔子曰：「由也事亲，可谓生事尽力，死事尽思者也。」

孔子之郯，遭程子于涂，倾盖而语终日，甚相亲。顾谓子路曰：「取束帛以赠先生。」子路屑然对曰：「由闻之，士不中间见，女嫁无媒，君子不以交，礼也。」有间，又顾谓子路。子路又对如初。孔子曰：「由，《诗》不云乎：『有美一人，清扬宛兮。邂逅相遇，适我愿兮。』今程子天下贤士也，于斯不赠，则终身弗能见也。小子行之！」

孔子自卫反鲁，息驾于河梁而观焉。有悬水三十仞，圜流九十里，鱼鳖不能导，鼋鼍不能居，有一丈夫，方将厉之。孔子使人并涯止之，曰：「此悬水三十仞，圜流九十里，鱼鳖鼋鼍不能居也，意者难可济也。」丈夫不以措意，遂渡而出。孔子问之曰：「子巧乎有道术乎所以能入而出者何也？」丈夫对曰：「始吾之入也，先以忠信；及吾之出也，又从以忠信。忠信措吾躯于波流，而吾不敢以用私，所以能入而复出也。」

孔子谓弟子曰：「二三子识之，水且犹可以忠信成身亲之，而况于人乎？」

孔子将行，雨而无盖。门人曰：「商也有之。」孔子曰：「商之为人，甚吝于财。吾闻与人交，推其长者，违其短者，故能久也。」

楚王渡江，江中有物大如斗，圆而赤，直触王舟，舟人取之。王大怪之，遍问群臣，莫之能识。王使使聘于鲁，问于孔子。子曰：「此所谓萍实者也，可剖而食之，吉祥也，唯霸者为能获焉。」

使者反，王遂食，大美。久之，使来，以告鲁大夫。大夫因子游问曰：「夫子何以知其然乎？」曰：「吾昔之郑，过乎陈之野，闻童谣曰：『楚王渡江得萍实，大如斗，赤如日，剖而食之甜如蜜。』此是楚王之应也，吾是以知之。」

子贡问于孔子曰：「死者有知乎，将无知乎？」子曰：「吾欲言死之有知，将恐孝子顺孙妨生以送死；吾欲言死之无知，将恐不孝之子弃其亲而不葬。赐不欲知死者有知与无知，非今之急，后自知之。」

子贡问治民于孔子。子曰：「懔懔焉若持腐索之扞马。」子贡曰：「何其畏也？」孔子曰：「夫通达御皆人也，以道导之，则吾畜也；不以道导之，则吾仇也。如之何其无畏也？」

鲁国之法，赎人臣妾于诸侯者，皆取金于府。子贡赎之，辞而不取金。孔子闻之曰：「赐失之矣。夫圣人之举事也，可以移风易俗，而教导可以施之于百姓，非独适身之行也。今鲁国富者寡而贫者众，赎人受金，则为不廉，则何以相赎乎自今以后，鲁人不复赎人于诸侯。」

子路治蒲，请见于孔子曰：「由愿受教于夫子。」子曰：「蒲其何如？」对曰：「邑多壮士，又难治也。」子曰：「然吾语尔，恭而敬，可以摄勇；宽而正，可以怀强；爱而恕，可以容困；温而断，可以抑奸。如此而加之，则正不难矣。」

三恕第九

孔子曰：「君子有三恕。有君不能事，有臣而求其使，非恕也；有亲不能孝，有子而求其报，非恕也；有兄不能敬，有弟而求其顺，非恕也。士能明于三恕之本，则可谓端身矣。」

孔子曰：「君子有三思，不可不察也。少而不学，长无能也；老而不教，死莫之思也；有而不施，穷莫之救也。故君子少思其长则务学，老思其死则务教，有思其穷则务施。」

伯常骞问于孔子曰：「骞固周国之贱吏也，不自以不肖，将北面以事君子。敢问正道宜行，不容于世；隐道宜行，然亦不忍。今欲身亦不穷，道亦不隐，为之有道乎？」孔子曰：「善哉子之问也！自丘之闻，未有若吾子所问辩且说也。丘尝闻君子之言道矣，听者无察，则道不入；奇伟不稽，则道不信。又尝闻君子之言事矣，制无度量，则事不成；其政晓察，则民不保。又尝闻君子之言志也，刚折者不终，径易者则数伤，浩倨者不亲，就利者则无不弊。又尝闻养世之君子矣，从轻勿为先，从重勿为后，见像而勿强，陈道而勿怫。此四者，丘之所闻也。」

孔子观于鲁桓公之庙，有欹器焉。夫子问于守庙者曰：「此谓何器？」对曰：「此盖为宥坐之器。」孔子曰：「吾闻宥坐之器，虚则欹，中则正，满则覆。明君以为至诚，故常置于坐侧。」顾谓弟子曰：「试注水焉。」乃注之水，中则正，满则覆。夫子喟然叹曰：「呜呼！夫物恶有满而不覆哉？」

子路进曰：「敢问持满有道乎？」子曰：「聪明睿智，守之以愚；功被天下，守之以让；勇力振世，守之以怯；富有四海，守之以谦。此所谓损之又损之之道也。」

孔子观于东流之水。子贡问曰：「君子所见大水必观焉，何也？」孔子对曰：「以其不息，且遍与诸生而不为也，夫水有似乎德；其流也，则卑下倨邑必修其理，似义；浩浩乎无屈尽之期，此似道；流行赴百仞之嵠而不惧，此似勇；至量必平之，此似法；盛而不求概，此似正；绰约微达，此似察；发源必东，此似志；以出以入，万物就以化洁，此似善化也。水之德有若此，是故君子见必观焉。」

子贡观于鲁庙之北堂，出而问于孔子曰：「向也赐观于太庙之堂，未既辍，还瞻北盖，皆断焉。彼将有说耶匠过之也？」孔子曰：「太庙之堂，官致良工之匠，匠致良材，尽其功巧，盖贵久矣，尚有说也。」

孔子曰：「吾有所耻，有所鄙，有所殆。夫幼而不能强学，老而无以教，吾耻之；去其乡，事君而达，卒遇故人，曾无旧言，吾鄙之；与小人处而不能亲贤，吾殆之。」

子路见于孔子。孔子曰：「智者若何？仁者若何？」子路对曰：「智者使人知己，仁者使人爱己。」子曰：「可谓士矣。」

子路出，子贡入。问亦如之。子贡对曰：「智者知人，仁者爱人。」子曰：「可谓士矣。」

子贡出，颜回入。问亦如之。对曰：「智者自知，仁者自爱。」子曰：「可谓士君子矣。」

子贡问于孔子曰：「子从父命，孝；臣从君命，贞乎。奚疑焉」孔子曰：「鄙哉赐！汝不识也！昔者明王万乘之国，有争臣七人，则主无过举；千乘之国，有争臣五人，则社稷不危也；百乘之家，有争臣三人，则禄位不替；父有争子，不陷无礼；士有争友，不行不义。故子从父命，奚讵为孝臣从君命，奚讵为贞夫能审其所从，之谓孝，之谓贞矣。」

子路盛服见于孔子。子曰：「由，是倨倨者何也夫江始出于岷山，其源可以滥觞；及其至于江津，不舫舟，不避风，则不可以涉。非唯下流水多耶今尔衣服既盛，颜色充盈，天下且孰肯以非告汝乎？」

子路趋而出，改服而入，盖自若也。子曰：「由，志之！吾告汝：奋于言者华，奋于行者伐。夫色智而有能者，小人也。故君子知之曰智，言之要也；不能曰不能，行之至也。言要见智，行至则仁。既仁且智，恶不足哉？」

子路问于孔子曰：「有人于此，披褐而怀玉，何如？」子曰：「国无道，隐之可也；国有道，则衮冕而执玉。」

好生第十

鲁哀公问于孔子曰：「昔者舜冠何冠乎？」孔子不对。公曰：「寡人有问于子，而子无言，何也？」对曰：「以君之问不先其大者，故方思所以为对。」公曰：「其大何乎？」孔子曰：「舜之为君也，其政好生而恶杀，其任授贤而替不肖，德若天地而静虚，化若四时而变物。是以四海承风，畅于异类，凤翔麟至，鸟兽驯德。无他也，好生故也。君舍此道而冠冕是问，是以缓对。」

孔子读史，至楚复陈，喟然叹曰：「贤哉楚王！轻千乘之国而重一言之信，匪申叔之信不能达其义，匪庄王之贤不能受其训。」

孔子常自筮，其卦得《贲》焉，愀然有不平之状。子张进曰：「师闻卜者得《贲卦》，吉也。而夫子之色有不平，何也？」孔子对曰：「以其离耶。在《周易》，山下有火谓之《贲》，非正色之卦也。夫质也，黑白宜正焉。今得《贲》，非吾兆也。吾闻丹漆不文，白玉不雕，何也！质有余，不受饰故也。」

孔子曰：「吾于《甘棠》，见宗庙之敬甚矣。思其人，必爱其树，尊其人，必敬其位，道也。」

子路戎服见于孔子，拔剑而舞之，曰：「古之君子，以剑自卫乎？」孔子曰：「古之君子，忠以为质，仁以为卫，不出环堵之室而知千里之外，有不善则以忠化之，侵暴则以仁固之，何持剑乎？」子路曰：「由乃今闻此言。请摄齐以受教。」

楚王出游，亡弓，左右请求之。王曰：「止！楚王失弓，楚人得之，又何求之？」

孔子闻之，惜乎其不大也，不曰人遗弓，人得之而已，何必楚也？

孔子为鲁司寇，断狱讼，皆进众议者而问之，曰：「子以为奚若某以为何若」皆曰云云如是，然后夫子曰：「当从某子几是。」

孔子问漆雕凭曰：「子事臧文仲、武仲及孺子容，此三大夫孰贤」对曰：「臧氏家有守龟焉，名曰蔡。文仲三年而为一兆，武仲三年而为二兆，孺子容三年而为三兆。凭从此之见，若问三人之贤与不贤，所未敢识也。」

孔子曰：「君子哉，漆雕氏之子！其言人之美也，隐而显；言人之过也，微而著。智而不能及，明而不能见，孰克如此」

鲁公索氏将祭而亡其牲。孔子闻之曰：「公索氏不及二年将亡。」后一年而亡。门人问曰：「昔公索氏亡其祭牲，而夫子曰：『不及二年必亡。』今过期而亡，夫子何以知其然」孔子曰：「夫祭者，孝子所以自尽于其亲。将祭而亡其牲，则其余所亡者多矣。若此而不亡者，未之有也。」

虞、芮二国争田而讼，连年不决，乃相谓曰：「西伯仁也，盍往质之？」入其境，则耕者让畔，行者让路。入其朝，士让为大夫，大夫让于卿。虞、芮之君曰：「嘻！吾侪小人也，不可以入君子之朝。」远自相与而退，咸以所争之田为闲田也。

孔子曰：「以此观之，文王之道，其不可加焉。不令而从，不教而听，至矣哉！」

曾子曰：「狎甚则相简，庄甚则不亲。是故君子之狎足以交欢，其庄足以成礼。」孔子闻斯言也，曰：「二三子志之！孰谓参也不知礼乎？」

哀公问曰：「绅、委、章甫，有益于仁乎？」孔子作色而对曰：「君胡然焉衰麻苴杖者，志不存乎乐，非耳弗闻，服使然也；黼黻衮冕者，容不亵慢，非性矜庄，服使然也；介胄执戈者，无退懦之气，非体纯猛，服使然也。且臣闻之，好肆不守折，而长者不为市。窃夫有益与无益，君子所以知。」

孔子谓子路曰：「见长者而不尽其辞，虽有风雨，吾不能入其门矣。故君子以其所能敬人，小人反是。」

孔子谓子路曰：「君子以心导耳目，立义以为勇；小人以耳目导心，不愻以为勇。故曰退之而不怨，先之斯可从已。」

孔子曰：「君子三患：未之闻，患不得闻；既得闻之，患弗得学；既得学之，患弗能行。有其德而无其言，君子耻之；有其言而无其行，君子耻之；既得之而又失之，君子耻之；地有余，民不足，君子耻之；众寡均而人功倍己焉，君子耻之。」

鲁人有独处室者，邻之嫠妇亦独处一室。夜，暴风雨至，嫠妇室坏，趋而托焉。鲁人闭户而不纳。嫠妇自牖与之言：「何不仁而不纳我乎？」鲁人曰：「吾闻男女不六十不同居。今子幼，吾亦幼，是以不敢纳尔也。」妇人曰：「子何不如柳下惠然妪不逮门之女，国人不称其乱。」鲁人曰：「柳下惠则可，吾固不可。吾将以吾之不可，学柳下惠之可。」

孔子闻之曰：「善哉！欲学柳下惠者，未有似于此者，期于至善，而不袭其为，可谓智乎！」

孔子曰：「小辩害义，小言破道。《关雎》兴于鸟，而君子美之，取其雌雄之有别；《鹿鸣》兴于兽，而君子大之，取其得食而相呼。若以鸟兽之名嫌之，固不可行也。」

孔子谓子路曰：「君子而不强气，而不得其死；小人不强气，则刑戮荐蓁。《豳诗》曰：『殆天之未阴雨，彻彼桑土，绸缪牖户。今汝下民，或敢侮余。』」孔子曰：「能治国家之如此，虽欲侮之，岂可得乎周自后稷，积行累功，以有爵土，公刘重之以仁。乃至太王亶甫，敦以德让，其树根置本，备预远矣。初，太王都豳，翟人侵之。事之以皮币，不得免焉；事之以珠玉，不得免焉。于是属耆老而告之：『所欲吾土地。吾闻之，君子不以所养而害人。二三子何患乎无君』遂独与太姜去之，逾梁山，邑于岐山之下。豳人曰：『仁人之君，不可失也。』从之如归市焉。天之与周，民之去殷久矣，若此而不能王天下，未之有也。武庚恶能侮《鄁诗》曰：『执辔如组，两骖如儛。』」孔子曰：「为此诗者，其知政乎夫为组者，总纰于此，成文于彼。言其动于近，行于远也。执此法以御民，岂不化乎《竿旄》之忠告，至矣哉！」

卷三

观周第十一

孔子谓南宫敬叔曰：「吾闻老聃博古知今，通礼乐之原，明道德之归，则吾师也。今将往矣。」对曰：「谨受命。」遂言于鲁君曰：「臣受先臣之命云：『孔子，圣人之后也，灭于宋，其祖弗父何始有国而授厉公，及正考父，佐戴、武、宣，三命兹益恭，故其鼎铭曰：「一命而偻，再命而伛，三命而俯，循墙而走，变莫余敢侮。饘于是，粥于是，以糊其口。」

其恭俭也若此。臧孙纥有言，圣人之后，若不当世，则必有明德而达者焉。孔子少而好礼，其将在矣！』属臣曰：『汝必师之！』今孔子将适周，观先王之遗制，考礼乐之所极，斯大业也。君盍以乘资之臣请与往。」公曰：「诺。」与孔子车一乘，马二匹，竖子侍御。敬叔与俱至周。

问礼于老聃，访乐于苌弘，历郊社之所，考明堂之则，察庙朝之度。于是喟然曰：「吾乃今知周公之圣与周之所以王也。」及去周，老子送之曰：「吾闻富贵者送人以财，仁者送人以言。吾虽不能富贵，而窃仁者之号，请送子以言乎：凡当今之士，聪明深察而近于死者，好讥议人者也；博辩闳达而危其身，好发人之恶者也。无以有己为人子者，无以恶己为人臣者。」孔子曰：「敬奉教。」自周反鲁，道弥尊矣。远方弟子之进，盖三千焉。

孔子观乎明堂，睹四门墉有尧舜之容、桀纣之象，而各有善恶之状、兴废之诫焉。又有周公相成王，抱之负斧扆南面以朝诸侯之图焉。孔子徘徊而望之，谓从者曰：「此周之所以盛也。夫明镜所以察形，往古者所以知今。人主不务袭迹于其所以安存，而忽怠所以危亡，是犹未有以异于却走而欲求及前人也，岂不惑哉？」

孔子观周，遂入太祖后稷之庙。庙堂右阶之前有金人焉，三缄其口，而铭其背曰：「古之慎言人也。戒之哉！无多言，多言多败；无多事，多事多患。安乐必戒，无所行悔。勿谓何伤，其祸将长；勿谓何害，其祸将大；勿谓不闻，神将伺人，焰焰不灭，炎炎若何；涓涓不壅，终为江河；绵绵不绝，或成网罗；毫末不札，将寻斧柯。诚能慎之，福之根也；口是何伤祸之门也。强梁者不得其死，好胜者必遇其敌。盗憎主人，民怨其上。君子知天下之不可上也，故下之；知众人之不可先也，故后之。温恭慎德，使人慕之；执雌持下，人莫逾之；人皆趋彼，我独守此；人皆或之，我独不徙；内藏我智，不示人技；我虽尊高，人弗我害。谁能于此江海虽左，长于百川，以其卑也；天道无亲，而能下人。戒之哉！」

孔子既读斯文也，顾谓弟子曰：「小人识之！此言实而中，情而信。《诗》曰：『战战兢兢，如临深渊，如履薄冰。』行身如此，岂以口过患哉！」

孙子见老聃而问焉，曰：「甚矣，道之于今难行也。吾比执道，而今委质以求当世之君，而弗受也。道于今难行也。」老子曰：「夫说者流于辩，听者乱于辞。如此二者，则道不可以忘也。」

弟子行第十二

卫将军文子问于子贡曰：「吾闻孔子之施教也，先之以《诗》、《书》，而道之以孝悌，说之以仁义，观之以礼乐，然后成之以文德。盖入室升堂者七十有余人，其孰为贤。」子贡对以不知。

文子曰：「以吾子常与学，贤者也，不知何谓。」子贡对曰：「贤人无妄，知贤即难，故君子之言曰：『智莫难于知人。』是以难对也。」

文子曰：「若夫知贤，莫不难。今吾子亲游焉，是以敢问。」子贡曰：「夫子之门人，盖有三千就焉。赐有逮及焉，未逮及焉，故不得遍知以告也。」

文子曰：「吾子所及者，请问其行。」子贡对曰：「夫能夙兴夜寐，讽诵崇礼，行不贰过，称言不苟，是颜回之行也。孔子说之以《诗》曰『媚兹一人，应侯慎德。』『永言孝思，孝思惟则。』若逢有德之君，世受显命，不失厥名；以御于天子，则王者之相也。」

「在贫如客，使其臣如借，不迁怒，不深怨，不录旧罪，是冉雍之行也。孔子论其材曰：『有土之君子也，有众使也，有刑用也，然后称怒焉。』孔子告之以《诗》曰：『靡不有初，鲜克有终。』匹夫不怒，唯以亡其身。

「不畏强御，不侮矜寡，其言循性，其都以富，材任治戎，是仲由之行也。孔子和之以文，说之以《诗》曰：『受小拱大拱，而为下国骏庞。荷天子之龙』，『不戁不悚』，『敷奏其勇』。强乎武哉！文不胜其质。

「恭老恤幼，不忘宾旅，好学博艺，省物而勤也，是冉求之行也。孔子因而语之曰：『好学则智，恤孤则惠，恭则近礼，勤则有继。尧舜笃恭，以王天下。』其称之也曰：『宜为国老。』

「齐庄而能肃，志通而好礼，摈相两君之事，笃雅有节，是公西赤之行也。子曰：『礼经三百，可勉能也；威仪三千，则难也。』公西赤问曰：『何谓也』子曰：『貌以傧礼，礼以傧辞，是谓难焉。』众人闻之，以为成也。孔子语人曰：『当宾客之事则达矣。』谓门人曰：『二三子之欲学宾客之礼者，其于赤也。』

「满而不盈，实而如虚，过之如不及，先王难之；博无不学，其貌恭，其德敦；其言于人也，无所不信；其骄于人也，常以浩浩。是以眉寿。是曾参之行也。孔子曰：『孝，德之始也；悌，德之序也；信，德之厚也；忠，德之正也。参中夫四德者也。』以此称之。

「美功不伐，贵位不善，不侮不佚，不傲无告，是颛孙师之行也。孔子言之曰：『其不伐则犹可能也，其不弊百姓则仁也。《诗》云：『恺悌君子，民之父母。』夫子以其仁为大。

「学之深，送迎必敬，上交下接若截焉，是卜商之行也。孔子说之以《诗》曰：『式夷式已，无小人殆。』若商也，其可谓不险矣。

「贵之不喜，贱之不怒，苟利于民矣，廉于行己，其事上也，以佑其下，是澹台灭明之行也。孔子曰：『独贵独富，君子耻之，夫也中之矣。』

「先成其虑，及事而用之，故动则不妄，是言偃之行也。孔子曰：『欲能则学，欲知则问，欲善则详，欲给则豫，当是而行，偃也得之矣。』

「独居思仁，公言仁义，其于《诗》也，则一日三复『白圭之玷』，是宫绍之行也。孔子信其能仁，以为异士。

「自见孔子，出入于户，未尝越礼；往来过之，足不履影；启蛰不杀，方长不折；执亲之丧，未尝见齿。是高柴之行也。」孔子曰：「柴于亲丧，则难能也；启蛰不杀，则顺人道；方长不折，则恕仁也。成汤恭而以恕，是以日跻。」

「凡此诸子，赐之所亲睹者也。吾子有命而讯赐，赐也固，不足以知贤。」

文子曰：「吾闻之也，国有道则贤人兴焉，中人用焉，乃百姓归之。若吾子之论，既富茂矣，壹诸侯之相也，抑末世未有明君，所以不遇也。」

子贡既与卫将军文子言，适鲁，见孔子曰：「卫将军文子问二三子之于赐，不壹而三焉。赐也辞不获命，以所见者对矣。未知中否，请以告。」

孔子曰：「言之乎。」子贡以其辞状告孔子。子闻而笑曰：「赐，汝次为人矣。」子贡对曰：「赐也何敢知人，此以赐之所睹也。」

孔子曰：「然。吾亦语汝耳之所未闻，目之所未见者，岂思之所不至，智之所未及哉？」子贡曰：「赐愿得闻之。」

孔子曰：「不克不忌，不念旧怨，盖伯夷、叔齐之行也。思天而敬人，服义而行信，孝于父母，恭于兄弟，从善而不教，盖赵文子之行也。其事君也，不敢爱其死，然亦不敢忘其身，谋其身不遗其友，君陈则进而用之，不陈则行而退，盖随武子之行也。其为人之渊源也，多闻而难诞，内植足以没其世，国家有道，其言足以治，无道，其默足以生，盖铜鞮伯华之行也。外宽而内正，自极于隐括之中，直己而不直人，汲汲于仁，以善自终，盖蘧伯玉之行也。孝恭慈仁，允德图义，约货去怨，轻财不匮，盖柳下惠之行也。其言曰：『君虽不量于其身，臣不可以不忠于其君。是故君择臣而任之，臣亦择君而事之。有道顺命，无道衡命。盖晏平仲之行也。蹈忠而行信，终日言，不在尤之内，国无道，处贱不闷，贫而能乐，盖老子之行也。易行以俟天命，居下不援其上，其观于四方也，不忘其亲，不尽其乐，以不能则学，不为己终身之忧，盖介子山之行也。」

子贡曰：「敢问夫子之所知者，盖尽于此而已乎？」孔子曰：「何谓其然亦略举耳目之所及而矣。昔晋平公问祁奚曰：『羊舌大夫，晋之良大夫也。其行如何』祁奚辞以不知。公曰：『吾闻子少长乎其所。今子掩之，何也』祁奚对曰：『其少也，恭而顺，心有耻而不使其过宿；其为大夫，悉善而谦其端；其为舆尉也，信而好直其功；言其功直至于其为容也，温良而好礼，博闻而时出其志。』公曰：『曩者问子，子奚曰不知也』祁奚曰：『每位改变，未知所止，是以不敢得知也。此又羊舌大夫之行也。』」

子贡跪曰：「请退而记之。」

贤君第十三

哀公问于孔子曰：「当今之君，孰为最贤？」孔子对曰：「丘未之见也。抑有卫灵公乎？」

公曰：「吾闻其闺门之内无别，而子次之贤，何也？」孔子曰：「臣语其朝廷行事，不论其私家之际也。」

公曰：「其事何如？」孔子对曰：「灵公之弟曰公子渠牟，其智足以治千乘，其信足以守之。灵公爱而任之。又有士林国者，见贤必进之，而退与分其禄，是以灵公无游放之士。灵公贤而尊之。又有士曰庆足者，卫国有大事，则必起而治之；国无事，则退而容贤。灵公悦而敬之。又有大夫史鳍，以道去卫，而灵公郊舍三日，琴瑟不御，必待史鳍之入而后敢入。臣以此取之。虽次之贤，不亦可乎？」

子贡问于孔子曰：「今之人臣，孰为贤。」子曰：「吾未识也。往者齐有鲍叔，郑有子皮，则贤者矣。」子贡曰：「齐无管仲，郑无子产。」子曰：「赐，汝徒知其一，未知其二也。汝闻用力为贤乎，进贤为贤乎？」子贡曰：「进贤贤哉！」子曰：「然。吾闻鲍叔达管仲，子皮达子产，未闻二子之达贤己之才者也。」

哀公问于孔子曰：「寡人闻忘之甚者，徙而忘其妻，有诸」孔子对曰：「此犹未甚者也。甚者乃忘其身。」公曰：「可得而闻乎？」孔子曰：「昔者夏桀贵为天子，富有四海，忘其圣祖之道，坏其典法，废其世祀，荒于淫乐，耽湎于酒；佞臣谄谀，窥导其心；忠士折口，逃罪不言。天下诛桀而有其国。此谓忘其身之甚矣。」

颜渊将西游于宋，问于孔子曰：「何以为身？」子曰：「恭敬忠信而已矣。恭则远于患，敬则人爱之，忠则和于众，信则人任之。勤斯四者，可以政国，岂特一身者哉故夫不比于数而比于疏，不亦远乎不修其中而修外者，不亦反乎虑不先定，临事而谋，不亦晚乎？」

孔子读《诗》，于《正月》六章，惕焉如惧，曰：「彼不达之君子，岂不殆哉！从上依世则道废；违上离俗则身危。时不兴善，己独由之，则曰非妖即妄也。故贤也既不遇天，恐不终其命焉。桀杀龙逢，纣杀比干，皆类是也。《诗》曰：『谓天盖高，不敢不局。谓地盖厚，不敢不蹐。』此言上下畏罪，无所自容也。」

子路问于孔子曰：「贤君治国，所先者何？」孔子曰：「在于尊贤而贱不肖。」子路曰：「由闻晋中行氏尊贤而贱不肖矣，其亡何也？」孔子曰：「中行氏尊贤而不能用，贱不肖而不能去。贤者知其不用而怨之，不肖者知其必己贱而仇之。怨仇并存于国，邻敌构兵于郊，中行氏虽欲无亡，岂可得乎？」

孔子闲处，喟然而叹曰：「向使铜鞮伯华无死，则天下其有定矣！」子路曰：「由愿闻其人也。」子曰：「其幼也，敏而好学；其壮也，有勇而不屈；其老也，有道而能下人。有此三者，以定天下也，何难乎哉？」

子路曰：「幼而好学，壮而有勇则可也，若夫有道下人，又谁下哉？」子曰：「由不知。吾闻以众攻寡，无不克也；以贵下贱，无不得也。昔者周公居冢宰之尊，制天下之政，而犹下白屋之士，日见百七十人。斯岂以无道也欲得士之用也。恶有道而无下天下君子哉？」

齐景公来适鲁，舍于公馆，使晏婴迎孔子。孔子至，景公问政焉。孔子答曰：「政在节财。」公悦，又问曰：「秦穆公国小处僻而霸，何也？」孔子曰：「其国虽小，其志大；处虽僻而政其中。其举也果，其谋也和，法无私而令不愉。首拔五羖，爵之大夫，与语三日而授之以政。以此取之，虽王可，其霸少矣。」景公曰：「善哉！」

哀公问政于孔子。孔子对曰：「政之急者莫大乎使民富且寿也。」公曰：「为之奈何？」孔子曰：「省力役，薄赋敛，则民富矣；敦礼教，远罪疾，则民寿矣。」公曰：「寡人欲行夫子之言，恐吾国贫矣。」孔子曰：「《诗》云：『恺悌君子，民之父母。』未有子富而父母贫者也。」

卫灵公问于孔子曰：「有语寡人：『有国家者，计之于庙堂之上，则政治矣。』何如？」孔子曰：「其可也。爱人者则人爱之，恶人者则人恶之。知得之己者，则知得之人。所谓不出环堵之室，而知天下者，知反己之谓也。」

孔子见宋君。君问孔子曰：「吾欲使长有国而列都得之，吾欲使民无惑，吾欲使士竭力，吾欲使日月当时，吾欲使圣人自来，吾欲使官府治理，为之奈何？」孔子对曰：「千乘之君问丘者多矣，而未有若主君之问之悉也。然主君所欲者尽可得也。丘闻之，邻国相亲，则长有国；君惠臣忠，则列都得之；不杀无辜，无释罪人，则民不惑；士益之禄，则皆竭力；尊天敬鬼，则日月当时；崇道贵德，则圣人自来；任能黜否，则官府治理。」

宋君曰：「善哉！岂不然乎？寡人不佞，不足以致之也。」孔子曰：「此事非难，唯欲行之云耳。」

辩政第十四

子贡问于孔子曰：「昔者齐君问政于夫子，夫子曰『政在节财』；鲁君问政于夫子，子曰『政在谕臣』；叶公问政于夫子，夫子曰『政在悦近而来远』。三者之问一也，而夫子应之不同。然政在异端乎？」孔子曰：「各因其事也。齐君为国，奢乎台榭，淫于苑囿，五官伎乐，不解于时，一旦而赐人以千乘之家者三，故曰『政在节财』；鲁君有臣三人，内比周以愚其君，外距诸侯之宾以蔽其明，故曰『政在谕臣』；夫荆之地广而都狭，民有离心，莫安其居，故曰『政在悦近而来远』。此三者所以为政殊矣。《诗》云：『丧乱蔑资，曾不惠我师！』此伤奢侈不节以为乱者也。又曰：『匪其止共，惟王之邛。』此伤奸臣蔽主以为乱也。又曰：『乱离瘼矣，奚其适归』此伤离散以为乱者也。察此三者，政之所欲，岂同乎哉？」

孔子曰：「忠臣之谏君，有五义焉：一曰谲谏，二曰戆谏，三曰降谏，四曰直谏，五曰风谏。唯度主而行之，吾从其风谏乎！」

子曰：「夫道不可不贵也，中行文子倍道失义以亡其国，而能礼贤以活其身。圣人转祸为福，此谓是与！」

楚王将游荆台，司马子祺谏，王怒之。令尹子西贺于殿下，谏曰：「今荆台之观，不可失也。」王喜，拊子西之背曰：「与子共乐之矣。」

子西步马十里，引辔而止，曰：「臣愿言有道，王肯听之乎？」王曰：「子其言之。」子西曰：「臣闻为人臣而忠其君者，爵禄不足以赏也；谀其君者，刑罚不足以诛也。夫子祺者，忠臣也；而臣者，谀臣也。愿王赏忠而诛谀焉。」

王曰：「我今听司马之谏，是独能禁我耳。若后世游之何也？」子西曰：「禁后世易耳。大王万岁之后，起山陵于荆台之上，则子孙必不忍游于父祖之墓以为欢乐也。」王曰：「善！」乃还。

孔子闻之，曰：「至哉，子西之谏也！入之于千里之上，抑之于百世之后者也。」

子贡问于孔子曰：「夫子之于子产、晏子，可为至矣。敢问二大夫之所为目，夫子之所以与之者。」孔子曰：「夫子产于民为惠主，于学为博物。晏子于君为忠臣，而行为恭敏。故吾皆以兄事之，而加爱敬。」

齐有一足之鸟，飞集于宫朝，下止于殿前，舒翅而跳。齐侯大怪之，使使聘鲁问孔子。孔子曰：「此鸟名曰商羊，水祥也。昔童儿有屈其一脚，振讯两眉而跳，且谣曰：『天将大雨，商羊鼓舞。』今齐有之，其应至矣。急告民趋治沟渠，修堤防，将有大水为灾。」

顷之，大霖雨，水溢泛诸国，伤害民人，唯齐有备不败。景公曰：「圣人之言，信而征矣。」

孔子谓宓子贱曰：「子治单父，众悦。子何施而得之也子语丘所以为之者。」对曰：「不齐之治也，父恤其子，其子恤诸孤而哀丧纪。」

孔子曰：「善。小节也，小民附矣，犹未足也。」曰：「不齐所父事者三人，所兄事者五人，所友事者十一人。」

孔子曰：「父事三人，可以教孝矣；兄事五人，可以教悌矣；友事十一人，可以举善矣。中节也，中人附矣，犹未足也。」曰：「此地有贤于不齐者五人，不齐事之而禀度焉，皆教不齐之道。」

孔子叹曰：「其大者乃于此乎有矣！昔尧舜听天下，务求贤以自辅。夫贤者，百福之宗也，神明之主也。惜乎不齐之以所治者小也。」

子贡为信阳宰，将行，辞于孔子。孔子曰：「勤之慎之，奉天子之时，无夺无伐，无暴无盗」子贡曰：「赐也少而事君子，岂以盗为累哉？」

孔子曰：「汝未之详也。夫以贤代贤，是谓之夺；以不肖代贤，是谓之伐；缓令急诛，是谓之暴；取善自与，谓之盗。盗非窃财之谓也。吾闻之，知为吏者，奉法以利民；不知为吏者，枉法以侵民。此怨之所由生也。治官莫若平，临财莫如廉。廉平之守，不可改也。匿人之善，斯谓蔽贤；扬人之恶，斯为小人。内不相训而外相谤，非亲睦也。言人之善，若己有之；言人之恶，若己受之。故君子无所不慎焉。」

子路治蒲三年，孔子过之，入其境，曰：「善哉！由也恭敬以信矣。」入其邑，曰：「善哉！由也忠信以宽矣。」至庭，曰：「善哉！由也明察以断矣。」

子贡执辔而问曰：「夫子未见由之政，而三称其善，其善可得闻乎？」孔子曰：「吾见其政矣。入其境，田畴尽易，草莱甚辟，沟洫深治，此其恭敬以信，故其民尽力也。入其邑，墙屋完固，树木甚茂，此其忠信以宽，故其民不偷也。至其庭，庭甚清闲，诸下用命，此其言明察以断，故其政不扰也。以此观之，虽三称其善，庸尽其美乎？」

卷四

六本第十五

孔子曰：「行己有六本焉，然后为君子也。立身有义矣，而孝为本；丧纪有礼矣，而哀为本；战阵有列矣，而勇为本；治政有理矣，而农为本；居国有道矣，而嗣为本；生财有时矣，而力为本。置本不固，无务农桑；亲戚不悦，无务外交；事不终始，无务多业；记闻而言，无务多说；比近不安，无务求远。是故反本修迩，君子之道也。」

孔子曰：「良药苦于口而利于病，忠言逆于耳而利于行。汤武以谔谔而昌，桀纣以唯唯而亡。君无争臣，父无争子，兄无争弟，士无争友，无其过者，未之有也。故曰君失之，臣得之；父失之，子得之；兄失之，弟得之；己失之，友得之。是以国无危亡之兆，家无悖乱之恶，父子兄弟无失，而交友无绝也。」

孔子见齐景公，公悦焉，请置廪丘之邑以为养，孔子辞而不受。入谓弟子曰：「吾闻君子当功受赏。今吾言于齐君，君未之有行，而赐吾邑，其不知丘亦甚矣。」于是遂行。

孔子在齐，舍于外馆，景公造焉。宾主之辞既接，而左右白曰：「周使适至，言先王庙灾。」景公复问：「灾何王之庙也？」孔子曰：「此必釐王之庙。」

公曰：「何以知之？」孔子曰：「《诗》云：『皇皇上天，其命不忒。天之以善，必报其德。』祸亦如之。夫釐王变文武之制，而作玄黄华丽之饰，宫室崇峻，舆马奢侈，而弗可振也。故天殃所宜加其庙焉。以是占之为然。」公曰：「天何不殃其身而加罚其庙也？」孔子曰：「盖以文武故也。若殃其身，则文武之嗣无乃殄乎？故当殃其庙以彰其过。」

俄顷，左右报曰：「所灾者，釐王庙也。」景公惊起，再拜曰：「善哉！圣人之智，过人远矣。」

子夏三年之丧毕，见于孔子。子曰：「与之琴，使之弦。」侃侃而乐，作而曰：「先王制礼，弗敢过也。」子曰：「君子也！」

子贡曰：「闵子哀未尽，夫子曰『君子也』；子夏哀已尽，又曰『君子也』。二者殊情而俱曰君子，赐也或，敢问之。」孔子曰：「闵子哀未忘，能断之以礼；子夏哀已尽，能引之及礼。虽均之君子，不亦可乎？」

孔子曰：「无体之礼，敬也；无服之丧，哀也；无声之乐，欢也。不言而信，不动而威，不施而仁，志。夫钟之音，怒而击之则武，忧而击之则悲。其志变者，声亦随之。故志诚感之，通于金石，而况人乎？」

孔子见罗雀者所得皆黄口小雀。夫子问之曰：「大雀独不得，何也？」罗者曰：「大雀善惊而难得。黄口贪食而易得，黄口从大雀则不得，大雀从黄口亦不得。」

孔子顾谓弟子曰：「善惊以远害，利食而忘患，自其心矣，而以所从为祸福。故君子慎其所从。以长者之虑，则有全身之阶；随小者之戆，而有危亡之败也。」

孔子读《易》，至于《损》、《益》，喟然而叹。子夏避席问曰：「夫子何叹焉？」孔子曰：「夫自损者必有益之，自益者必有决之，吾是以叹也。」

子曰：「然则学者不可以益乎？」子曰：「非道益之谓也。道弥益而身弥损。夫学者损其自多，以虚受人，故能成其满。博哉天道，成而必变，凡持满而能久者，未尝有也。故曰，自贤者，天下之善言不得闻于耳矣。昔尧治天下之位，犹允恭以持之，克让以接下，是以千岁而益盛，迄今而逾彰。夏桀、昆吾自满而极，亢意而不节，斩刈黎民如草芥焉，天下讨之，如诛匹夫，是以千载而恶著，迄今而不灭。观此，如行，则让长不疾先；如在舆，遇三人则下之，遇二人则式之。调其盈虚，不令自满，所以能久也。」

子夏曰：「商请志之，而终身奉行焉。」

子路问于孔子曰：「请释古之道而行由之意，可乎？」子曰：「不可。昔东夷之子慕诸夏之礼，有女而寡，为内私婿，终身不嫁。不嫁则不嫁矣，亦非贞节之义也。苍梧娆娶妻而美，让与其兄。让则让矣，然非礼之让矣。不慎其初，而悔其后，何嗟及矣今汝欲舍古之道，行子之意，庸知子意不以是为非，以非为是乎？后虽欲悔，难哉！」

曾子耘瓜，误斩其根。曾皙怒，建大杖以击其背。曾子仆地而不知人，久之。有顷乃苏，欣然而起，进于曾皙曰：「向也参得罪于大人，大人用力教参，得无疾乎？」退而就房，援琴而歌，欲令曾皙而闻之，知其体康也。孔子闻之而怒，告门弟子曰：「参来，勿内。」

曾参自以为无罪，使人请于孔子。子曰：「汝不闻乎，昔瞽瞍有子曰舜，舜之事瞽瞍，欲使之，未尝不在于侧；索而杀之，未尝可得。小棰则待过，大杖则逃走。故瞽瞍不犯不父之罪，而舜不失烝烝之孝。今参事父，委身以待暴怒，殪而不避。既身死而陷父于不义，其不孝孰大焉汝非天子之民也，杀天子之民，其罪奚若？」

曾参闻之，曰：「参罪大矣。」遂造孔子而谢过。

荆公子行年十五而摄荆相事。孔子闻之，使人往观其为政焉。使者反曰：「视其朝，清静而少事，其堂上有五老焉，其廊下有二十壮士焉。」孔子曰：「合二十五人之智，以治天下，其固免矣，况荆乎？」

子夏问于孔子曰：「颜回之为人奚若。」子曰：「回之信贤于丘。」曰：「子贡之为人奚若。」子曰：「赐之敏贤于丘。」曰：「子路之为人奚若。」子曰：「由之勇贤于丘。」曰：「子张之为人奚若。」子曰：「师之庄贤于丘。」

子夏避席而问曰：「然则四子何为事先生」子曰：「居，吾语汝。夫回能信而不能反，赐能敏而不能诎，由能勇而不能怯，师能庄而不能同。兼四子者之有以易吾，弗与也。此其所以事吾而弗贰也。」

孔子游于泰山，见荣声期行乎郕之野，鹿裘带索，鼓瑟而歌。孔子问曰：「先生所以为乐者，何也？」期对曰：「吾乐甚多，而至者三。天生万物，唯人为贵。吾既得为人，是一乐也。男女之别，男尊女卑，故人以男为贵。吾既得为男，是二乐也。人生有不见日月，不免襁褓者。吾既以行年九十五矣，是三乐也。贫者，士之常；死者，人之终。处常得终，当何忧哉？」

孔子曰：「善哉！能自宽者也。」

孔子曰：「回有君子之道四焉：强于行义，弱于受谏，怵于待禄，慎于治身。史鰌有君子之道三焉：不仕而敬上，不祀而敬鬼，直己而曲人。」曾子侍，曰：「参昔常闻夫子三言，而未之能行也。夫子见人之一善，而忘其百非，是夫子之易事也；见人之有善，若己有之，是夫子之不争也；闻善必躬行之，然后导之，是夫子之能劳也。学夫子之三言，而未能行，以自知终不及二子者也。」

孔子曰：「吾死之后，则商也日益，赐也日损。」曾子曰：「何谓也？」子曰：「商也好与贤己者处，赐也好说不若己者。不知其子，视其父；不知其人，视其友；不知其君，视其所使；不知其地，视其草木。故曰，与善人居，如入芝兰之室，久而不闻其香，即与之化矣；与不善人居，如入鲍鱼之肆，久而不闻其臭，亦与之化矣。丹之所藏者赤，漆之所藏者黑。是以君子必慎其所与处者焉。」

曾子从孔子之齐，齐景公以下卿之礼聘曾子，曾子固辞。将行，晏子送之曰：「吾闻之，君子遗人以财，不若善言。今夫兰本三年，湛之以鹿醢，既成啖之，则易之匹马。非兰之本性也，所以湛者美矣。愿子详其所湛者。夫君子居必择处，游必择方，仕必择君。择君所以求仕，择方所以修道。迁风移俗者，嗜欲移性，可不慎乎？」

孔子闻之曰：「晏子之言，君子哉！依贤者固不困，依富者固不穷。马蚿斩足而复行，何也以其辅之者众。」

孔子曰：「以富贵而下人，何人不尊以富贵而爱人，何人不亲发言不逆，可谓知言矣；言而众向之，可谓知时矣。是故以富而能富人者，欲贫不可得也；以贵而能贵人者，欲贱不可得也；以达而能达人者，欲穷不可得也。」

孔子曰：「中人之情也，有余则侈，不足则俭，无禁则淫，无度则逸，从欲则败。是故鞭扑之子，不从父之教，刑戮之民，不从君子令。此言疾之难忍，急之难行也。故君子不急断，不急制，使饮食有量，衣服有节，宫室有度，畜积有数，车器有限，所以防乱之原也。夫度量不可不明，是中人所由之令。」

孔子曰：「巧而好度必攻，勇而好问必胜，智而好谋必成。以愚者反之。是以非其人，告之弗听；非其地，树之弗生。得其人，如聚砂而雨之；非其人，如会聋而鼓之。夫处重擅宠，专事妒贤，愚者之情也。位高则危，任重则崩，可立而待。」

孔子曰：「舟非水不行，水入舟则没；君非民不治，民犯上则倾。是故君子不可不严也，小人不可不整一也。」

齐高庭问于孔子曰：「庭不旷山，不直地，衣穣而提贽，精气以问事君子之道，愿夫子告之。」孔子曰：「贞以干之，敬以辅之，施仁无倦，见君子则举之，见小人则退之，去汝恶心，而忠与之，效其行，修其礼，千里之外，亲如兄弟。行不效，礼不修，则对门不汝通矣。夫终日言，不遗己之忧；终日行，不遗己之患。唯智者能之。故自修者，必恐惧以除患，恭俭以避难者也。终身为善，一言则败之，可不慎乎？」

辩物第十六

季桓子穿井，获如土缶，其中有羊焉。使使问孔子曰：「吾穿井于费，而于井中得一狗，何也？」孔子曰：「丘之所闻者，羊也。丘闻之，木石之怪，夔、蝄蜽；水之怪，龙、罔象；土之怪，羵羊也。」

吴伐越，隳会稽，获巨骨一节，专车焉。吴子使来聘于鲁，且问之孔子，命使者曰：「无以吾命也。」宾既将事，乃发币于大夫，及孔子，孔子爵之。

既彻俎而燕，客执骨而问曰：「敢问骨何如为大？」孔子曰：「丘闻之，昔禹致群臣于会稽之山，防风后至，禹杀而戮之，其骨专车焉。此为大矣。」

客曰：「敢问谁守为神？」孔子曰：「山川之灵，足以纪纲天下者，其守为神。诸侯社稷之守为公侯，山川之祀者为诸侯，皆属于王。」

客曰：「防氏何守？」孔子曰：「汪芒氏之君，守封嵎山者，为漆姓，在虞夏商为汪芒氏，于周为长翟氏，今曰大人。」有客曰：「人长之极几何？」孔子曰：「焦侥氏长三尺，短之至也。长者不过十，数之极也。

孔子在陈，陈惠公宾之于上馆。时有隼集陈侯之庭而死，楛矢贯之，石砮，其长尺有咫。惠公使人持隼，如孔子馆而问焉。孔子曰：「隼之来远矣。此肃慎氏之矢。昔武王克商，通道于九夷百蛮，使各以其方贿来贡，而无忘职业。于是肃慎氏贡楛矢、石砮，其长尺有咫。先王欲昭其令德之致远物也，以示后人，使永鉴焉，故铭其栝曰：『肃慎氏贡楛矢，以分大姬，配胡公而封诸陈。』古者分同姓以珍玉，所以展亲亲也；分异姓以远方之职贡，所以无忘服也。故分陈以肃慎氏贡焉。君若使有司求诸故府，其可得也。」公使人求，得之金椟，如之。

郯子朝鲁，鲁人问曰：「少昊氏以鸟名官，何也？」对曰：「吾祖也，我知之。昔黄帝以云纪官，故为云师而云名。炎帝以火，共工以水，大昊以龙，其义一也。我高祖少昊挚之立也，凤鸟适至，是以纪之于鸟，故为鸟师而鸟名。自颛顼氏以来，不能纪远，乃纪于近，为民师而命以民事，则不能故也。」

孔子闻之，遂见郯子而学焉。既而告人曰：「吾闻之，天子失官，学在四夷。犹信。」

邾隐公朝于鲁，子贡观焉。邾子执玉高，其容仰；定公受玉卑，其容俯。子贡曰：「以礼观之，二君者将有死亡焉！夫礼，生死存亡之体。将左右、周旋，进退、俯仰，于是乎取之；朝、祀、丧、戎，于是乎观之。今正月相朝，而皆不度，心以亡矣。嘉事不体，何以能久高，仰，骄；卑、俯，替。骄近乱，替近疾。君为主，其先亡乎！」

夏五月，公薨，又邾子出奔。孔子曰：「赐不幸而言中，是赐多言。」

孔子在陈，陈侯就之燕游焉。行路之人云：「鲁司铎灾，及宗庙。」以告孔子。子曰：「所及者其桓、僖之庙。」陈侯曰：「何以知之？」子曰：「礼，祖有功而宗有德，故不毁其庙焉。今桓、僖之亲尽矣，又功德不足以存其庙，而鲁不毁，是以天灾加之。」

三日，鲁使至。问焉，则桓、僖也。陈侯谓子贡曰：「吾乃今知圣人之可贵。」对曰：「君今知之，可矣，未若专其道而行其化之善也。」

阳虎既奔齐，自齐奔晋，适赵氏。孔子闻之，谓子路曰：「赵氏其世有乱乎！」子路曰：「权不在焉，岂不为乱？」孔子曰：「非汝所知。夫阳虎亲富而不亲仁，有宠于季孙，又将杀之，不克而奔，求容于齐；齐人囚之，乃亡归晋。是齐、鲁二国已去其疾。赵简子好利而多信，必溺其说而从其谋。祸败所终，非一世可知也。」

季康子问于孔子曰：「今周十二月，夏之十月，而犹有螽，何也？」孔子对曰：「丘闻之，火伏而后蛰者毕。今火犹西流，司历过也。」

季康子曰：「所失者几月也？」孔子曰：「于夏十月，火既没矣，今火见，再失闰也。」

吴王夫差将与哀公见晋侯。子服景伯对使者曰：「王合诸侯，则伯率侯牧以见于王；伯合诸侯，则侯率子、男以见于伯。今诸侯会，而君与寡君见晋君，则晋成为伯也。且执事以伯召诸侯，而以侯终之，何利之有焉」吴人乃止。既而悔之，遂囚景伯。伯谓太宰嚭曰：「鲁将以十月上辛有事于上帝、先王，季辛而毕，何也世有职焉，自襄已来未之改。若其不会，则祝宗将曰『吴实然』」。嚭言于夫差，归之。

子贡闻之，见于孔子曰：「子服氏之子拙于说矣，以实获囚，以诈得免。」孔子曰：「吴子为夷德，可欺而不可以实。是听者之蔽，非说者之拙也。」

叔孙氏之车士曰子钼商，采薪于大野，获麟焉，折其前左足，载以归。叔孙以为不祥，弃之于郭外，使人告孔子曰：「有麕而角者，何也？」孔子往视之，曰：「麟也。胡为来哉？胡为来哉？」反袂拭面，涕泣沾衿。叔孙闻之，然后取之。子贡问曰：「夫子何泣尔？」孔子曰：「麟之至，为明王也。出非其时而害，吾是以伤焉。」

哀公问政第十七

哀公问政于孔子。孔子对曰：「文武之政，布在方策。其人存，则其政举；其人亡，则其政息。天道敏生，人道敏政，地道敏树。夫政者，犹蒲卢也，待化以成。故为政在于得人。取人以身，修道以仁。仁者，人也，亲亲为大；义者，宜也，尊贤为大。亲亲之杀，尊贤之等，礼所以生也。礼者，政之本也。是以君子不可以不修身；思修身，不可以不事亲；思事亲，不可以不知人；思知人，不可以不知天。天下之达道有五，其所以行之者三。曰君臣也，父子也，夫妇也，昆弟也，朋友也，五者，天下之达道。智、仁、勇三者，天下之达德也，所以行之者一也。或生而知之，或学而知之，或困而知之，及其知之一也。或安而行之，或利而行之，或勉强而行之，及其成功一也。」

公曰：「子之言，美矣至矣！寡人实固，不足以成之也。」孔子曰：「好学近乎智，力行近乎仁，知耻近乎勇。知斯三者，则知所以修身；知所以修身，则知所以治人；知所以治人，则能成天下国家者矣。」

公曰：「政其尽此而已乎？」孔子曰：「凡为天下国家有九经，曰修身也，尊贤也，亲亲也，敬大臣也，体群臣也，子庶民也，来百工也，柔远人也，怀诸侯也。夫修身则道立，尊贤则不惑，亲亲则诸父、昆弟不怨，敬大臣则不眩，体群臣则士之报礼重，子庶民则百姓劝，来百工则财用足，柔远人则四方归之，怀诸侯则天下畏之。」

公曰：「为之奈何？」孔子曰：「齐洁盛服，非礼不动，所以修身也；去谗远色，贱财而贵德，所以尊贤也；爵其能，重其禄，同其好恶，所以笃亲亲也；官盛任使，所以敬大臣也；忠信重禄，所以劝士也；时使薄敛，所以子百姓也；日省月考，既廪称事，所以来百工也；送往迎来，嘉善而矜不能，所以绥远人也；继绝世，举废邦，治乱持危，朝聘以时，厚往而薄来，所以怀诸侯也。治天下国家有九经，其所以行之者一也。凡事豫则立，不豫则废，言前定则不跲，事前定则不困，行前定则不疚，道前定则不穷。在下位不获于上，民弗可得而治矣；获于上有道，不信于友，不获于上矣；信于友有道，不顺于亲，不信于友矣；顺于亲有道，反诸身不诚，不顺于亲矣；诚身有道，不明于善，不诚于身矣。诚者，天之至道也；诚之者，人之道也。夫诚，弗勉而中，不思而得，从容中道，圣人之所以体定也。诚之者，择善而固执之者也。」

公曰：「子之教寡人备矣。敢问行之所始。」孔子曰：「立爱自亲始，教民睦也；立敬自长始，教民顺也。教之慈睦，而民贵有亲；教之以敬，而民贵用命。民既孝于亲，又顺以听命，措诸天下，无所不可。」

公曰：「寡人既得闻此言也，惧不能果行而获罪咎。」

宰我问于孔子曰：「吾闻鬼神之名，而不知所谓，敢问焉。」孔子曰：「人生有气有魄。气者，人之盛也；魄者，鬼之盛也。夫生必死，死必归土，此谓鬼；魂气归天，此谓神。合鬼与神而享之，教之至也。骨肉弊于下，化为野土，其气发扬于上者，此神之著也。圣人因物之精，制为之极，明命鬼神，以为民之则，而犹以是为未足也，故筑为宫室，设为宗祧，春秋祭祀，以别亲疏，教民反古复始，不敢忘其所由生也。众人服自此，听且速焉。教以二端，二端既立，报以二礼，建设朝事，燔燎膻芗，所以报气也；荐黍稷，羞肺肝，加以郁鬯，所以报魄也。此教民修本反始崇爱，上下用情，礼之至也。君子反古复始，不忘其所由生，是以致其敬，发其情，竭力从事，不敢不自尽也，此之谓大教。昔者文王之祭也，事死如事生，思死而不欲生，忌日则必哀，称讳则如见亲。祀之忠也，思之深，如见亲之所爱。祭欲见亲之颜色者，其唯文王与！《诗》云：『明发不寐，有怀二人。』则文王之谓与！祭之明日，明发不寐，有怀二人，敬而致之，又从而思之。祭之日，乐与哀半，飨之必乐，已至必哀，孝子之情也。文王为能得之矣。」

卷五

颜回第十八

鲁定公问于颜回曰：「子亦闻东野毕之善御乎？」对曰：「善则善矣。虽然，其马将必佚。」定公色不悦，谓左右曰：

「君子固有诬人也。」颜回退。

后三日，牧来诉之曰：「东野毕之马佚，两骖曳，两服入于厩。」公闻之，越席而起，促驾召颜回。回至，公曰：「前日寡人问吾子以东野毕之御，而子曰善则善矣，其马将佚。不识吾子奚以知之？」颜回对曰：「以政知之。昔者帝舜巧于使民，造父巧于使马。舜不穷其民力，造父不穷其马力，是以舜无佚民，造父无佚马。今东野毕之御也，升马执辔，御体正矣；步骤驰骋，朝礼毕矣；历险致远，马力尽矣。然而犹乃求马不已。臣以此知之。」

公曰：「善。诚若吾子之言也。吾子之言，其义大矣。愿少进乎。」颜回曰：「臣闻之，鸟穷则啄，兽穷则攫，人穷则诈，马穷则佚，自古及今，未有穷其下而能无危者也。」

公悦，遂以告孔子。孔子对曰：「夫其所以为颜回者，此之类也。岂足多哉？」

孔子在卫，昧旦晨兴，颜回侍侧，闻哭者之声甚哀。子曰：「回，汝知此何所哭乎？」对曰：「回以此哭声非但为死者而已，又有生离别者也。」子曰：「何以知之？」对曰：「回闻桓山之鸟生四子焉，羽翼既成，将分于四海，其母悲鸣而送之，哀声有似于此，谓其往而不返也。回窃以音类知之。」

孔子使人问哭者，果曰：「父死家贫，卖子以葬，与之长决。」子曰：「回也善于识音矣。」

颜回问于孔子曰：「成人之行若何？」子曰：「达于性情之理，通于物类之变，知幽明之故，睹游气之原。若此可谓成人矣。既能成人，而又加之以仁义礼乐，成人之行也。若乃穷神知礼，德之盛也。」

颜回问于孔子曰：「臧文仲、武仲孰贤？」孔子曰：「武仲贤哉！」颜回曰：「武仲世称圣人，而身不免于罪，是智不足称也；好言兵讨，而挫锐于邾，是智不足名也。夫文仲，其身虽殁，而言不朽，恶有未贤？」孔子曰：「身殁言立，所以为文仲也。然犹有不仁者三，不智者三，是则不及武仲也。」回曰：「可得闻乎？」孔子曰：「下展禽，置六关，妾织蒲，三不仁；设虚器，纵逆祀，祠海鸟，三不智。武仲在齐，齐将有祸，不受其田，以避其难，是智之难也。夫臧武仲之智，而不容于鲁，抑有由焉。作而不顺，施而不恕也夫。《夏书》曰：『念兹在兹，顺事恕施。』」

颜回问于君子。孔子曰：「爱近仁，度近智，为己不重，为人不轻，君子也夫！」回曰：「敢问其次。」子曰：「弗学而行，弗思而得。小子勉之！」

仲孙何忌问于颜回曰：「仁者一言而必有益于仁智，可得闻乎？」回曰：「一言而有益于智，莫如预；一言而有益于仁，莫如恕。夫知其所不可由，斯知所由矣。」

颜回问小人。孔子曰：「毁人之善以为辩，狡讦怀诈以为智，幸人之有过，耻学而羞不能，小人也。」颜回问子路曰：「力猛于德而得其死者，鲜矣，盍慎诸焉。」

孔子谓颜回曰：「人莫不知此道之美，而莫之御也，莫之为也，何居为闻者盍日思也夫！」

颜回问于孔子曰：「小人之言有同乎？君子者，不可不察也。」孔子曰：「君子以行言，小人以舌言。故君子于为义之上相疾也，退而相爱；小人于为乱之上相爱也，退而相恶。」

颜回问：「朋友之际如何？」孔子曰：「君子之于朋友也，心必有非焉，而弗能谓吾不知，其仁人也。不忘久德，不思久怨，仁矣夫！」

叔孙武叔见未仕于颜回。回曰：「宾之。」武叔多称人之过而已评论之。颜回曰：「固子之来辱也，宜有得于回焉。吾闻诸孔子曰：『言人之恶，非所以美己；言人之枉，非所以正己。故君子攻其恶，无攻人恶。』」

颜回谓子贡曰：「吾闻诸夫子，身不用礼而望礼于人，身不用德而望德于人，乱也。夫子之言，不可不思也。」

子路初见第十九

子路见孔子，子曰：「汝何好乐？」对曰：「好长剑。」孔子曰：「吾非此之问也，徒谓以子之所能，而加之以学问，岂可及乎？」

子路曰：「学岂益也哉？」孔子曰：「夫人君而无谏臣则失正，士而无教友则失听。御狂马不释策，操弓不反檠，木受绳则直，人受谏则圣。受学重问，孰不顺哉。毁仁恶仕，必近于刑。君子不可不学。」

子路曰：「南山有竹，不揉自直，斩而用之，达于犀革。以此言之，何学之有？」孔子曰：「括而羽之，镞而砺之，其入之不亦深乎？」子路再拜曰：「敬而受教。」

子路将行，辞于孔子。子曰：「赠汝以车乎，赠汝以言乎？」子路曰：「请以言。」孔子曰：「不强不达，不劳无功，不忠无亲，不信无复，不恭失礼。慎此五者而矣。」

子路曰：「由请终身奉之。敢问亲交取亲若何言，寡可行若何长为善士而无犯若何？」孔子曰：「汝所问，苞在五者中矣。亲交取亲，其忠也；言寡可行，其信乎；长为善士而无犯，其礼也。」

孔子为鲁司寇，见季康子，康子不悦，孔子又见之。宰予进曰：「昔予也常闻诸夫子曰：『王公不我聘，则弗动。』今夫子之于司寇也日少，而屈节数矣。不可以已乎？」孔子曰：「然。鲁国以众相陵，以兵相暴之日久矣，而有司不治，则将乱也。其聘我者，孰大于是哉！」

鲁人闻之，曰：「圣人将治，何不先自远刑罚！」自此之后，国无争者。孔子谓宰予曰：「违山十里，蟪蛄之声犹在于耳。故政事莫如应之。」

孔子兄子有孔篾者，与宓子贱偕仕。孔子往过孔篾而问之曰：「自汝之仕，何得何亡？」对曰：「未有所得，而所亡者三。王事若龙，学焉得习，是学不得明也；俸禄少，饘粥不及亲戚，是以骨肉益疏也；公事多急，不得吊死问疾，是朋友之道阙也。其所亡者三，即谓此也。」

孔子不悦。往过子贱，问如孔篾。对曰：「自来仕者，无所亡，其有所得者三。始诵之，今得而行之，是学益明也；俸禄所供，被及亲戚，是骨肉益亲也；虽有公事，而兼以吊死问疾，是朋友笃也。」孔子喟然谓子贱曰：「君子哉若人！鲁无君子者，则子贱焉取此？」

孔子侍坐于哀公。赐之桃与黍焉，哀公曰：「请食。」孔子先食黍而后食桃。左右皆掩口而笑。公曰：「黍者所以雪桃，非为食之也。」孔子对曰：「丘知之矣。然夫黍者，五谷之长，郊礼宗庙以为盛。果属有六，而桃为下，祭祀不用，不登郊庙。丘闻之，君子以贱雪贵，不闻以贵雪贱。今以五谷之长雪果之下者，是从上雪下，臣以为妨于教，害于义，故不敢。」公曰：「善哉！」

子贡曰：「陈灵公宣淫于朝，泄冶正谏而杀之。是与比干谏而死同，可谓仁乎？」子曰：「比干于纣，亲则诸父，官则少师，忠报之心，在于宗庙而已，固必以死争之，冀身死之，纣将悔寤，其本志情在于仁者也。泄冶之于灵公，位在大夫，无骨肉之亲，怀宠不去，仕于乱朝。以区区之一身，欲正一国之淫昏，死而无益，可谓狷矣。《诗》云：『民之多辟，无自立辟。』其泄冶之谓乎！」

孔子相鲁，齐人患其将霸，欲败其政，乃选好女子八十人，衣以文锦而舞容玑，及文马四十驷，以遗鲁君。陈女乐，列文马于鲁城南高门外，季桓子微服往观之，再三，将受焉，告鲁君为周道游观，观之终日，怠于政事。子路言于孔子曰：「夫子可以行矣！」孔子曰：「鲁今且郊，若致膰于大夫，是则未废其常，吾犹可以止也。」

桓子既受女乐，君臣淫荒，三日不听国政，郊又不致膰俎。孔子遂行，宿于郭屯。师已送曰：「夫子非罪也。」孔子曰：「吾歌可乎？」歌曰：「彼妇人之口，可以出走；彼妇人之请，可以死败。优哉游哉，聊以卒岁。」

澹台子羽有君子之容，而行不胜其貌；宰我有文雅之辞，而智不充其辩。孔子曰：「里语云：『相马以舆，相士以居，弗可废矣。』以容取人，则失之子羽；以辞取人，则失之宰予。」

孔子曰：「君子以其所不能畏人，小人以其所不能不信人。故君子长人之才，小人抑人而取胜焉。」

孔篾问行己之道。子曰：「知而弗为，莫如勿知；亲而弗信，莫如勿亲。乐之方至，乐而勿骄；患之将至，思而勿忧。」孔篾曰：「行己乎？」子曰：「攻其所不能，补其所不备。毋以其所不能疑人，毋以其所能骄人。终日言，无遗己之忧；终日行，不遗己之患。唯智者有之。」

在厄第二十

楚昭王聘孔子，孔子往拜礼焉，路出于陈、蔡。陈、蔡大夫相与谋曰：「孔子圣贤，其所刺讥，皆中诸侯之病。若用于楚，则陈、蔡危矣。」遂使徒兵距孔子。

孔子不得行，绝粮七日，外无所通，藜羹不充，从者皆病。孔子愈慷慨讲诵，弦歌不衰。乃召子路而问焉，曰：「《诗》云：『匪兕匪虎，率彼旷野。』吾道非乎奚为至于此」子路愠，作色而对曰：「君子无所困。意者夫子未仁与，人之弗吾信也，意者夫子未智与，人之弗吾行也且由也昔者闻诸夫子：『为善者，天报之以福；为不善者，天报之以祸。』今夫子积德怀义，行之久矣，奚居之穷也？」子曰：「由未之识也！吾语汝。汝以仁者为必信也，则伯夷、叔齐不饿死首阳；汝以智者为必用也，则王子比干不见剖心；汝以忠者为必报也，则关龙逢不见刑；汝以谏者为必听也，则伍子胥不见杀。夫遇不遇者，时也；贤不肖者，才也。君子博学深谋，而不遇时者众矣，何独丘哉！且芝兰生于深林，不以无人而不芳；君子修道立德，不谓穷困而改节。为之者，人也；生死者，命也。是以晋重耳之有霸心，生于曹、卫；越王勾践之有霸心，生于会稽。故居下而无忧者，则思不远；处身而常逸者，则志不广。庸知其终始乎？」子路出。

召子贡，告如子路。子贡曰：「夫子之道至大，故天下莫能容夫子，夫子盍少贬焉」子曰：「赐！良农能稼，不必能穑；良工能巧，不能为顺。君子能修其道，纲而纪之，不必其能容。今不修其道，而求其容，赐，尔志不广矣！思不远矣！」子贡出。

颜回入，问亦如之。颜回曰：「夫子之道至大，天下莫能容。虽然，夫子推而行之，世不我用，有国者之丑也。夫子何病焉不容然后见君子。」孔子欣然叹曰：「有是哉，颜氏之子！使尔多财，吾为尔宰。」

子路问于孔子曰：「君子亦有忧乎？」子曰：「无也。君子之修行也，其未得之，则乐其意；既得之，又乐其治。是以有终身之乐，无一日之忧。小人则不然，其未得也，患弗得之；既得之，又恐失之。是以有终身之忧，无一日之乐也。」

曾子弊衣而耕于鲁，鲁君闻之而致邑焉。曾子固辞不受。或曰：「非子之求，君自致之，奚固辞也？」曾子曰：「吾闻受人施者常畏人，与人者常骄人。纵君有赐，不我骄也，吾岂能勿畏乎？」

孔子闻之曰：「参之言，足以全其节也。」

孔子厄于陈、蔡，从者七日不食。子贡以所赍货，窃犯围而出，告籴于野人，得米一石焉。颜回、仲由炊之于坏屋之下，有埃墨堕饭中，颜回取而食之。

子贡自井望见之，不悦，以为窃食也。入问孔子曰：「仁人廉士穷改节乎？」孔子曰：「改节即何称于仁廉哉？」子贡问：「若回也，其不改节乎？」子曰：「然。」子贡以所饭告孔子。子曰：「吾信回之为仁久矣，虽汝有云，弗以疑也，其或者必有故乎汝止，吾将问之。」召颜回曰：「畴昔予梦见先人，岂或启佑我哉子炊而进饭，吾将进焉。」对曰：「向有埃墨堕饭中，欲置之，则不洁；欲弃之，则可惜。回即食之，不可祭也。」孔子曰：「然乎！吾亦食之。」

颜回出，孔子顾谓二三子曰：「吾之信回也，非待今日也。」二三子由此乃服之。

入官第二十一

子张问入官于孔子。孔子曰：「安身取誉为难。」子张曰：「为之如何。」孔子曰：「己有善勿专，教不能勿怠，已过勿发，失言勿掎，不善勿遂，行事勿留。君子入官，有此六者，则身安誉至而政从矣。且夫忿数者，官狱所由生也；距谏者，虑之所以塞也；慢易者，礼之所以失也；怠惰者，时之所以后也；奢侈者，财之所以不足也；专独者，事之所以不成也。君子入官，除此六者，则身安誉至而政从矣。故君子南面临官，大域之中而公治之，精知而略行之。合是忠信，考是大伦，存是美恶，进是利而除是害，无求其报焉，而民之情可得也。夫临之无抗民之恶，胜之无犯民之言，量之无佼民之辞，养之无扰于其时，爱之无宽于刑法。若此，则身安誉至而民得也。君子以临官所见则迩，故明不可蔽也；所求于迩，故不劳而得也；所以治者约，故不用众而誉立；凡法象在内，故法不远而源泉不竭。是以天下积而本不寡，短长得其量，人志治而不乱政，德贯乎心，藏乎志，形乎色，发乎声。若此，而身安誉至，民咸自治矣。是故临官不治则乱，乱生则争之者至，争之至又于乱。明君必宽裕以容其民，慈爱优柔之，而民自得矣。行者，政之始也；说者，情之导也；善政行易而民不怨；言调说和则民不变。法在身则民象之，明在己则民显之。若乃供己而不节，则财利之生者微矣；贪以不得，则善政必简矣；苟以乱之，则善言必不听也；详以纳之，则规谏日至。言之善者，在所日闻；行之善者，在所能为。故君上者，民之仪也；有司执政者，民之表也；迩臣便僻者，群仆之伦也。故仪不正则民失，表不端则百姓乱，迩臣便僻则群臣污矣，是以人主不可不敬乎三伦。君子修身反道，察里言而服之，则身安誉至，终始在焉。故夫女子必自择丝麻，良工必自择完材，贤君必自择左右。劳于取人，佚于治事，君子欲誉，则必谨其左右。为上者，譬如缘木焉，务高而畏下滋甚。六马之乖离，必于四达之交衢；万民之叛道，必于君上之失政。上者尊严而危，民者卑贱而神。爱之则存，恶之则亡。长民者必明此之要。故南面临官，贵而不骄，富而能供，有本而能图末，修事而能建业，久居而不滞，情近而畅乎远，察一物而贯乎多，治一物而万物不能乱者，以身本者也。君子莅民，不可以不知民之性而达诸民之情。既知其性，又习其情，然后民乃从命矣。故世举则民亲之，政均则民无怨。故君子莅民，不临以高，不导以远，不责民之所不为，不强民之所不能。廓之以明王之功，不因其情，则民严而不迎；笃之以累年之业，不因其力，则民引而不从。若责民所不为，强民所不能，则民疾，疾则僻矣。古者圣主冕而前旒，所以蔽明也；纮纨充耳，所以掩聪也。水至清则无鱼，人至察则无徒。枉而直之，使自得之；优而柔之，使自求之；揆而度之，使自索之。民有小罪，必求其善，以赦其过；民有大罪，必原其故，以仁辅化。如有死罪，其使之生，则善也。是以上下亲而不离，道化流而不蕴。故德者，政之始也。政不和，则民不从其教矣；不从教，则民不习；不习，则不可得而使也。君子欲言之见信也，莫善乎先虚其内；欲政之速行也，莫善乎以身先之；欲民之速服也，莫善乎以道御之。

故虽服必强，自非忠信，则无可以取亲于百姓者矣。内外不相应，则无已取信于庶民者矣。此治民之至道矣，入官之大统矣。」

子张既闻孔子斯言，遂退而记之。

困誓第二十二

子贡问于孔子曰：「赐倦于学，困于道矣。愿息于事君，可乎？」孔子曰：「《诗》云：『温恭朝夕，执事有恪。』事君之难也，焉可以息哉？」

曰：「然则赐愿息而事亲。」孔子曰：「《诗》云：『孝子不匮，永锡尔类。』事亲之难也，焉可以息哉？」

曰：「然赐请息于妻子。」孔子曰：「《诗》云：『刑于寡妻，至于兄弟，以御于家邦。』妻子之难也，焉可以息哉？」

曰：「然赐愿息于朋友。」孔子曰：「《诗》云：『朋友攸摄，摄以威仪。』朋友之难也，焉可以息哉？」

曰：「然则赐愿息于耕矣。」孔子曰：「《诗》云：『昼尔于茅，宵尔索绹。亟其乘屋，其始播百谷。』耕之难也，焉可以息哉？」

曰：「然则赐将无所息者也？」孔子曰：「有焉。自望其广，则睪如也；视其高，则填如也；察其从，则隔如也。此其所以息也矣。」子贡曰：「大哉乎死也！君子息焉！小人休焉！大哉乎死也！」

孔子自卫将入晋，至河，闻赵简子杀窦犨鸣犊及舜华，乃临河而叹曰：「美哉水，洋洋乎！丘之不济此，命也夫！」子贡趋而进曰：「敢问何谓也？」孔子曰：「窦犨鸣犊、舜华，晋之贤大夫也。赵简子未得志之时，须此二人而后从政。及其已得志也，而杀之。丘闻之，刳胎杀夭，则麒麟不至其郊；竭泽而渔，则蛟龙不处其渊；覆巢破卵，则凤凰不翔其邑。何则君子违伤其类者也。鸟兽之于不义，尚知避之，况于人乎！」遂还，息于邹，作《槃操》以哀之。

子路问于孔子曰：「有人于此，夙兴夜寐，耕芸树艺，手足胼胝，以养其亲，然而名不称孝，何也？」孔子曰：「意者身不敬与？」辞不顺与色不悦与？古之人有言曰：『人与己与，不汝欺。』」「今尽力养亲，而无三者之阙，何谓无孝子之名乎」孔子曰：「由！汝志之！吾语汝。虽有国士之力，而不能自举其身，非力之少，势不可矣。夫内行不修，身之罪也；行修而名不彰，友之罪也；行修而名自立。故君子入则笃行，出则交贤，何谓无孝名乎？」

孔子遭厄于陈、蔡之间，绝粮七日，弟子馁病，孔子弦歌。子路入见曰：「夫子之歌，礼乎？」孔子弗应，曲终而曰：「由来！吾语汝。君子好乐，为无骄也；小人好乐，为无慑也。其谁之子不我知而从我者乎？」子路悦，援戚而舞，三终而出。明日，免于厄，子贡执辔，曰：「二三子从夫子而遭此难也，其弗忘矣！」孔子曰：「善！恶何也？夫陈、蔡间，丘之幸也。二三子从丘者，皆幸也。吾闻之，君不困不成王，烈士不困行不彰，庸知其非激愤厉志之始于是乎在」

孔子之宋，匡人简子以甲士围之。子路怒，奋戟将与战。孔子止之，曰：「恶有修仁义而不免世俗之恶者乎？夫《诗》、《书》之不讲，礼乐之不习，是丘之过也；若以述先王、好古法而为咎者，则非丘之罪也。命也夫！由歌，予和汝。」子路弹琴而歌，孔子和之。曲三终，匡人解甲而罢。

孔子曰：「不观高崖，何以知颠坠之患？不临深泉，何以知没溺之患？不观巨海，何以知风波之患？失之者其不在此乎？士慎此三者，则无累于身矣。」

子贡问于孔子曰：「赐既为人下矣，而未知为人下之道，敢问之。」孔曰：「为人下者，其犹土乎！汩之之深则出泉；树其壤，则百谷滋焉，草木植焉，禽兽育焉。生则出焉，死则入焉。多其功而不意，弘其志而无不容。为人下者以此也。」

孔子适郑，与弟子相失，独立东郭门外。或人谓子贡曰：「东门外有一人焉，其长九尺有六寸，河目隆颡，其头似尧，其颈似皋繇，其肩似子产，然自腰已下不及禹者三寸，累然如丧家之狗。」子贡以告，孔子欣然而叹曰：「形状，末也。如丧家之狗，然乎哉！然乎哉！」

孔子适卫，路出乎蒲，会公叔氏以蒲叛卫而止之。孔子弟子有公良儒者，为人贤长，有勇力，以私车五乘从夫子行，喟然曰：「昔吾从夫子遇难于匡，又伐树于宋，今遇困于此，命也夫！与其见夫子仍遇于难，宁我斗死！」挺剑而合众，将与之战。蒲人惧，曰：「苟无适卫，吾则出子。」以盟孔子，而出之东门。孔子遂适卫。子贡曰：「盟可负乎？」孔子曰：「要我以盟，非义也。」

卫侯闻孔子来，喜而郊迎之。问伐蒲，对曰：「可哉！」公曰：「吾大夫以为蒲者，卫之所以恃晋、楚也，伐之无乃不可乎？」孔子曰：「其男子有死之志，吾之所伐者，不过四五人矣。」公曰：「善。」卒不果伐。

他日，灵公又与夫子语，见飞雁过而仰视之，色不悦。孔子乃逝。

卫蘧伯玉贤，而灵公不用；弥子瑕不肖，反任之。史鱼骤谏而不从。史鱼病，将卒，命其子曰：「吾在卫朝，不能进蘧伯玉，退弥子瑕，是吾为臣不能正君也。生而不能正君，则死无以成礼。我死，汝置尸牖下，于我毕矣。」其子从之。灵公吊焉，怪而问焉。其子以其父言告。公愕然失容，曰：「是寡人之过也。」于是命之殡于客位，进蘧伯玉而用之，退弥子瑕而远之。

孔子闻之，曰：「古之列谏之者，死则已矣，未有若史鱼死而尸谏，忠感其君者也，不可谓直乎？」

五帝德第二十三

宰我问于孔子曰：「昔者吾闻诸荣伊曰：『黄帝三百年。』请问黄帝者，人也抑非人也何以能至三百年乎？」孔子曰：「禹、汤、文、武、周公，不可胜以观也，而上世黄帝之问，将谓先生难言之故乎？」宰我曰：「上世之传，隐微之说，卒采之辩，暗忽之意，非君子之道者，则予之问也固矣。」

孔子曰：「可也。吾略闻其说，黄帝者，少昊之子，曰轩辕，生而神灵，弱而能言，幼齐睿庄，敦敏诚信，长聪明。治五气，设五量，抚万民，度四方，服牛乘马，扰驯猛兽，以与炎帝战于阪泉之野，三战而后克之。始垂衣裳，作为黼黻。治民以顺天地之纪，知幽明之故，达生死存亡之说，播时百谷，尝味草木，仁厚及于鸟兽昆虫。考日月星辰，劳耳目，勤心力，用水火财物以生民。民赖其利，百年而死；民畏其神，百年而亡；民用其教，百年而移。故曰：『黄帝三百年。』」

宰我曰：「请问帝颛顼。」孔子曰：「五帝用说，三王有度。汝欲一日遍闻远古之说，躁哉予也！」宰我曰：「昔予也闻诸夫子曰：『小子毋或宿。』故敢问。」

孔子曰：「颛顼，黄帝之孙，昌意之子，曰高阳。渊而有谋，疏通以知远，养财以任地，履时以象天，依鬼神而制义，治气性以教众，洁诚以祭祀，巡四海以宁民，北至幽陵，南暨交趾，西抵流沙，东极蟠木，动静之神，小大之物，日月所照，莫不底属。」

宰我曰：「请问帝喾。」孔子曰：玄枵之孙，乔极之子，曰高辛。生而神异，自言其名。博施厚利，不于其身。聪以知远，明以察微。仁以威，惠而信，以顺天地之义。知民所急，修身而天下服，取地之财而节用焉。抚教万民而诲利之，历日月之生朔而迎送之，明鬼神而敬事之。其色也和，其德也重，其动也时，其服也哀。春夏秋冬，育护天下。日月所照，风雨所至，莫不从化。」

宰我曰：「请问帝尧。」孔子曰：「高辛氏之子，曰陶唐。其仁如天，其智如神。就之如日，望之如云。富而不骄，贵而能降。伯夷典礼，夔、龙典乐，舜时而仕，趋视四时，务先民始之，流四凶而天下服。其言不忒，其德不回。四海之内，舟舆所及，莫不夷说。」

宰我曰：「请问帝舜。」孔子曰：「乔牛之孙，瞽瞍之子也，曰有虞。舜孝友闻于四方，陶渔事亲，宽裕而温良，敦敏而知时，畏天而爱民，恤远而亲近。承受大命，依于二女。叡明智通，为天下帝。命二十二臣，率尧旧职，躬己而已。天平地成，巡狩四海，五载一始。三十年在位，嗣帝五十载。陟方岳，死于苍梧之野而葬焉。」

宰我曰：「请问禹。」孔子曰：「高阳之孙，鲧之子也，曰夏后。敏给克齐，其德不爽，其仁可亲，其言可信。声为律，身为度。亹亹穆穆，为纪为纲。其功为百神之主，其惠为民父母。左准绳，右规矩，履四时，据四海。任皋繇、伯益以赞其治，兴六师以征不序。四极之民，莫敢不服。」

孔子曰：「予！大者如天，小者如言，民悦至矣。予也非其人也。」宰我曰：「予也不足以戒敬承矣。」

他日，宰我以语子贡，子贡以复孔子。子曰：「吾欲以颜状取人也，则于灭明改之矣；吾欲以言辞取人也，则于宰我改之矣；吾欲以容貌取人也，则于子张改之矣。」宰我闻之，惧，弗敢见焉。

卷六

五帝第二十四

季康子问于孔子曰：「旧闻五帝之名而不知其实，请问何谓五帝」孔子曰：「昔丘也闻诸老聃曰：『天有五行，水、火、金、木、土，分时化育，以成万物，其神谓之五帝。』古之王者，易代而改号，取法五行。五行更王，终始相生，亦象其义。

故其为明王者，而死配五行，是以太皞配木，炎帝配火，黄帝配土，少皞配金，颛顼配水。」

康子曰：「太皞氏其始之木何如？」孔子曰：「五行用事，先起于木。木，东方，万物之初皆出焉。是故王者则之，而首以木德王天下，其次则以所生之行转相承也。」

康子曰：「吾闻勾芒为木正，祝融为火正，蓐收为金正，玄冥为水正，后土为土正。此五行之主而不乱，称曰帝者，何也？」孔子曰：「凡五正者，五行之官名。五行佐成上帝，而称五帝。太皞之属配焉，亦云帝，从其号。昔少皞氏之子有四叔，曰重，曰该，曰修，曰熙，实能金、木及水，使重为勾芒，该为蓐收，修及熙为玄冥。颛顼氏之子曰黎，为祝融。共工氏之子曰勾龙，为后土。此五者各以所能业为官职，生为上公，死为贵神，别称五祀，不得同帝。」

康子曰：「如此之言，帝王改号，于五行之德，各有所统，则其所以相变者，皆主何事」孔子曰：「所尚则各从其所王之德次焉。夏后氏以金德王，色尚黑，大事敛用昏，戎事乘骊，牲用玄；殷人用水德王，色尚白，大事敛用日中，戎事乘翰，牲用白；周人以木德王，色尚赤，大事敛用日出，戎事乘骠，牲用骍。此三代之所以不同。」

康子曰：「唐、虞二帝，其所尚者何色」孔子曰：「尧以火德王，色尚黄；舜以土德王，色尚青。」

康子曰：「陶唐、有虞、夏后、殷、周独不配五帝，意者德不及上古邪？将有限乎？」孔子曰：「古之平治水土及播殖百谷者众矣，唯勾龙氏兼食于社，而弃为稷神，易代奉之，无敢益者，明不可与等。故自太皞以降，逮于颛顼，其应五行而王，数非徒五，而配五帝，是其德不可以多也。」

执辔第二十五

闵子骞为费宰，问政于孔子。子曰：「以德以法。夫德法者，御民之具，犹御马之有衔勒也。君者，人也；吏者，辔也；刑者，策也。夫人君之政，执其辔策而已。」

子骞曰：「敢问古之为政。」孔子曰：「古者天子以内史为左右手，以德法为衔勒，以百官为辔，以刑罚为策，以万民为马，故御天下数百年而不失。善御马，正衔勒，齐辔策，均马力，和马心，故口无声而马应辔，策不举而极千里。善御民，壹其德法，正其百官，以均齐民力，和安民心，故令不再而民顺从，刑不用而天下治。是以天地德之，而兆民怀之。夫天地之所德，兆民之所怀，其政美，其民而众称之。今人言五帝、三王者，其盛无偶，威察若存，其故何也其法盛，其德厚，故思其德必称其人，朝夕祝之，升闻于天，上帝俱歆，用永厥世而丰其年。不能御民者，弃其德法，专用刑辟，譬犹御马，弃其衔勒而专用棰策。其不制也可必矣。夫无衔勒而用棰策，马必伤，车必败；无德法而用刑，民必流，国必亡。治国而无德法，则民无修；民无修，则迷惑失道。如此，上帝必以其为乱天道也。苟乱天道，则刑罚暴，下不相谀，莫知念忠，俱无道故也。今人言恶者，必比之于桀、纣，其故何也其法不听，其德不厚，故民恶其残虐，莫不吁嗟，朝夕祝之，升闻于天，上帝不蠲，降之以祸罚，灾害并生，用殄厥世。故曰德法者，御民之本。古之御天下者，以六官总治焉：冢宰之官以成道，司徒之官以成德，宗伯之官以成仁，司马之官以成圣，司寇之官以成义，司空之官以成礼。六官在手以为辔，司会均仁以为纳，故曰御四马者执六辔，御天下者正六官。是故，善御马者，正身以总辔。均马力，齐马心，回旋曲折，唯其所之，故可以取长道，可赴急疾，此圣人所以御天地与人事之法则也。天子以内史为左右手，以六官为辔，已而与三公为执六官，均五教，齐五法，故亦唯其所引，无不如志。以之道，则国治；以之德，则国安；以之仁，则国和；以之圣，则国平；以之礼，则国定；以之义，则国义。此御政之术。过失，人之情莫不有焉；过而改之，是为不过。故官属不理，分职不明，法政不一，百官失纪，曰乱。乱则饬冢宰。地而不殖，财物不蕃，万民饥寒，教训不行，风俗淫僻，人民流散，曰危。危则饬司徒。父子不亲，长幼失序，君臣上下乖离异志，曰不和。不和则饬宗伯。贤能而失官爵，功劳而失赏禄，士卒疾怨，兵弱不用，曰不平。不平则饬司马。刑罚暴乱，奸邪不胜，曰不义。不义则饬司寇。度量不审，举事失理，都鄙不修，财物失所，曰贫。贫则饬司空。故御者同是车马，或以取千里，或不及数百里，其所谓进退缓急异也。夫治者同是官法，或以致平，或以致乱者，亦其所以为进退缓急异也。古者，天子常以季冬考德正法，以观治乱。德盛者治也，德薄者乱也。故天子考德，则天下之治乱，可坐庙堂之上而知之。夫德盛则法修，德不盛则饬法与政，咸德而不衰。故曰王者又以孟春论吏之德及功能，能德法者为有德，能行德法者为有行，能成德法者为有功，能治德法者为有智。故天子论吏而德法行，事治而功成。夫季冬正法，孟春论吏，治国之要。」

子夏问于孔子曰：「商闻《易》之生人及万物鸟兽昆虫，各有奇耦，气分不同，而凡人莫知其情，唯达德者能原其本焉。天一，地二，人三，三三如九，九九八十一，一主日，日数十，故人十月而生。八九七十二，偶以从奇，奇主辰，辰为月，月主马，故马十二月而生。七九六十三，三主斗，斗主狗，故狗三月而生。六九五十四，四主时，时主豕，故豕四月而生。

五九四十五，五为音，音主猿，故猿五月而生。四九三十六，六为律，律主鹿，故鹿六月而生。三九二十七，七主星，星主虎，故虎七月而生。二九一十八，八主风，风为虫，故虫八月而生。其余各从其类矣。鸟、鱼生阴，而属于阳，故皆卵生。鱼游于水，鸟游于云，故立冬则燕雀入海，化为蛤。蚕食而不饮，蝉饮而不食，蜉蝣不饮不食，万物之所以不同。介鳞夏食而冬蛰，龁吞者八窍而卵生，龃龉者九窍而胎生，四足者无羽翼，戴角者无上齿，无角无前齿者膏，有角无后齿者脂，昼生者类父，夜生者似母，是以至阴主牝，至阳主牡。敢问其然乎？」孔子曰：「然。吾昔闻老聃亦如汝之言。」

子夏曰：「商闻《山书》曰：地东西为纬，南北为经；山为积德，川为积刑；高者为生，下者为死；丘陵为牡，溪谷为牝；蚌蛤龟珠与日月而盛虚。是故坚土之人刚，弱土之人柔，墟土之人大，沙土之人细，息土之人美，耗土之人丑。食水者善游而耐寒，食土者无心而不息，食木者多力而不治，食草者善走而愚，食桑者有绪而蛾，食肉者勇毅而捍，食气者神明而寿，食谷者智慧而巧，不食者不死而神。故曰，羽虫三百有六十，而凤为之长；毛虫三百有六十，而麟为之长；甲虫三百有六十，而龟为之长；鳞虫三百有六十，而龙为之长；倮虫三百有六十，而人为之长。此乾巛之美也，殊形异类之数。王者动必以道动，静必以道静，必顺理以奉天地之性，而不害其主，谓之仁圣焉。」子夏言终而出。

子贡进曰：「商之论也如何？」孔子曰：「汝谓何也？」对曰：「微则微矣，然非治世之待也。」孔子曰：「然，各其所能。」

本命解第二十六

鲁哀公问于孔子曰：「人之命与性何谓也？」孔子对曰：「分于道，谓之命；形于一，谓之性；化于阴阳，象形而发，谓之生；化穷数尽，谓之死。故命者，性之始也；死者，生之终也。有始则必有终矣。人始生而有不具者五焉：目无见，不能食，不能行，不能言，不能化。及生三月而微煦，然后有见；八月生齿，然后能食；三年腮合，然后能言；十有六而精通，然后能化。阴穷反阳，故阴以阳变；阳穷反阴，故阳以阴化。是以男子八月生齿，八岁而龀；女子七月生齿，七岁而龀，十有四有化。一阳一阴，奇偶相配，然后道合化成。性命之端，形于此也。」

公曰：「男子十六精通，女子十四而化，是则可以生民矣。而礼，男子三十而有室，女子二十而有夫，岂不晚哉？」孔子曰：「夫礼言其极，不是过也。男子二十而冠，有为人父之端；女子十五许嫁，有适人之道。于此而往，则自婚矣。群生闭藏乎阴，而为化育之始。故圣人因时以合偶男女，穷天数之极。霜降而妇功成，嫁娶者行焉。冰泮而农桑起，婚礼而杀于此。男子者，任天道而长万物者也。知可为，知不可为；知可言，知不可言；知可行，知不可行者。是故审其伦而明其别，谓之知，所以效匹夫之听也。女子者，顺男子之教而长其理者也。是故无专制之义，而有三从之道，幼从父兄，既嫁从夫，夫死从子，言无再醮之端，教令不出于闺门，事在供酒食而已，无阃外之非仪也，不越境而奔丧，事无擅为，行无独成，参知而后动，可验而后言，昼不游庭，夜行以火，所以效匹妇之德也。」

孔子遂言曰：「女有五不取：逆家子者，乱家子者，世有刑人子者，有恶疾子者，丧父长子。妇有七出、三不去。七出者，不顺父母者，无子者，淫僻者，嫉妒者，恶疾者，多口舌者，窃盗者。三不去者，谓有所取无所归，与共更三年之丧，先贫贱后富贵。凡此，圣人所以顺男女之际，重婚姻之始也。」

孔子曰：「礼之所以象五行也，其义四时也，故丧礼有举焉，有恩有义，有节有权，其恩厚者其服重，故为父母斩衰三年，以恩制者也。门内之治恩掩义，门外之治义掩恩。资于事父以事君，而敬同。尊尊贵贵，义之大也。故为君亦服衰三年，以义制者也。三日而食，三月而沐，期而练，毁不灭性，不以死伤生，丧不过三年，齐衰不补，坟墓不修，除服之日鼓素琴，示民有终也。凡此以节制者也。资于事父以事母，而爱同。天无二日，国无二君，家无二尊，以一治之，故父在为母齐衰期者，见无二尊也。百官备，百物具，不言而事行者，扶而起；言而后事行者，杖而起；身自执事行者，面垢而已。此以权制者也。亲始死，三日不怠，三月不懈，期悲号，三年忧，哀之杀也。圣人因杀以制节也。」

论礼第二十七

孔子闲居，子张、子贡、言游侍。论及于礼，孔子曰：「居！汝三人者，吾语汝以礼周流无不遍也。」

子贡越席而对曰：「敢问如何？」子曰：「敬而不中礼，谓之野；恭而不中礼，谓之给；勇而不中礼，谓之逆。」子曰：「给夺仁慈。」

子贡曰：「敢问将何以为此中礼者」子曰：「礼乎！夫礼，所以制中也。」子贡退。

言游进曰：「敢问礼也，领恶而全好者与」子曰：「然。」子贡问：「何也？」子曰：「郊社之礼，所以仁鬼神也；禘尝之礼，所以仁昭穆也；馈奠之礼，所以仁死丧也；射飨之礼，所以仁乡党也；食飨之礼，所以仁宾客也。明乎郊社之义、禘尝之礼，治国其指诸掌而已。是故，居家有礼，故长幼辨；以之闺门有礼，故三族和；以之朝廷有礼，故官爵序；以之田猎有礼，故戎事闲；以之军旅有礼，故武功成。是以宫室得其度，鼎俎得其象，物得其时，乐得其节，车得其轼，鬼神得其享，丧纪得其哀，辩说得其党，百官得其体，政事得其施。加于身而措于前，凡众之动，得其宜也。」言游退。

子张进曰：「敢问礼何谓也？」子曰：「礼者，即事之治也。君子有其事，必有其治。治国而无礼，譬犹瞽之无相，伥伥乎何所之譬犹终夜有求于幽室之中，非烛何以见故无礼则手足无所措，耳目无所加，进退揖让无所制。是故，以其居处，长幼失其别，闺门三族失其和，朝廷官爵失其序，田猎戎事失其策，军旅武功失其势，宫室失其度，鼎俎失其象，物失其时，乐失其节，车失其轼，鬼神失其享，丧纪失其哀，辩说失其党，百官失其体，政事失其施。加于身而措于前，凡动之众失其宜。如此，则无以祖洽四海。」

子曰：「慎听之！汝三人者，吾语汝：礼犹有九焉，大飨有四焉。苟知此矣，虽在畎亩之中，事之，圣人矣。两君相见，揖让而入门，入门而悬兴；揖让而升堂，升堂而乐阕，下管象舞，夏籥序兴；陈其荐俎，序其礼乐，备其百官。如此而后，君子知仁焉。行中规，旋中矩，銮和中《采荠》，客出以《雍》，彻以《振羽》。是故君子无物而不在于礼焉。入门而金作，示情也；升歌《清庙》，示德也；下管象舞，示事也。是故，古之君子，不必亲相与言也，以礼乐相示而已。夫礼者，理也；乐者，节也。无礼不动，无节不作。不能《诗》，于礼谬；不能乐，于礼素；于德薄，于礼虚。」

子贡作而问曰：「然则夔其穷与」子曰：「古之人与！上古之人也，达于礼而不达于乐，谓之素；达于乐而不达于礼，谓之偏。夫夔达于乐而不达于礼，是以传于此名也。古之人也。凡制度在礼，文为在礼，行之其在人乎！」三子者，既得闻此论于夫子也，焕若发蒙焉。

子夏侍坐于孔子，曰：「敢问《诗》云『恺悌君子，民之父母』，何如斯可谓民之父母」孔子曰：「夫民之父母，必达于礼乐之源，以至五至而行三无，以横于天下。四方有败，必先知之。此之谓民之父母。」

子夏曰：「敢问何谓五至」孔子曰：「志之所至，诗亦至焉；诗之所至，礼亦至焉；礼之所至，乐亦至焉；乐之所至，哀亦至焉。诗礼相成，哀乐相生。是以正明目而视之，不可得而见；倾耳而听，不可得而闻。志气塞于天地，行之充于四海。此之谓五至矣。」

子夏曰：「敢问何谓三无」孔子曰：「无声之乐，无体之礼，无服之丧，此之谓三无。」子夏曰：「敢问三无，何诗近之？」

孔子曰：「『夙夜基命宥密』，无声之乐也；『威仪逮逮，不可选也』，无体之礼也；『凡民有丧，扶伏救之』，无服之丧也。」

子夏曰：「言则美矣大矣！言尽于此而已」孔子曰：「何谓其然吾语汝，其义犹有五起焉。」子夏曰：「何如？」孔子曰：「无声之乐，气志不违；无体之礼，威仪迟迟；无服之丧，内恕孔悲。无声之乐，所愿必从；无体之礼，上下和同；无服之丧，施及万邦。既然，而又奉之以三无私而劳天下，此之谓五起。」

子夏曰：「何谓三无私」孔子曰：「天无私覆，地无私载，日月无私照。其在《诗》曰：『帝命不违，至于汤齐。汤降不迟，圣敬日跻。昭假迟迟，上帝是祗，帝命式于九围。』是汤之德也。」子夏蹶然而起，负墙而立，曰：「弟子敢不志之。」

卷七

观乡射第二十八

孔子观于乡射，喟然叹曰：「射之以礼乐也。何以射，何以听，修身而发，而不失正鹄者其唯贤者乎！若夫不肖之人，则将安能以求饮《诗》云：『发彼有的，以祈尔爵。』祈，求也。求中，所以辞爵。酒者，所以养老，所以养病也。求中以辞爵，辞其养也。是故士使之射而弗能，则辞以病，悬弧之义。」

于是退而与门人习射于矍相之圃，盖观者如堵墙焉。射至于司马，使子路执弓矢，出列延，谓射之者曰：「奔军之将，亡国之大夫，与为人后者，不得入。其余皆入。」盖去者半。

又使公罔之裘、序点扬觯而语曰：「幼壮孝悌，耆老好礼，不从流俗，修身以俟死者，在此位。」盖去者半。

序点扬觯而语曰：「好学不倦，好礼不变，耄期称道而不乱者，在此位。」盖仅有存焉。

射既阕，子路进曰：「由与二三子者之为司马，何如？」孔子曰：「能用命矣。」

孔子曰：「吾观于乡，而知王道之易易也。主人亲速宾及介，而众宾从之，至于正门之外。主人拜宾及介，而众自入。贵贱之义别矣。三揖至于阶，三让，以宾升，拜至，献酬辞让之节繁。及介升，则省矣。至于众宾，升而受爵，坐祭，立饮，不酢而降。杀之义辩矣。工入，升歌三终，主人献宾；笙入三终，主人又献之；间歌三终，合乐三阕，工告乐备而遂出。

一人扬觯，乃立司正焉。知其能和乐而不流。宾酬主人，主人酬介，介酬众宾，宾少长以齿，终于沃洗者焉。知其能弟长而无遗矣。降，脱屦升坐，修爵无算。饮酒之节，旰不废朝，暮不废夕。宾出，主人迎送，节文终遂焉。知其能安燕而不乱也。贵贱既明，降杀既辩，和乐而不流，弟长而无遗，安燕而不乱，此五者足以正身安国矣。彼国安，而天下安矣。故曰：『吾观于乡，而知王道之易易也。』」

子贡观于蜡。孔子曰：「赐也，乐乎？」对曰：「一国之人皆若狂，赐未知其为乐也。」孔子曰：「百日之劳，一日之乐，一日之泽，非尔所知也。张而不弛，文武弗能；弛而不张，文武弗为；一张一弛，文武之道也。」

郊问第二十九

定公问于孔子曰：「古之帝王必郊祀其祖以配天，何也？」孔子对曰：「万物本于天，人本乎祖。郊之祭也，大报本反始也，故以配上帝。天垂象，圣人则之。郊所以明天道也。」

公曰：「寡人闻郊而莫同，何也？」孔子曰：「郊之祭也，迎长日之至也。大报天而主日，配以月，故周之始郊，其月以日至，其日用上辛；至于启蛰之月，则又祈谷于上帝。此二者，天子之礼也。鲁无冬至大郊之事，降杀于天子，是以不同也。」

公曰：「其言郊何也？」孔子曰：「兆丘于南，所以就阳位也，于郊，故谓之郊焉。」

曰：「其牲器何如？」孔子曰：「上帝之牛角茧栗，必在涤三月，后稷之牛唯具，所以别事天神与人鬼也。牲用骍，尚赤也；用犊，贵诚也。扫地而祭，于其质也。器用陶匏，以象天地之性也。万物无可称之者，故因其自然之体也。」

公曰：「天子之郊，其礼仪可得闻乎？」孔子对曰：「臣闻天子卜郊，则受命于祖庙，而作龟于祢宫，尊祖亲考之义也。卜之日，王亲立于泽宫，以听誓命，受教谏之义也。既卜，献命库门之内，所以诫百官也。将郊，则天子皮弁以听报，示民严上也。郊之日，丧者不敢哭，凶服者不敢入国门，汜扫清路，行者必止，弗命而民听，敬之至也。天子大裘以黼之，被衮象天，乘素车，贵其质也。旂十有二旒，龙章而设以日月，所以法天也。既至泰坛，王脱裘矣，服衮以临燔柴，戴冕，璪十有二旒，则天数也。臣闻之，诵《诗》三百，不足以一献；一献之礼，不足以大飨；大飨之礼，不足以大旅；大旅具矣，不足以飨帝。是以君子无敢轻议于礼者也。

五刑解第三十

冉有问于孔子曰：「古者三皇、五帝不用五刑，信乎？」孔子曰：「圣人之设防，贵其不犯也；制五刑而不用，所以为至治也。凡夫之为奸邪、窃盗、靡法、妄行者，生于不足，不足生于无度。无度，则小者偷盗，大者侈靡，各不知节。是以上有制度，则民知所止，民知所止则不犯。故虽有奸邪、贼盗、靡法、妄行之狱，而无陷刑之民。不孝者生于不仁，不仁者生于丧祭之礼无。明丧祭之礼，所以教仁爱也。能教仁爱，则丧思慕，祭祀不解人子馈养之道。丧祭之礼明，则民孝矣。故虽有不孝之狱，而无陷刑之民。杀上者生于不义。义所以别贵贱，明尊卑也。贵贱有别，尊卑有序，则民莫不尊上而敬长。朝聘之礼者，所以明义也。义必明，则民不犯。故虽有杀上之狱，而无陷刑之民。斗变者，生于相陵；相陵者，生于长幼无序而遗敬让。乡饮酒之礼者，所以明长幼之序而崇敬让也。长幼必序，民怀敬让。故虽有斗变之狱，而无陷刑之民。淫乱者，生于男女无别；男女无别，则夫妇失义。婚礼聘享者，所以别男女，明夫妇之义也。男女既别，夫妇既明，故虽有淫乱之狱，而无陷刑之民。此五者，刑罚之所以生，各有源焉。不豫塞其源，而辄绳之以刑，是谓为民设阱而陷之。刑罚之源，生于嗜欲不节。夫礼度者，所以御民之嗜欲而明好恶，顺天之道。礼度既陈，五教毕修，而民犹或未化，尚必明其法典，以申固之。其犯奸邪、靡法、妄行之狱者，则饬制量之度；有犯不孝之狱者，则饬丧祭之礼；有犯杀上之狱者，则饬朝觐之礼；有犯斗变之狱者，则饬乡饮酒之礼；有犯淫乱之狱者，则饬婚聘之礼。三皇、五帝之所化民者如此，虽有五刑之用，不亦可乎？」

孔子曰：「大罪有五，而杀人为下。逆天地者罪及五世，诬文武者罪及四世，逆人伦者罪及三世，谋鬼神者罪及二世，手杀人者罪及其身。故曰大罪有五，而杀人为下矣。」

冉有问于孔子曰：「先王制法，使刑不上于大夫，礼不下于庶人，然则大夫犯罪不可以加刑，庶人之行事不可以治于礼乎？」孔子曰：「不然。凡治君子以礼，御其心，所以属之以廉耻之节也。故古之大夫，其有坐不廉污秽而退放之者，不谓之不廉污秽而退放，则曰簠簋不饬。有坐淫乱、男女无别者，不谓之淫乱、男女无别，则曰帷幕不修也。有坐罔上不忠者，不谓之罔上不忠，则曰臣节未著。有坐罢软不胜任者，不谓之罢软不胜任，则曰下官不职。有坐干国之纪者，不谓之于国之纪，则曰行事不请。此五者，大夫既自定有罪名矣，而犹不忍斥然正以呼之也。既而为之讳，所以愧耻之。是故大夫之罪，其在五刑之域者，闻而谴发，则白冠氂缨，盘水加剑，造乎阙而自请罪，君不使有司执缚牵掣而加之也。其有大罪者，闻命则北面再拜跪而自裁，君不使人捽引而刑杀，曰：『子大夫自取之耳，吾遇子有礼矣。』以刑不上大夫，而大夫亦不失其罪者，教使然也。所谓礼不下庶人者，以庶人遽其事而不能充礼，故不责之以备礼也。」

冉有跪然免席，曰：「言则美矣！求未之闻。」退而记之。

刑政第三十一

仲弓问于孔子曰：「雍闻至刑无所用政，至政无所用刑。至刑无所用政，桀纣之世是也；至政无所用刑，成康之世是也。信乎？」孔子曰：「圣人之治化也，必刑政相参焉。太上以德教民，而以礼齐之，其次以政焉导民，以刑禁之，刑不刑也。化之弗变，导之弗从，伤义以败俗，于是乎用刑矣。颛五刑必即天伦，行刑罚则轻无赦。刑，侀也；侀，成也。壹成而不可更，故君子尽心焉。」

仲弓曰：「古之听讼，尤罚丽于事，不以其心。可得闻乎？」孔子曰：「凡听五刑之讼，必原父子之情，立君臣之义以权之；意论轻重之序，慎测浅深之量以别之；悉其聪明，正其忠爱以尽之。大司寇正刑明辟以察狱，狱必三讯焉。有指无简，则不听也。附从轻，赦从重。疑狱则泛与众共之，疑则赦之，皆以小大之比成也。是故爵人必于朝，与众共之也；刑人必于市，与众弃之也。古者公家不畜刑人，大夫弗养也。士遇之涂，以弗与之言，屏诸四方，唯其所之，不及与政，弗欲生之也。」

仲弓曰：「听狱，狱之成，成何官？」孔子曰：「成狱成于吏，吏以狱成告于正。正既听之，乃告大司寇。听之，乃奉于王。王命三公卿士参听棘木之下，然后乃以狱之成疑于王。王三宥之，以听命而制刑焉，所以重之也。」

仲弓曰：「其禁何禁？」孔子曰：「巧言破律，遁名改作，执左道与乱政者，杀；作淫声，造异服，设伎奇器以荡上心者，杀；行伪而坚，言诈而辩，学非而博，顺非而泽，以惑众者，杀；假于鬼神、时日、卜筮以疑众者，杀。此四诛者，不以听。」

仲弓曰：「其禁尽于此而已？」孔子曰：「此其急者。其余禁者，十有四焉：命服命车不粥于市；珪璋璧琮不粥于市；宗庙之器不粥于市；兵车旍旗不粥于市；牺牲秬鬯不粥于市；戎器兵甲不粥于市；用器不中度，不粥于市；布帛精粗不中数，广狭不中量，不粥于市；奸色乱正色，不粥于市；文锦珠玉之器，雕饰靡丽，不粥于市；衣服饮食不粥于市；果实不时，不粥于市；五木不中伐，不粥于市；鸟兽鱼鳖不中杀，不粥于市。凡执此禁以齐众者，不赦过也。」

礼运第三十二

孔子为鲁司寇，与于蜡。既宾事毕，乃出游于观之上，喟然而叹。言偃侍，曰：「夫子何叹也？」孔子曰：「昔大道之行，与三代之英，吾未之逮也，而有记焉。大道之行，天下为公，选贤与能，讲信修睦。故人不独亲其亲，不独子其子。老有所终，壮有所用，矜寡孤疾皆有所养。货恶其弃于地，不必藏于己；力恶其不出于身，不必为人。是以奸谋闭而不兴，盗窃乱贼不作，故外户而不闭。谓之大同。今大道既隐，天下为家，各亲其亲，各子其子。货则为己，力则为人。大人世及以为常，城郭沟池以为固。禹、汤、文、武、成王、周公由此而选，未有不谨于礼。礼之所兴，与天地并。如有不由礼而在位者，则以为殃。」

言偃复问曰：「如此乎，礼之急也？」孔子曰：「夫礼，先王所以承天之道，以治人之情，列其鬼神，达于丧祭、乡射、冠婚、朝聘。故圣人以礼治之，则天下国家可得以礼正矣。」

言偃曰：「今之在位，莫知由礼，何也？」孔子曰：「呜呼哀哉！我观周道，幽、厉伤也。吾舍鲁何适夫鲁之郊及禘皆非礼，周公其已衰矣。杞之郊也禹，宋之郊也契。是天子之事守也，天子以杞、宋二王之后。周公摄政，致太平，而与天子同是礼也。诸侯祭社稷宗庙，上下皆奉其典，而祝嘏莫敢易其常法。是谓大嘉。今使祝嘏辞说徒藏于宗祝巫史，非礼也。是谓幽国。醆斝及尸君，非礼也。是谓僭君。冕弁兵车藏于私家，非礼也。是谓胁君。大夫具官，祭器不假，声乐皆具，非礼也。是为乱国。故仕于公曰臣，仕于家曰仆。三年之丧与新有婚者，期不使也。以衰裳入朝，与家仆杂居齐齿，非礼也。是谓臣与君共国。天子有田以处其子孙，诸侯有国以处其子孙，大夫有采以处其子孙，是谓制度。天子适诸侯，必舍其宗庙。而不以礼籍入，是谓天子坏法乱纪。诸侯非问疾吊丧而入诸臣之家，是谓君臣为谑。夫礼者，君之柄，所以别嫌明微，傧鬼神，考制度，列仁义，立政教，安君臣上下也。故政不正则君位危，君位危则大臣倍，小臣窃。刑肃而俗弊则法无常，法无常则礼无别，礼无别则士不仕，民不归。是谓疵国。是故夫政者，君之所以藏身也，必本之天，效以降命。命降于社之谓教地，降于祖庙之谓仁义，降于山川之谓兴作，降于五祀之谓制度。此圣人所以藏身之固也。圣人参于天地，并于鬼神，以治政也。处其所存，礼之序也；玩其所乐，民之治也。天生时，地生财，人其父生而师教之。四者君以政用之，所以立于无过之地。君者人所用，非明人者也；人所养，非养人者也；人所事，非事人者也。夫君者明人则有过，养人则不足，事人则失位。故百姓明君以自治，养君以自安，事君以自显。是以礼达而分定，人皆爱其死而患其生。是故用人之智去其诈，用人之勇去其怒，用人之仁去其贪。国有患，君死社稷，为之义；大夫死宗庙，为之变。凡圣人能以天下为一家，以中国为一人，非意之，必知其情，从于其义，明于其利，达于其患，然后为之。何谓人情喜、怒、哀、惧、爱、恶、欲，七者弗学而能。何谓人义父慈、子孝、兄良、弟悌、夫义、妇听、长惠、幼顺、君仁、臣忠，十者谓之人义。讲信修睦，谓之人利。争夺相杀，谓之人患。圣人之所以治人，七情修，十义讲，信修睦，尚辞让，去争夺，舍礼何以治之饮食男女，人之大欲存焉；死亡贫苦，人之大恶存焉。欲、恶者，人之大端。人藏其心，不可测度。美、恶皆在其心，不见其色。欲一以穷之，舍礼何以哉？故人者，天地之德，阴阳之交，鬼神之会，五行之秀。天秉阳，垂日星；地秉阴，载山川。播五行于四时，和四气而后月生。是以三五而盈，三五而缺。五行之动，共相竭也。五行、四气、十二月，还相为本；五声、五律、十二管，还相为宫；五味、六和、十二食，还相为质；五色、六章、十二衣，还相为主。故人者，天地之心而五行之端，食味、别声、被色而生者。圣人作则，必以天地为本，以阴阳为端，以四时为柄，以日星为纪，月以为量，鬼神以为徒，五行以为质，礼义以为器，人情以为田，四灵以为畜。以天地为本，故物可举；以阴阳为端，故情可睹；以四时为柄，故事可劝；以日星为纪，故业可别；月以为量，故功有艺；鬼神以为徒，故事有守；五行以为质，故事可复也；礼义以为器，故事行有考；人情以为田，四灵以为畜，故饮食有由也。何谓四灵麟、凤、龟、龙，谓之四灵。故龙以为畜，而鱼鲔不谂；凤以为畜，而鸟不獝；麟以为畜，而兽不狘；龟以为畜，而人情不失。先王秉蓍龟，列祭祀，瘗缯，宣祝嘏，设制度，祝嘏辞说，故国有礼，官有御，职有序。先王患礼之不达于下，故飨帝于郊，所以定天位也；祀社于国，所以别地利也；禘祖庙，所以本仁也；旅山川，所以傧鬼神也；祭五祀，所以本事也。故宗祝在庙，三公在朝，三老在学，王前巫而后史，卜蓍瞽侑皆在左右。王中心无为也，以守至正。是以礼行于郊，而百神受职；礼行于社，而百货可极；礼行于祖庙，而孝慈服焉；礼行于五祀，而正法则焉。故郊社、宗庙、山川、五祀，义之修而礼之藏。夫礼必本于太一，分而为天地，转而为阴阳，变而为四时，列而为鬼神。其降曰命。其官于天也，协于分艺，其居于人也曰养。所以讲信修睦，而固人之肌肤之会、筋骸之束者；所以养生送死。事鬼神之大端；

所以达天道，顺人情之大窦。唯圣人为知礼之不可以已也。故破国、丧家、亡人，必先去其礼。礼之于人，犹酒之有糵也。君子以厚，小人以薄。圣人修义之柄、礼之序，以治人情。人情者，圣人之田也，修礼以耕之，陈义以种之，讲学以耨之，本仁以聚之，播乐以安之。故礼者，义之实也，协诸义而协，则礼虽先王未有，可以义起焉。义者，艺之分，仁之节。协于义，讲于仁，得之者强，失之者丧。仁者，义之本，顺之体，得之者尊。故治国不以礼，犹无耜而耕；为礼而不本于义，犹耕之而弗种；为义而不讲于学，犹种而弗耨；讲之以学而不合之以仁，犹耨而不获；合之以仁而不安之以乐，犹获而弗食；安之以乐而不达于顺，犹食而不肥。四体既正，肤革充盈；人之肥也；父子笃，兄弟睦，夫妇和，家之肥也；大臣法，小臣廉，官职相序，君臣相正，国之肥也；天子之德为车，以乐为御，诸侯以礼相与，大夫以法相序，士以信相考，百姓以睦相守，天下之肥也。是谓大顺。顺者，所以养生送死，事鬼神之常也。故事大积焉而不苑，并行而不谬，细行而不失，深而通，茂而有间，连而不相及，动而不相害，此顺之至也。明于顺，然后乃能守危。夫礼之不同、不丰、不杀，所以持情而合危也。山者不使居川，渚者不使居原，用水、火、金、木，饮食必时。冬合男女，春颁爵位，必当年德，皆所顺也。用民必顺。故无水旱昆虫之灾，民无凶饥妖孽之疾，天不爱其道，地不爱其宝，人不爱其情。是以天降甘露，地出醴泉，山出器车，河出马图，凤凰、麒麟皆在郊掫，龟龙在宫沼，其余鸟兽及卵胎，皆可俯而窥也。则是无故，先王能循礼以达义，体信以达顺。此顺之实也。」

卷八

冠颂第三十三

郏隐公既即位，将冠，使大夫因孟懿子问礼于孔子。子曰：「其礼如世子之冠。冠于阼者，以著代也。醮以客位，加其有成，三加弥尊，导喻其志。冠而字之，敬其名也。虽天子之元子，犹士也。其礼无变，天下无生而贵者故也。行冠事必于祖庙，以祼享之礼以将之，以金石之乐以节之。所以自卑而尊先祖，示不敢擅。」

懿子曰："天子未冠即位，长亦冠乎？"孔子曰："古者王世子虽幼，其即位则尊为人君。人君，治成人之事者，何冠之有"

懿子曰："然则诸侯之冠异天子与"孔子曰："君薨而世子主丧，是亦冠也已。人君无所殊也。"

懿子曰："今邾君之冠非礼也？"孔子曰："诸侯之有冠礼也，夏之末造也，有自来矣，今无讥焉。天子冠者，武王崩，成王年十有三而嗣立。周公居冢宰，摄政以治天下。明年夏六月，既葬，冠成王而朝于祖，以见诸侯亦有君也。周公命祝雍作颂曰：『祝王达而未幼。』祝雍辞曰：『使王近于民，远于年，啬于时，惠于财，亲贤而任能。』其颂曰：『令月吉日，王始加元服。去王幼志，服衮职，钦若昊命，六合是式。率尔祖考，永永无极。』此周公之制也。"

懿子曰："诸侯之冠，其所以为宾主，何也？"孔子曰："公冠则以卿为宾，无介，公自为主，迎宾揖，升自阼，立于席北。其醴也，则如士，飨之以三献之礼。既醴，降自阼阶。诸侯非公而自为主者，其所以异，皆降自西阶，玄端与皮弁异。朝服素毕，公冠四，加玄冕祭。其酬币于宾，则束帛乘马。王太子、庶子之冠拟焉，皆天子自为主。其礼与士无变，飨食宾也皆同。"

懿子曰："始冠必加缁布之冠，何也？"孔子曰："示不忘古。太古冠布，斋则缁之。其緌也，吾未之闻。今则冠而币之可也。"

懿子曰："三王之冠，其异何也？"孔子曰："周弁，殷冔，夏收，一也。三王共皮弁、素緌。委貌，周道也；章甫，殷道也；毋追，夏后氏之道也。"

庙制第三十四

卫将军文子将立三军之庙于其家，使子羔访于孔子。子曰："公庙设于私家，非古礼之所及，吾弗知。"

子羔曰："敢问尊卑上下立庙之制，可得而闻乎？"孔子曰："天下有王，分地建国，设祖宗，乃为亲疏贵贱多少之数。是故天子立七庙，三昭三穆，与太祖之庙七；太祖近庙，皆月祭之；远庙为祧，有二祧焉，享尝乃止。诸侯立五庙，二昭二穆，与太祖之庙而五，曰祖考庙，享尝乃止。大夫立三庙，一昭一穆，与太庙而三，曰皇考庙，享尝乃止。士立一庙，曰考庙。王考无庙，合于享尝乃止。庶人无庙，四时祭于寝。此自有虞以至于周之所不变也。凡四代帝王之所谓郊者，皆以配天；其所谓禘者，皆五年大祭之所及也。应为太祖者，则其庙不毁；不及太祖，虽在禘郊，其庙则毁矣。古者祖有功而宗有德，谓之祖宗者，其庙皆不毁。"

子羔问曰：「祭典云：昔有虞氏祖颛顼而宗尧，夏后氏亦祖颛顼而宗禹，殷人祖契而宗汤，周人祖文王而宗武王。此四祖四宗，或乃异代，或其考祖之有功德，其庙可也。若有虞宗尧，夏祖颛顼，皆异代之有功德者也，亦可以存其庙乎？」孔子曰：「善，如汝所闻也。如殷周之祖宗，其庙可以不毁。其他祖宗者，功德不殊，虽在殊代，亦可以无疑矣。《诗》云：『蔽芾甘棠，勿翦勿伐』，『邵伯所憩』。周人之于邵公也，爱其人，犹敬其所舍之树，况祖宗其功德而可以不尊奉其庙焉」

辩乐解第三十五

孔子学琴于师襄子。襄子曰：「吾虽以击磬为官，然能于琴。今子于琴已习，可以益矣。」孔子曰：「丘未得其数也。」有间，曰：「已习其数，可以益矣。」孔子曰：「丘未得其志也。」有间，曰：「已习其志，可以益矣。」孔子曰：「丘未得其为人也。」有间，孔子有所谬然思焉，有所谬然高望而远眺，曰：「丘迨得其为人矣。近黮而黑，欣然长，旷如望羊，奄有四方，非文王其孰能为此」师襄子避席叶拱而对曰：「君子圣人也！其传曰《文王操》。」

子路鼓琴，孔子闻之，谓冉有曰：「甚矣，由之不才也！夫先王之制音也，奏中声以为节，流入于南，不归于北。夫南者，生育之乡；北者，杀伐之域。故君子之音，温柔居中，以养生育之气。忧愁之感，不加于心也；暴厉之动，不在于体也。夫然者，乃所谓治安之风也。小人之音则不然，亢丽微末，以象杀伐之气。中和之感，不载于心；温和之动，不存于体。夫然者，乃所以为乱之风。昔者舜弹五弦之琴，造《南风》之诗，其诗曰：『南风之薰兮，可以解吾民之愠兮；南风之时兮，可以阜吾民之财兮。』唯修此化，故其兴也勃焉，德如泉流，至于今，王公大人述而弗忘。殷纣好为北鄙之声，其废也忽焉，至于今，王公大人举以为诫。夫舜起布衣，积德含和，而终以帝。纣为天子，荒淫暴乱，而终以亡。非各所修之致乎由，今也匹夫之徒，曾无意于先王之制，而习亡国之声，岂能保其六七尺之体哉？」

冉有以告子路。子路惧而自悔，静思不食，以至骨立。夫子曰：「过而能改，其进矣乎！」

周宾牟贾侍坐于孔子。孔子与之言及乐，曰：「夫《武》之备诫之以久，何也？」对曰：「病疾不得其众。」「咏叹之，淫液之，何也？」对曰：「恐不逮事。」「发扬蹈厉之已蚤，何也？」对曰：「及时事」「《武》坐致右而轩左，何也？」对曰：「非《武》

坐。」「声淫及商，何也？」对曰：「非《武》音也。」孔子曰：「若非《武》音，则何音也？」对曰：「有司失其传也。」孔子曰：「唯，丘闻诸苌弘，若吾子之言是也。若非有司失其传，则武王之志荒矣。」

宾牟贾起，免席而请曰：「夫《武》之备诫之以久，则既闻命矣。敢问迟矣而又久立于缀，何也？」子曰：「居，吾语尔。夫乐者，象成者也。总干而山立，武王之事也。发扬蹈厉，太公之志也。《武》乱皆坐，周邵之治也。且夫《武》，始成而北出，再成而灭商，三成而南反，四成而南国是疆，五成而分陕，周公左，邵公右，六成而复缀，以崇其天子焉。众夹振焉而四伐，所以盛威于中国。分陕而进，所以事蚤济。久立于缀，所以待诸侯之至也。今汝独未闻牧野之语乎武王克殷而反商之政。未及下车，则封黄帝之后于蓟，封帝尧之后于祝，封帝舜之后于陈；下车又封夏后氏之后于杞，封殷之后于宋，封王子比干之墓，释箕子之囚，使人行商容之旧以复其位，庶民弛政，庶士倍禄。既济河西，马散于华山之阳而弗复乘，牛散之桃林之野而弗复服，车甲则衅之而藏诸府库，以示弗复用，倒载干戈而包之以虎皮，将率之士使为诸侯，命之曰櫜。然后天下知武王之不复用兵也。散军而修郊射，左射以《狸首》，右射以《驺虞》，而贯革之射息也。裨冕搢笏，而虎贲之士脱剑。郊祀后稷，而民知尊父焉。配明堂，而民知孝焉。朝觐，然后诸侯知所以臣。耕籍，然后民知所以敬亲。六者，天下之大教也。食三老五更于太学，天子袒而割牲执酱而馈，执爵而酳，冕而总干，所以教诸侯之弟也。如此，则周道四达，礼乐交通。夫《武》之迟久，不亦宜乎？」

问玉第三十六

子贡问于孔子曰：「敢问君子贵玉而贱珉，何也为玉之寡而珉多欤」孔子曰：「非为玉之寡故贵之，珉之多故贱之。夫昔者君子比德于玉：温润而泽，仁也；缜密以栗，智也；廉而不刿，义也；垂之如坠，礼也；叩之，其声清越而长，其终则诎然，乐矣；瑕不掩瑜，瑜不掩瑕，忠也；孚尹旁达，信也；气如白虹，天也；精神见于山川，地也；圭璋特达，德也；天下莫不贵者，道也。《诗》云：『言念君子，温如其玉。』故君子贵之也。」

孔子曰：「入其国，其教可知也。其为人也，温柔敦厚，《诗》教也；疏通知远，《书》教也；广博易良，《乐》教也；洁静精微，《易》教也；恭俭庄敬，《礼》教也；属辞比事，《春秋》教也。故《诗》之失愚，《书》之失诬，《乐》之失奢，《易》

之失贼，《礼》之失烦，《春秋》之失乱。其为人也，温柔敦厚而不愚，则深于《诗》者矣；疏通知远而不诬，则深于《书》者矣；广博易良而不奢，则深于《乐》者矣；洁静精微而不贼，则深于《易》者矣；恭俭庄敬而不烦，则深于《礼》者矣；属辞比事而不乱，则深于《春秋》者矣。天有四时者，春夏秋冬，风雨霜露，无非教也。地载神气，吐纳雷霆，流形庶物，无非教也。清明在躬，气志如神，有物将至，其兆必先。是故天地之教，与圣人相参。其在《诗》曰：『嵩高惟岳，峻极于天。惟岳降神，生甫及申。惟申及甫，惟周之翰。四国于蕃，四方于宣，』此文、武之德『矢其文德，协此四国。』此文王之德也。凡三代之王，必先其令问。《诗》云：『明明天子，令问不已。』三代之德也。」

子张问圣人之所以教。孔子曰：「师乎！吾语汝。圣人明于礼乐，举而措之而已。」子张又问。孔子曰：「师，尔以为必布几筵，揖让升降，酌献酬酢，然后谓之礼乎？尔以为必行缀兆，执羽籥，作钟鼓，然后谓之乐乎言而可履，礼也；行而可乐，乐也。圣人力此二者，以躬己南面。是故天下太平，万民顺伏，百官承事，上下有礼也。夫礼之所以兴，众之所以治也；礼之所以废，众之所以乱也。目巧之室则有隩阼，席则有上下，车则有左右，行则并随，立则有列序，古之义也。室而无隩阼，则乱于堂室矣；席而无上下，则乱于席次矣；车而无左右，则乱于车上矣；行而无并随，则乱于阶涂矣；列而无次序，则乱于著矣。昔者明王圣人，辩贵贱长幼，正男女内外，序亲疏远近，而莫敢相逾越者，皆由此涂出也。」

屈节解第三十七

子路问于孔子曰：「由闻丈夫居世，富贵不能有益于物，处贫贱之地而不能居节以求伸，则不足以论乎人之域矣。」孔子曰：「君子之行己，期于必达于己。可以屈则屈，可以伸则伸。故屈节者所以有待，求伸者所以及时。是以虽受屈而不毁其节，志达而不犯于义。」

孔子在卫，闻齐国田常将欲为乱，而惮鲍、晏，因欲移其兵以伐鲁。孔子会诸弟子而告之曰：「鲁，父母之国，不可不救，不忍视其受敌。今吾欲屈节于田常以救鲁。二三子谁为使」于是子路曰「请往齐。」孔子弗许。子张请往，又弗许。子石请往，又弗许。三子退，谓子贡曰：「今夫子欲屈节以救父母之国，吾三人请使而不获往。此则吾子用辩之时也。吾子盍请行焉」

子贡请使，夫子许之。遂如齐，说田常曰：「今子欲收功于鲁实难。不若移兵于吴，则易。」田常不悦。子贡曰：「夫忧在内者攻强，忧在外者攻弱。吾闻子三封而三不成，是则大臣不听令。战胜以骄主，破国以专臣，而子之功不与焉，则交曰疏于主，而与大臣争。如此，则子之位危矣。」田常曰：「善！然兵甲已加鲁矣，不可更，如何？」子贡曰：「缓师。吾请于吴，令救鲁而伐齐，子因以兵迎之。」田常许诺。

子贡遂南说吴王曰：「王者不灭国，霸者无强敌，千钧之重，加铢两而移。今以齐国而私千乘之鲁，与吾争强，甚为王患之。且夫救鲁以显名，以抚泗上诸侯，诛暴齐以服晋，利莫大焉。名存亡鲁，实困强齐，智者不疑。」吴王曰：「善！然吴尝困越，越王今苦身养士，有报吴之心。子待我先越，然后乃可。」子贡曰：「越之劲不过鲁，吴之强不过齐，而置齐而伐越，则齐必私鲁矣。王方以存亡继绝之名，弃齐而伐小越，非勇也。勇者不避难，仁者不穷约，智者不失时，义者不绝世。今存越，示天下以仁；救鲁伐齐，威加晋国，诸侯必相率而朝，霸业盛矣。且王必恶越，臣请见越君，令出兵以从。此则实害越而名从诸侯以伐齐。」吴王悦，乃遣子贡之越。

越王郊迎，而自为子贡御，曰：「此蛮夷之国，大夫何足俨然辱而临之？」子贡曰：「今者吾说吴王以救鲁伐齐，其志欲之，而心畏越，曰：『待我伐越而后可。』则破越必矣。且无报人之志而令人疑之，拙矣；有报人之意而使人知之，殆乎；事未发而先闻者，危矣。三者，举事之患矣。」

勾践顿首曰：「孤尝不料力而兴吴难，受困会稽，痛于骨髓，日夜焦唇干舌，徒欲与吴王接踵而死，孤之愿也。今大夫幸告以利害。」子贡曰：「吴王为人猛暴，群臣不堪，国家疲弊，百姓怨上，大臣内变，申胥以谏死，太宰嚭用事，此则报吴之时也。王诚能发卒佐之，以邀射其志，而重宝以悦其心，卑辞以尊其礼，则其伐齐必矣。此圣人所谓屈节求其达者也。彼战不胜，王之福；若胜，则必以兵临晋。臣还北请见晋君共攻之，其弱吴必矣。锐兵尽于齐，重甲困于晋，而王制其弊焉。」越王顿首许诺。

子贡返五日，越使大夫文种顿首言于吴王曰：「越悉境内之士三千人以事吴。」吴王告子贡曰：「越王欲身从寡人，可乎？」子贡曰：「悉人之率众，又从其君，非义也。」吴王乃受越王卒，谢留勾践，遂自发国内之兵以伐齐，败之。子贡遂北见晋君，令承其弊。吴、晋遂遇于黄池。越王袭吴之国，吴王归与越战，灭焉。

孔子曰：「夫其乱齐存鲁，吾之始愿，若能强晋以弊吴，使吴亡而越霸者，赐之说之也。美言伤信，慎言哉！」

孔子弟子有宓子贱者，仕于鲁，为单父宰。恐鲁君听谗言，使己不得行其政，于是辞行，故请君之近史二人，与之俱至官。宓子戒其邑吏，令二史书。方书则掣其肘，书不善则从而怒之。二史患之，辞请归鲁。宓子曰：「子之书甚不善，子勉而归矣。」

二史归报于君曰：「宓子使臣书而掣肘，书恶而又怒臣，邑吏皆笑之。此臣所以去之而来也。」

鲁君以问孔子，子曰：「宓不齐，君子也。其才任霸王之佐，屈节治单父，将以自试也。意者以此为谏乎？」公寤，太息而叹曰：「此寡人之不肖。寡人乱宓子之政而责其善者，非矣。微二史，寡人无以知其过；微夫子，寡人无以自寤。」遽发所爱之使告宓子曰：「自今已往，单父非吾有也，从子之制。有便于民者，子决为之，五年一言其要。」宓子敬奉诏，遂得行其政，于是单父治焉。躬敦厚，明亲亲，尚笃敬，施至仁，加恳诚，致忠信，百姓化之。

齐人攻鲁，道由单父。单父之老请曰：「麦已熟矣。今齐寇至，不及人人自收其麦。请放民出，皆获傅郭之麦，可以益粮，且不资于寇。」三请而宓子不听。俄而齐寇逮于麦。季孙闻之，怒，使人以让宓子曰：「民寒耕热耘，曾不得食，岂不哀哉不知犹可，以告者而子不听，非所以为民也。」宓子蹴然曰：「今兹无麦，明年可树。若使不耕者获，是使民乐有寇。且得单父一岁之麦，于鲁不加强，丧之不加弱。若使民有自取之心，其创必数世不息。」季孙闻之，赧然而愧，曰：「地若可入，吾岂忍见宓子哉！」

三年，孔子使巫马期远观政焉。巫马期阴免衣，衣敝裘，入单父界。见夜渔者，得鱼辄舍之。巫马期问焉，曰：「凡渔者为得，何以得鱼即舍之？」渔者曰：「鱼之大者名为鯈，吾大夫爱之；其小者名为鱦，吾大夫欲长之。是以得二者辄舍之。」巫马期返以告孔子曰：「宓子之德至，使民暗行若有严刑于旁。敢问宓子何行而得于是」孔子曰：「吾尝与之言曰：诚于此者刑乎彼。宓子行此术于单父也。」

孔子之旧曰原壤，其母死，夫子将助之以沐椁。子路曰：「由也昔者闻诸夫子曰：『无友不如己者，过则勿惮改。』夫子惮矣，姑已若何？」孔子曰：「『凡民有丧，匍匐救之。』况故旧乎非友也。吾其往。」

及为椁，原壤登木曰：「久矣，予之不托于音也。」遂歌曰：「狸首之斑然，执女手之卷然。」夫子为之隐，佯不闻以过之。子路曰：「夫子屈节而极于此，失其与矣，岂未可以已乎？」孔子曰：「吾闻之，亲者不失其为亲也，故者不失其为故也。」

卷九

七十二弟子解第三十八

颜回，鲁人，字子渊。年二十九而发白，三十一早死。孔子曰：「自吾有回，门人日益亲。」回之德行著名，孔子称其仁焉。

闵损，鲁人，字子骞。以德行著名，孔子称其孝焉。

冉耕，鲁人，字伯牛。以德行著名。有恶疾，孔子曰：「命也夫！」冉雍，字仲弓，伯牛之宗族。生于不肖之父。以德行著名。

宰予，字子我，鲁人。有口才著名。

端木赐，字子贡，卫人。有口才著名。冉求，字子有，仲弓之族。有才艺，以政事著名。仲由，弁人，字子路。有勇力才艺，以政事著名。言偃，鲁人，字子游。以文学著名。

卜商，卫人。无以尚之。尝返卫，见读史志者云：「晋师伐秦，三家渡河。」子夏曰：「非也，『己亥』耳。」读史志者问诸晋史，果曰：「己亥」。于是卫以子夏为圣。孔子卒后，教于西河之上，魏文侯师事之而咨国政焉。

颛孙师，陈人，字子张，少孔子四十八岁。为人有容貌资质，宽冲博接，从容自务，居不务立于仁义之行，孔子门人友之而弗敬。

曾参，南武城人，字子舆，少孔子四十六岁。志存孝道，故孔子因之以作《孝经》。齐尝聘，欲与为卿，而不就，曰：「吾父母老，食人之禄，则忧人之事，故吾不忍远亲而为人役。」参后母遇之无恩，而供养不衰。及其妻以藜烝不熟，因出之。人曰：「非七出也。」参曰：「藜烝，小物耳。吾欲使熟，而不用吾命，况大事乎？」遂出之，终身不取妻。其子元请焉，告其子曰：「高宗以后妻杀孝己，尹吉甫以后妻放伯奇。吾上不及高宗，中不比吉甫，庸知其得免于非乎？」

澹台灭明，武城人，字子羽，少孔子四十九岁。有君子之姿，孔子尝以容貌望其才。其才不充孔子之望，然其为人公正无私，以取与去就以诺为名。仕鲁为大夫也。

高柴，齐人，高氏之别族，字子羔，少孔子四十岁。长不过六尺，状貌甚恶，为人笃孝而有法正。少居鲁，知名于孔子之门，仕为武城宰。

宓不齐，鲁人，字子贱，少孔子四十九岁。仕为单父宰。有才智，仁爱，百姓不忍欺。孔子大之。樊须，鲁人，字子迟，少孔子四十六岁。弱仕于季氏。

有若，鲁人，字子有，少孔子三十六岁。为人强识，好古道也。

公西赤，鲁人，字子华，少孔子四十二岁。束带立朝，闲宾主之仪。

原宪，宋人，字子思，少孔子三十六岁。清净守节，贫而乐道。孔子为鲁司寇，原宪尝为孔子宰。孔子卒后，原宪退隐，居于卫。公治长，鲁人，字子长。为人能忍耻。孔子以女妻之。

南宫韬，鲁人，字子容。以智自将，世清不废，世浊不洿。孔子以兄子妻之。

公析哀，齐人，字季沉。鄙天下多仕于大夫家者，是故未尝屈节人臣。孔子特叹贵之。

曾点，曾参父，字子皙。疾时礼教不行，欲修之，孔子善焉，《论语》所谓浴乎沂，风乎舞雩之下。

颜由，颜回父，字季路。孔子始教学于阙里，而受学。少孔子六岁。

商瞿，鲁人，字子木，少孔子二十九岁。特好《易》，孔子传之，志焉。

漆雕开，蔡人，字子若，少孔子十一岁。习《尚书》，不乐仕。孔子曰：「子之齿可以仕矣，时将过。」子若报其书曰：「吾斯之未能信。」孔子悦焉。

公良儒，陈人，字子正，贤而有勇。孔子周行，常以家车五乘从。

秦商，鲁人，字不慈，少孔子四岁。其父堇父与孔子父叔梁纥俱力闻。

颜刻，鲁人，字子骄，少孔子五十岁。孔子适卫，子骄为仆。卫灵公与夫人南子同车出，而令宦者雍梁参乘，使孔子为次乘，游过市。孔子耻之。颜刻曰：「夫子何耻之？」孔子曰：「《诗》云：『觏尔新婚，以慰我心。』」乃叹曰：「吾未见好德如好色者也。」

司马黎耕，宋人，字子牛。牛为人性躁，好言语。见兄桓魋行恶，牛常忧之。

巫马期，陈人，字子期，少孔子三十岁。孔子将近行，命从者皆持盖。已而果雨。巫马期问曰：「且无云，既日出，而夫子命持雨具。敢问何以知之？」孔子曰：「昨暮月宿毕。《诗》不云乎：『月离于毕，俾滂沱矣。』以此知之。」

梁鳣，齐人，字叔鱼，少孔子三十九岁。年三十，未有子，欲出其妻。商瞿谓曰：「子未也。昔吾年三十八无子，吾母为吾更取室。夫子使吾之齐，母欲请留吾。夫子曰：『无忧也。瞿过四十，当有五丈夫。』今果然。吾恐子自晚生耳，未必妻之过。」从之，二年而有子。

琴牢，卫人，字子开，一字子张。与宗鲁友，闻宗鲁死，欲往吊焉。孔子弗许，曰：「非义也。」

冉儒，鲁人，字子鱼，少孔子五十岁。

颜辛，鲁人，字子柳，少孔子四十六岁。

伯虔，字楷，少孔子五十岁。

公孙宠，卫人，字子石，少孔子五十三岁。

曹邮，少孔子五十岁。

陈亢，陈人，字子亢，一字子禽，少孔子四十岁。

叔仲会，鲁人，字子期，少孔子五十岁。与孔旋年相比，每孺子之执笔记事于夫子，二人迭侍左右。孟武伯见孔子而问曰：「此二孺子之幼也于学，岂能识于壮哉？」孔子曰：「然。少成则若性也，习惯若自然也。」

秦祖，字子南。

奚蒧，字子偕。

公祖兹，字子之。

廉洁，字子曹。

公西与，字子上。

宰父黑，字子黑。

公西减，字子尚。

穰驷赤，字子从。

冉季，字子产。

薛邦，字子从。
石处，字里之。
悬亶，字子象。
左郢，字子行。
狄黑，字哲之。
商泽，字子秀。
任不齐，字子选。
荣祈，字子祺。
颜哙，字子声。
原伉，字子籍。
公肩，字子仲。
秦非，字子之。
漆雕从，字子文。
燕伋，字子思。
公夏守，字子乘。
句井疆，字子疆。
步叔乘，字子车。
石子蜀，字子明。
邽选，字子饮。
施之常，字子常。
申绩，字子周。
乐欣，字子声。

颜之仆，字子叔。

孔弗，字子蔑。

漆雕侈，字子斂。

悬成，字子横。

颜相，字子襄。

右件夫子七十二人弟子，皆升堂入室者。

本姓解第三十九

孔子之先，宋之后也。微子启，帝乙之元子，纣之庶兄。以圻内诸侯，入为王卿士。微，国名，子爵。初，武王克殷，封纣之子武庚于朝歌，使奉汤祀。武王崩，而与管、蔡、霍三叔作难。周公相成王，东征之。二年，罪人斯得，乃命微子于殷后，作《微子之命》，由之与国于宋，徙殷之子孙。唯微子先往仕周，故封之贤。其弟曰仲思，名衍，或名泄，嗣微之后，故号微仲，生宋公稽。胄子虽迁爵易位，而班级不及其故者，得以故官为称。故二微虽为宋公，而犹以微之号自终，至于稽乃称公焉。宋公生丁公申，申公生缗公共及襄公熙，熙生弗父何及厉公方祀。方祀以下，世为宋卿。

弗父何生宋父周，周生世子胜，胜生正考甫，考甫生孔父嘉。五世亲尽，别为公族，故后以孔为氏焉。一曰孔父者，生时所赐号也，是以子孙遂以氏族。孔父生子木金父，金父生睾夷，睾夷生防叔，避华氏之祸而奔鲁。防叔生伯夏，伯夏生叔梁纥。曰：「虽有九女，是无子。」其妾生孟皮，孟皮一字伯尼，有足病。于是乃求婚于颜氏。颜氏有三女，其小曰徵在。颜父问三女曰：「陬大夫虽父祖为士，然其先圣王之裔。今其人身长十尺，武力绝伦，吾甚贪之。虽年长性严，不足为疑。三子孰能为之妻？」二女莫对。徵在进曰：「从父所制，将何问焉？」父曰：「即尔能矣。」遂以妻之。

徵在既往，庙见，以夫之年大，惧不时有男，而私祷尼丘之山以祈焉。生孔子，故名丘，字仲尼。孔子三岁，而叔梁纥卒，葬于防。至十九，娶于宋之亓官氏。一岁而生伯鱼。鱼之生也，鲁昭公以鲤鱼赐孔子。荣君之贶，故因以名曰鲤，而字伯鱼。鱼年五十，先孔子卒。

齐太史子与适鲁，见孔子。孔子与之言道，子与悦，曰：「吾鄙人也，闻子之名不睹子之形久矣！而求知之宝贵也。乃今而后，知泰山之为高，渊海之为大。惜乎夫子之不逢明王，道德不加于民，而将垂宝以贻后世。」遂退而谓南宫敬叔曰：「今孔子，先圣之嗣。自弗父何以来，世有德让，天所祚也。成汤以武德王天下，其配在文。殷宗以下，未始有也。孔子生于衰周，先王典籍错乱无纪，而乃论百家之遗记，考正其义，祖述尧舜，宪章文武，删《诗》述《书》，定《礼》理《乐》，制作《春秋》，赞明《易》道，垂训后嗣，以为法式。其文德著矣。然凡所教诲，束脩已上，三千余人。或者天将欲与素王之乎夫何其盛也！」敬叔曰：「殆如吾子之言，夫物莫能两大。吾闻圣人之后，而非继世之统，其必有兴者焉。今夫子之道至矣，乃将施之无穷，虽欲辞天之祚，故未得耳。」

子贡闻之，以二子之言告孔子。子曰：「岂若是哉乱而治之，滞而起之，自吾志也。天何与焉」

终记解第四十

孔子蚤晨作，负手曳杖，逍遥于门，而歌曰：「泰山其颓乎！梁木其坏乎！哲人其萎乎！」既歌而入，当户而坐。子贡闻之，曰：「泰山其颓，则吾将安仰梁木其坏，吾将安杖哲人其萎，吾将安放？夫子殆将病也！」遂趣而入。夫子叹而言曰：「赐，汝来何迟予畴昔梦坐奠于两楹之间。夏后氏殡于东阶之上，则犹在阼；殷人殡于两楹之间，即与宾主夹之；周人殡于西阶之上，则犹宾之。而丘也即殷人。夫明王不兴，则天下孰能宗余余逮将死。」遂寝病，七日而终，时年七十二矣。

哀公诔曰：「昊天不吊，不慭遗一老，俾屏余一人以在位，茕茕余在疚。於乎哀哉尼父！无自律。」子贡曰：「公其不没于鲁乎！夫子有言曰：『礼失则昏，名失则僭。』失志为昏，失所为僭。生不能用，死而诔之，非礼也；称一人，非名。君两失之矣。」

既卒，门人所以疑服夫子者。子贡曰：「昔夫子之丧颜回也，若丧其子，而无服。丧子路亦然。今请丧夫子如丧父，而无服。」于是弟子皆吊服而加麻。出有所之，则由绖。子夏曰：「入宜绖可居，出则不绖。」子游曰：「吾闻诸夫子，丧朋友，居则绖，出则否；丧所尊，虽绖而出，可也。」

孔子之丧，公西掌殡葬焉。唅以疏米、三贝，袭衣十有一称，加朝服一，冠章甫之冠。珮象环，径五寸而綦组绶。桐棺四寸，柏椁五寸。饬庙，置翣。设披，周也；设崇，殷也；绸练设旐，夏也。兼用三王礼，所以尊师，且备古也。葬于鲁城北泗水上，藏入地。不及泉，而封为偃斧之形，高四尺，树松柏为志焉。弟子皆家于墓，行心丧之礼。既葬，有自燕来观者，舍于子夏氏。子贡谓之曰：「吾亦人之葬圣人，非圣人之葬人。子奚观焉昔夫子言曰：『吾见封若夏屋者，见若斧矣。』从若斧者也，马鬣封之谓也。今徒一日三斩板而以封，尚行夫子之志而已。何观乎哉？」

二三子三年丧毕，或留或去，惟子贡庐于墓六年。自后群弟子及鲁人处于墓如家者，百有余家，因名其居曰孔里焉

正论解第四十一

孔子在齐，齐侯出田，招虞人以旌。不进，公使执之。对曰：「昔先君之田也，旌以招大夫，弓以招士，皮冠以招虞人。臣不见皮冠，故不敢进。」乃舍之。孔子闻之，曰：「善哉！守道不如守官。君子韪之。」

齐国师伐鲁，季康子使冉求率左师御之，樊迟为右。师不逾沟，樊迟曰：「非不能也，不信子。请三刻而逾之。」如之，众从之。师入齐军，齐军遁。冉有用戈，故能入焉。孔子闻之曰：「义也。」

既战，季孙谓冉有曰：「子之于战，学之乎，性达之乎？」对曰：「学之。」季孙曰：「从事孔子，恶乎学」冉有曰：「即学之孔子也。夫孔子者，大圣，无不该，文武并用兼通。求也适闻其战法，犹未之详也。」季孙悦。樊迟以告孔子。孔子曰：「季孙于是乎可谓悦人之有能矣。」

南容说、仲孙何忌既除丧，而昭公在外，未之命也。定公即位，乃命之。辞曰：「先臣有遗命焉，曰：『夫礼，人之干也，非礼则无以立。』嘱家老，使命二臣必事孔子而学礼，以定其位。」公许之。二子学于孔子。孔子曰：「能补过者，君子也。《诗》云：『君子是则是效。』孟僖子可则效矣。惩之所病，以诲其嗣。《大雅》所谓『诒厥孙谋，以燕翼子』，是类也夫！」

卫孙文子得罪于献公，居戚。公卒，未葬，文子击钟焉。延陵季子适晋，过戚，闻之，曰：「异哉！夫子之在此，犹燕子巢于幕也，惧犹未也，又何乐哉君又在殡，可乎？」文子于是终身不听琴瑟。

孔子闻之曰：「季子能以义正人，文子能克己服义，可谓善政矣。」

孔子览《晋志》：晋赵穿杀灵公，赵盾亡，未及山而还。史书：「赵盾弑君。」盾曰：「不然。」史曰：「子为正卿，亡不出境，返不讨贼，非子而谁」盾曰：「呜呼！『我之怀矣，自诒伊戚』，其我之谓乎？」

孔子叹曰：「董狐，古之良史也，书法不隐。赵宣子，古之良大夫也，为法受恶。惜也，越境乃免。」

郑伐陈，入之，使子产献捷于晋。晋人问陈之罪焉。子产对曰：「陈亡周之大德，介恃楚众，冯陵弊邑，是以有往年之告。未获命，则又有东门之役。当陈隧者，井堙、木刊，弊邑大惧。天诱其衷，启弊邑心，知其罪，授首于我，用敢献公。」晋人曰：「何故侵小」对曰：「先王之命，惟罪所在，各致其辟。且夫天子一圻，列国一同，自是以衰，周之制也。今大国多数圻也，若无侵小，何以至焉」晋人曰：「其辞顺。」

孔子闻之，谓子贡曰：「《志》有之：『言以足志，文以足言。』不言，谁知其志言之无文，行之不远。晋为伯，郑入陈，非文辞不为功。小子慎哉！」

楚灵王汰侈。右尹子革侍坐，左史倚相趋而过。王曰：「是良史也，子善视之！是能读《三坟》、《五典》、《八索》、《九丘》。」对曰：「夫良史者，记君之过，扬君之善。而此子以润辞不官，不可为良史。」曰：「臣又乃尝闻焉，昔周穆王欲肆其心，将过行天下，使皆有车辙并马迹焉。祭公谋父作《祈昭》，以止王心。王是以获殆于文官。臣问其诗焉而弗知。若问远焉，其焉能知」王曰：「子能乎？」对曰：「能。其诗曰：『祈昭之愔愔乎，式昭德音。思我王度，式如玉，式如金。刑民之力，而无醉饱之心。』」灵王揖而入，馈不食，寝不寐，数日，则不能固其情，以及于难。

孔子读志，曰：「古者有志：『克己复礼为仁。』信善哉！楚灵王若能如是，岂期辱于乾溪子革之非左史，所以风也。称诗以谏，顺哉！」

叔孙穆子避难奔齐，宿于庚宗之邑。庚宗寡妇通焉，而生牛。穆子返鲁，以牛为内竖，相家。牛馋叔孙二人，杀之。叔孙有病，牛不通其馈，不食而死。牛遂辅叔孙庶子昭而立之。昭子既立，朝其家众，曰：「竖牛祸叔孙氏，使乱大众，杀適立庶，又被其邑，以求舍罪，罪莫大焉！必速杀之！」遂杀竖牛。

孔子曰：「叔孙昭子之不劳，不可能也。周任有言曰：『为政者不赏私劳，不罚私怨。』《诗》云：『有觉德行，四国顺之。』昭子有焉。」

晋邢侯与雍子争田。叔鱼摄理，罪在雍子。雍子纳其女于叔鱼，叔鱼弊狱邢侯。邢侯怒，杀叔鱼与雍子于朝。韩宣子问罪于叔向，叔向曰：「三奸同坐，施生戮死，可也。雍子自知其罪而赂以置直，鲋也鬻狱，邢侯专杀，其罪一也。己恶而掠美为昏，贪以败官为默，杀人不忌为贼。《夏书》曰：『昏、默、贼，杀。』咎陶之刑也。请从之。」乃施邢侯，而尸雍子、叔鱼于市。

孔子曰：「叔向，古之遗直也。治国制刑，不隐于亲。三数叔鱼之罪，不为末，或曰义，可谓直矣。平丘之会，数其贿也，以宽卫国，晋不为暴；归鲁季孙，称其诈也，以宽鲁国，晋不为虐；邢侯之狱，言其贪也，以正刑书，晋不为颇。三言而除三恶，加三利，杀亲益荣，由义也夫！」

郑有乡校，乡校之士非论执政。鬷明欲毁乡校。子产曰：「何以毁为也夫人朝夕退而游焉，以议执政之善否。其所善者，吾则行之；其所否者，吾则改之。若之何其毁也我闻忠言以损怨，不闻立威以防怨。防怨，犹防水也。大决所犯，伤人必多，吾弗可救也。不如小决使导之，不如吾所闻而药之。」

孔子闻是言也，曰：「吾以是观之，人谓子产不仁，吾不信也。」

晋平公会诸侯于平丘，齐侯及盟。郑子产争贡赋之所承，曰：「昔日天子班贡，轻重以列，列尊贡重，周之制也。卑而贡重者，甸服。郑伯，南也，而使从公侯之贡，惧弗给也。敢以为请。」自日中争之，以至于昏，晋人许之。

孔子曰：「子产于是行也，足以为国基也。《诗》云：『乐只君子，邦家之基。』子产，君子之于乐者。」且曰：「合诸侯而艺贡事，礼也。」

郑子产有疾，谓子太叔曰：「我死，子必为政。唯有德者能以宽服民，其次莫如猛。夫火烈，民望而畏之，故鲜死焉；水濡弱，民狎而玩之，则多死焉。故宽难。」子产卒，子太叔为政，不忍猛，而宽。郑国多掠盗。」太叔悔之，曰：「吾早从夫子。必不及此。」

孔子闻之，曰：「善哉！政宽则民慢，慢则纠于猛。猛则民残，民残则施之以宽。宽以济猛，猛以济宽。宽猛相济，政是以和。《诗》曰：『民亦劳止，汔可小康。惠此中国，以绥四方。』施之以宽。『毋纵诡随，以谨无良。式遏寇虐，惨不畏明。』纠之以猛也。『柔远能迩，以定我王。』平之以和也。又曰：『不竞不絿，不刚不柔。布政优优，百禄是遒。』和之至也。」

子产之卒也，孔子闻之，出涕，曰：「古之遗爱。」

孔子适齐，过泰山之侧，有妇女哭于野者而哀。夫子式而听之，曰：「此哀一似重有忧者。」使子贡往问之，而曰：「昔舅死于虎，吾夫又死焉，今吾子又死焉。」子贡曰：「何不去乎？」妇人曰：「无苛政。」

子贡以告孔子。孔子曰：「小子识之：苛政猛于暴虎！」

晋魏献子为政，分祁氏及羊舌氏之田，以赏诸大夫及其子成，皆以贤举也。又谓贾辛曰：「今汝有力于王室，吾是以举汝。行乎！敬之哉！毋堕乃力。」

孔子闻之，曰：「魏子之举也，近不失亲，远不失举，可谓义矣。」又闻其命贾辛，以为忠：「《诗》云『永言配命，自求多福』，忠也。魏子之举也义，其命也忠，其长有后于晋国乎！」

赵简子赋晋国一鼓钟，以铸刑鼎，著范宣子所为刑书。孔子曰：「晋其亡乎！失其度矣。夫晋国将守唐叔之所受法度，以经纬其民者也，卿大夫以序守之，民是以能遵其道而守其业。贵贱不愆，所谓度也。文公是以作执秩之官，为被庐之法，以为盟主。今弃此度也，而为刑鼎。铭在鼎矣，何以尊贵何业之守也贵贱无序，何以为国且夫宣子之刑，夷之蒐也，晋国乱制，若之何其为法乎？」

楚昭王有病，卜曰：「河神为祟。」王弗祭。大夫请祭诸郊。王曰：「三代命祀，祭不越望。江、汉、沮、漳，楚之望也。祸福之至，不是过乎？不榖虽不德，河非获罪也。」遂不祭。

孔子曰：「楚昭王知大道矣，其不失国也宜哉！《夏书》曰：『维彼陶唐，率彼天常，在此冀方。今失厥道，乱其纪纲，乃灭而亡。』又曰：『允出兹在兹。』由己率常，可矣。」

卫孔文子使太叔疾出其妻，而以其女妻之。疾诱其初妻之娣，为之立宫，与文子女，如二妻之礼。文子怒，将攻之。孔子舍蘧伯玉之家，文子就而访焉。孔子曰：「簠簋之事，则尝闻学之矣；兵甲之事，未之闻也。」退而命驾而行，曰：「鸟则择木，木岂能择鸟乎？」文子遽自止之，曰：「圉也岂敢度其私哉？亦防卫国之难也。」

将止，会季康子问冉求之战。冉求既对之，又曰：「夫子播之百姓，质诸鬼神而无憾，用之则有名。」康子言于哀公，以币迎孔子，曰：「人之于冉求，信之矣，将大用之。」

齐陈恒弑其简公，孔子闻之，三日沐浴而适朝，告于哀公曰：「陈恒弑其君，请伐之。」公弗许。三请，公曰：「鲁为齐弱久矣，子之伐也，将若之何？」对曰：「陈恒弑其君，民之不与者半。以鲁之众，加齐之半，可克也。」公曰：「子告季氏。」孔子辞，退而告人曰：「以吾从大夫之后，吾不敢不告也。」

子张问曰：「《书》云高宗『三年不言，言乃雍』。有诸」孔子曰：「胡为其不然也古者天子崩，则世子委政于家宰三年。成汤既没，太甲听于伊尹；武王既丧，成王听于周公。其义一也。」

卫孙桓子侵齐，遇，败焉。齐人乘之，执。新筑大夫仲叔于奚以其众救桓子，桓子乃免。卫人以邑赏仲叔于奚，于奚辞，请曲悬之乐，繁缨以朝。许之，书在三官。子路仕卫，见其故，以访孔子。

孔子曰：「惜也！不如多与之邑。惟器与名不可以假人，君之所司。名以出信，信以守器，器以藏礼，礼以行义，义以生利，利以平民，政之大节也。若以假人，与人政也。政亡则国家从之，不可止也。」

公父文伯之母纺绩不解，文伯谏焉。其母曰：「古者王后亲织玄紞，公侯之夫人加之纮綖，卿之内子为大带，命妇成祭服，列士之妻加之以朝服。自庶士已下，各衣其夫。社而赋事，烝而献功，男女纺绩，愆则有辟，圣王之制也。今我寡也，尔又在下位，朝夕恪勤，犹恐忘先人之业，况有怠堕，其何以避辟。」

孔子闻之，曰：「弟子志之！季氏之妇可谓不过矣。」

樊迟问于孔子曰：「鲍牵事齐君，执政不挠，可谓忠矣，而君刖之，其为至暗乎？」孔子曰：「古之士者，国有道则尽忠以辅之，国无道则退身以避之。今鲍庄子食于淫乱之朝，不量主之明暗，以受大刖，是智之不如葵，葵犹能卫其足。」

季康子欲以一井出法赋焉，使访孔子。子曰：「丘弗识也。」冉有三发，卒曰：「子为国老，待子而行。若之何子之不言」孔子不对，而私于冉有曰：「求，汝来，汝弗闻乎：先王制土，藉田以力，而底其远近；赋里以入，而量其无有；任力以夫，而议其老幼。于是鳏、寡、孤、疾、老者，军旅之出则征之，无则已。其岁收，田一井出稯禾、秉刍、缶米，不是过，先王以为足。君子之行，必度于礼，施取其厚，事举其中，敛从其薄。若是其已，丘亦足矣。不度于礼，而贪冒无厌，则虽赋田，将有不足。且子孙若以行之而取法，则有周公之典在；若欲犯法，则苟行之，又何访焉」

子游问于孔子曰：「夫子之极言子产之惠也，可得闻乎？」孔子曰：「惠在爱民而已矣。」子游曰：「爱民谓之德教，何翅施惠哉？」孔子曰：「夫子产者犹众人之母也，能食之，弗能教也？」。子游曰：「其事可言乎？」孔子曰：「子产以所乘之舆济冬涉者，是爱无教也。」

哀公问于孔子曰：「二三大夫皆劝寡人，使隆敬于高年，何也？」孔子对曰：「君之及此言，将天下实赖之，岂唯鲁哉！」公曰：「何也其义可得闻乎？」孔子曰：「昔者，有虞氏贵德而尚齿，夏后氏贵爵而尚齿，殷人贵富而尚齿，周人贵亲而尚齿。虞、夏、殷、周，天下之盛王也，未有遗年者焉。年者，贵于天下久矣，次于事亲，是故朝廷同爵而尚齿。七十杖于朝，君问则席；八十则不仕朝，君问则就之，而悌达乎朝廷矣。其行也，肩而不并，不错则随，斑白者不以其任于道路，而悌达乎道路矣。居乡以齿，而老穷不匮，强不犯弱，众不暴寡，而悌达乎州巷矣。古之道，五十不为甸役，颁禽隆之长者，而悌达乎蒐狩矣。军旅什伍同爵则尚齿，而悌达乎军旅矣。夫圣王之教，孝悌发诸朝廷，行于道路，至于州巷，放于蒐狩，循于军旅，则众感以义，死而弗敢犯。」公曰：「善哉！寡人虽闻之，弗能成。」

哀公问之于孔子曰：「寡人闻东益不祥，信有之乎？」孔子曰：「不祥有五，而东益不与焉。夫损人自益，身之不祥；弃老而取幼，家之不祥；释贤而任不肖，国之不祥；老者不教，幼者不学，俗之不祥；圣人伏匿，愚者擅权，天下不祥。不祥有五，东益不与焉。」

孔子适季孙，季孙之宰谒曰：「君使求假于田，特与之乎？」季孙未言。孔子曰：「吾闻之，君取于臣，谓之取；与于臣，谓之赐。臣取于君，谓之假；与于君，谓之献。」季孙色然悟曰：「吾诚未达此义。」遂命其宰曰：「自今已往，君有取之，一切不得复言假也。」

卷十

曲礼子贡问第四十二

子贡问于孔子曰：「晋文公实召天子，而使诸侯朝焉。夫子作《春秋》，云『天王狩于河阳』，何也？」孔子曰：「以臣召君，不可以训，亦书其率诸侯事天子而已。」

孔子在宋，见桓魋自为石椁，三年而不成，工匠皆病。夫子愀然曰：「若是其靡也，死不如速朽之愈。」冉子仆，曰：「礼，凶事不豫，此何谓也？」夫子曰：「既死而议谥，谥定而卜葬，既葬而立庙，皆臣子之事，非所豫属也，况自为之哉？」

南宫敬叔以富得罪于定公，奔卫。卫侯请复之，载其宝以朝。夫子闻之曰：「若是其货也，丧不如速贫之愈。」子游侍曰：「敢问何谓如此」孔子曰：「富而不好礼，殃也。敬叔以富丧矣，而又弗改。吾惧其将有后患也。」敬叔闻之，骤如孔氏，而后循礼施散焉。

孔子在齐，齐大旱，春饥。景公问于孔子曰：「如之何？」孔子曰：「凶年则乘驽马，力役不兴，驰道不修，祈以币玉，祭祀不悬，祀以下牲。此贤君自贬以救民之礼也。」

孔子适季氏，康子昼居内寝。孔子问其所疾，康子出见之。言终，孔子退。子贡问曰：「季孙不疾，而问诸疾，礼与」孔子曰：「夫礼，君子不有大故，则不宿于外；非致齐也，非疾也，则不昼处于内。是故夜居外，虽吊之可也；昼居于内，虽问其疾可也。」

孔子为大司寇，国厩焚。子退朝而之火所，乡人有自为火来者，则拜之，士一，大夫再。子贡曰：「敢问何也？」孔子曰：「其来者，亦相吊之道也。吾为有司，故拜之。」

子贡问曰：「管仲失于奢，晏子失于俭。与其俱失矣，二者孰贤」孔子曰：「管仲镂簋而朱纮，旅树而反坫，山节藻棁。贤大夫也，而难为上。晏平仲祀其先祖，而豚肩不揜豆，一狐裘三十年。贤大夫也，而难为下。君子上不僭下，下不逼上。」

冉求曰：「昔文仲知鲁国之政，立言垂法，于今不亡，可谓知礼矣。」孔子曰：「昔臧文仲安知礼夏父弗綦逆祀而不止，燔柴于灶以祀焉。夫灶者，老妇之所祭，盛于瓮，尊于瓶，非所柴也。故曰礼也者，由体也。体不备，谓之不成人。设之不当，犹不备也。」

子路问于孔子曰：「臧武仲率师与邾人战于狐鲐，遇败焉，师人多丧而无罚，古之道然与」孔子曰：「凡谋人之军师，败则死之；谋人之国邑，危则亡之，古之正也。其君在焉者，有诏则无讨。」

晋将伐宋，使人觇之。宋阳门之介夫死，司城子罕哭之哀。觇之反，言于晋侯曰：「阳门之介夫死，而子罕哭之哀，民咸悦。宋殆未可伐也。」

孔子闻之曰：「善哉觇国乎！《诗》云：『凡民有丧，匍匐救之。』子罕有焉。虽非晋国，其天下孰能当之是以周任有言曰：『民悦其爱者，弗可敌也。』」

楚伐吴，工尹商阳与陈弃疾追吴师。及之，弃疾曰：「王事也，子手弓而可。」商阳手弓。弃疾曰：「子射诸！」射之。

毙一人，韔其弓。又及，弃疾谓之。又及，弃疾复谓之。毙二人，每毙一人，辄掩其目。止其御，曰：「吾朝不坐，燕不与，杀三人亦足以反命矣。」

孔子闻之曰：「杀人之中，又有礼焉。」子路怫然进曰：「人臣之节，当君大事，唯力所及，死而后已。夫子何善此」子曰：「然，如汝言也。吾取其有不忍杀人之心而已。」

孔子在卫，司徒敬子卒，夫子吊焉。主人不哀，夫子哭不尽声而退。蘧伯玉请曰：「卫鄙俗，不习丧礼。烦吾子辱相焉。」孔子许之。掘中霤而浴，毁灶而缀足，袭于床。及葬，毁宗而躐行也，出于大门。及墓，男子西面，妇人东面，既封而归。殷道也，孔子行之。子游问曰：「君子行礼，不求变俗，夫子变之矣。」孔子曰：「非此之谓也。丧事则从其质而已矣。」

宣公八年六月辛巳，有事于太庙，而东门襄仲卒。壬午犹绎。子游见其故，以问孔子曰：「礼与」孔子曰：「非礼也，卿卒不绎。」

季桓子丧，康子练而无衰。子游问于孔子曰：「既服练服，可以除衰乎？」孔子曰：「无衰衣者不以见宾，何以除焉」邾人以同母异父之昆弟死，将为之服，因颜克而问礼于孔子。子曰：「继父同居者，则异父昆弟从为之服；不同居，继父且犹不服，况其子乎？」

齐师侵鲁，公叔务人遇人入保，负杖而息。务人泣曰：「使之虽病，任之虽重，君子弗能谋，士弗能死，不可也。我则既言之矣，敢不勉乎？」与其邻嬖童汪锜乘往奔敌，死焉，皆殡。鲁人欲勿殇童汪锜，问于孔子。子曰：「能执干戈以卫社稷，可无殇乎。」

鲁昭公夫人吴孟子卒，不赴于诸侯。孔子既致仕，而往吊焉。适于季氏，季氏不绖，孔子投绖而不拜。子游问曰：「礼与」孔子曰：「主人未成服，则吊者不绖焉，礼也。」

公父穆伯之丧，敬姜昼哭；文伯之丧，昼夜哭。孔子曰：「季氏之妇可谓知礼矣！爱而无私，上下有章。」

南宫縚之妻，孔子兄之女。丧其姑，而诲之髽，曰：「尔毋从从尔，毋扈扈尔。盖榛以为笄，长尺，而总八寸。」

子张有父之丧，公明仪相焉。问启颡于孔子，孔子曰：「拜而后启颡，颓乎其顺；启颡而后拜，欣乎其至也。三年之丧，吾从其至也。」

孔子在卫，卫之人有送葬者，而夫子观之，曰：「善哉，为葬乎！足以为法也。小子识之！」子贡问曰：「夫子何善尔」

曰：「其往也如慕，其返也如疑。」子贡曰：「岂若速返而虞哉？」子曰：「此情之至者也。小子识之！我未之能也。」

卞人有母死而孺子之泣者，孔子曰：「哀则哀矣，而难继也。夫礼，为可传也，为可继也。故哭踊有节，而变除有期。」

孟献子禫，悬而不乐，可御而处内。子游问于孔子曰：「若是则过礼也？」孔子曰：「献子可谓加于人一等矣。」

鲁人有朝祥而暮歌者，子路笑之。孔子曰：「由！尔责于人终无已。夫三年之丧，亦以久矣。」子路出，孔子曰：「又多乎哉，逾月则其善也。」

子路问于孔子曰：「伤哉贫也！生而无以供养，死则无以为礼也。」孔子曰：「啜菽饮水，尽其欢心，斯谓之孝乎。敛手足形，旋葬而无椁，称其财，为之礼。贫何伤乎？」

吴延陵季子聘于上国，适齐。于其返也，其长子死于嬴、博之间。孔子闻之，曰：「延陵季子，吴之习于礼者也。」往而观其葬焉。其敛以时服而已；其圹掩坎，深不至于泉；其葬无盟器之赠。既葬，其封广轮掩坎，其高可时隐也。既封，则季子乃左袒，右还其封，且号之者三，曰：「骨肉归于土，命也。若魂气则无所不之，则无所不亡。」而遂行。孔子曰：「延陵季子之礼，其合矣。」

子游问丧之具，孔子曰：「称家之有亡焉。」子游曰：「有亡恶于齐」孔子曰：「有也，则无过礼。苟亡矣，则敛手足形，还葬，悬棺而封。人岂有非之者哉故夫丧亡，与其哀不足而礼有余，不若礼不足而哀有余也；祭祀，与其敬不足而礼有余，不若礼不足而敬有余也。」

伯高死于卫，赴于孔子。子曰：「吾恶乎哭诸兄弟，吾哭诸庙；父之友，吾哭诸庙门之外；师，吾哭诸寝；朋友，吾哭之寝门之外；所知，吾哭之诸野。今于野则已疏，于寝则已重。夫由赐也而见我，吾哭诸赐氏。」遂命子贡为之主，曰：「为尔哭也来者，汝拜之；知伯高而来者，汝勿拜。」既哭，使子张往吊焉。未至，冉求在卫，摄束帛、乘马而以将之。孔子闻之，曰：「异哉！徒使我不成礼于伯高者，是冉求也。」

子路有姊之丧，可以除之矣，而弗除。孔子曰：「何不除也？」子路曰：「吾寡兄弟，而弗忍也。」孔子曰：「行道之人皆弗忍。先王制礼，过之者俯而就之，不至者企而及之。」子路闻之，遂除之。

伯鱼之丧母也，期而犹哭。夫子闻之曰：「谁也？」门人曰：「鲤也。」孔子曰：「嘻！其甚也，非礼也。」伯鱼闻之遂除之。

卫公使其大夫求婚于季氏，桓子问礼于孔子。子曰：「同姓为宗，有合族之义，故系之以姓而弗别，缀之以食而弗殊。

虽百世，婚姻不得通，周道然也。」桓子曰：「鲁、卫之先，虽寡兄弟，今已绝远矣。可乎？」孔子曰：「固非礼也。夫上治祖祢，以尊尊之；下治子孙，以亲亲之；旁治昆弟，所以教睦也。此先王不易之教也。」

有若问于孔子曰：「国君之于百姓，如之何？」孔子曰：「皆有宗道焉。故虽国君之尊，犹百姓不废其亲，所以崇爱也。虽以族人之亲，而不敢戚君，所以谦也。」

曲礼子夏问第四十三

子夏问于孔子曰：「居父母之仇如之何？」孔子曰：「寝苫枕干不仕，弗与共天下也。遇于朝市，不返兵而斗。」曰：「请问居昆弟之仇如之何？」孔子曰：「仕弗与同国，衔君命而使，虽遇之不斗。」曰：「请问从昆弟之仇如之何？」曰：「不为魁，主人能报之，则执兵而陪其后。」

子夏问：「三年之丧既卒哭，金革之事无避，礼与初有司为之乎？」孔子曰：「夏后氏之丧三年，既殡而致仕，殷人既葬而致事，周人既卒哭而致事。记曰：君子不夺人之亲，亦不夺故也。」子夏曰：「金革之事无避，非与」孔子曰：「吾闻诸老聃曰：鲁公伯禽，有为为之也。今以三年之丧从利者，吾弗知也。」

子夏问于孔子曰：「记云周公相成王，教之以世子之礼。有诸」孔子曰：「昔者成王嗣立，幼，未能莅阼。周公摄政而治，抗世子之法于伯禽，欲王之知父子、君臣之道，所以善成王也。夫知为人子者，然后可以为人父；知为人臣者，然后可以为人君；知事人者，然后可以使人。是故抗世子法于伯禽，使成王知父子、君臣、长幼之义焉。凡君之于世子，亲则父也，尊则君也。有父之亲，有君之尊，然后兼天下而有之，不可不慎也。行一物而三善皆得，唯世子齿于学之谓也。世子齿于学，则国人观之，曰：『此将君我，而与我齿让，何也』曰：『有父在，则礼然。』然而众知父子之道矣。其二曰：『此将君我，而与我齿让，何也？』曰：『有臣在，则礼然。』然而众知君臣之义矣。其三曰：『此将君我，而与我齿让，何也』曰：『长长也，则礼然。』然而众知长幼之节矣。故父在斯为子，君在斯为臣。居子与臣之位，所以尊君而亲亲也。在学，学之为父子焉，学之为君臣焉，学之为长幼焉。父子、君臣、长幼之道得，而后国治。语曰：『乐正司业，父师司成。一有元良，万国以贞。』世子之谓也。闻之曰为人臣者，杀其身而益于君，则为之。况于其以善其君乎周公优为也。」

子夏问于孔子曰：「居君之母与妻之丧，如之何？」孔子曰：「居处、言语、饮食衎尔，于丧所则称其服而已。」「敢问伯母之丧如之何？」孔子曰：「伯母、叔母疏衰期，而踊不绝地；姑姊妹之大功，踊绝于地。若知此者，由文矣哉！」

子夏问于夫子曰：「凡丧，小功以上，虞、祔、练、祥之祭，皆沐浴。于三年之丧，子则尽其情矣。」孔子曰：「岂徒祭而已哉！三年之丧，身有疡则浴，首有疮则沐，病则饮酒食肉。毁瘠而病，君子不为也。毁则死者，君子为之无子。则祭之沐浴，为齐洁也，非为饰也。」

子夏问于孔子曰：「客至无所舍，而夫子曰：『生于我乎馆。』客死无所殡矣，夫子曰：『于我乎殡。』敢问礼与仁者之心与」孔子曰：「吾闻诸老聃曰：『馆人，使若有之，恶有之而不得殡乎』夫仁者，制礼者也，故礼者不可不省也。礼不同不异，不丰不杀，称其义以为之宜。故曰：『我战将克，祭则受福』，盖得其道矣。」

孔子食于季氏，食祭，主人不辞。不食亦不饮而飡。子夏问曰：「礼也？」孔子曰：「非礼也，从主人也。吾食于少施氏而饱，少施氏食我以礼。吾食祭，作而辞曰：『疏食，不足祭也。』吾飡，而作辞曰：『疏食，不敢以伤吾子之性。』主人不以礼，客不敢尽礼；主人尽礼，则客不敢不尽礼也。」

子夏问曰：「官于大夫，既升于公，而反为之服，礼与」孔子曰：「管仲遇盗，取二人焉，上为之公臣，曰：『所以游僻者，可人也。』公许，管仲卒，桓公使为之。官于大夫者为之服，自管仲始也，有君命焉！」

子贡问居父母丧。孔子曰：「敬为上，哀次之，瘠为下。颜色称情，戚容称服。」曰：「请问居兄弟之丧。」孔子曰：「则存乎书策已。」

子贡问于孔子曰：「殷人既定而吊于圹，周人反哭而吊于家，如之何？」孔子曰：「反哭之吊也，丧之至也，反而亡矣，失之矣。于斯为甚，故吊之，死，人卒事也。殷以悫。吾从周。殷人既练之明日而祔于祖，周人既卒哭之明日祔于祖。祔，祭神之始事也。周以戚。吾从殷。」

子贡问曰：「闻诸晏子，少连、大连善居丧，其有异称乎？」孔子曰：「父母之丧，三日不怠，三月不解，期悲哀，三年忧。东夷之子，达于礼者也。」

子游问曰：「诸侯之世子，丧慈母如母，礼与」孔子曰：「非礼也。古者男子外有傅父，内有慈母，君命所使教子者也。何服之有昔鲁孝公少丧其母，其慈母良。及其死也，公弗忍，欲丧之。有司曰：『礼，国君慈母无服。今也君为之服，是逆古之礼而乱国法也。若终行之，则有司将书之，以示后世。无乃不可乎』公曰：『古者天子丧慈母，练冠以燕居。』遂练以丧慈母。丧慈母如母，始则鲁孝公之为也。」

孔子适卫，遇旧馆人之丧，入而哭之哀。出，使子贡脱骖以赠之。子贡曰：「所于识之丧，不能有所赠。赠于旧馆，不已多乎？」孔子曰：「吾向入哭之，遇一哀而出涕。吾恶夫涕而无以将之。小子行焉！」

子路问于孔子曰：「鲁大夫练而杖，礼也？」孔子曰：「吾不知也。」子路出，谓子贡曰：「吾以为夫子无所不知，夫子亦徒有所不知也。」子贡曰：「子所问，何哉？」子路曰：「由问：『鲁大夫练而杖，礼与？』夫子曰：『吾不知也。』」子贡曰：「止，吾将为子问之。」遂趋而进，曰：「练而杖，礼与」孔子曰：「非礼也。」子贡出，谓子路曰：「子谓夫子而弗知之乎夫子徒无所不知也。子问非也。礼，居是邦，则不非其大夫。」

叔孙武叔之母死，既小敛，举尸者出户。武叔从之出户，乃袒，投其冠而括发。子路叹之。孔子曰：「是礼也。」子路问曰：「将小敛，则变服。今乃出户，而夫子以为知礼，何也？」孔子曰：「由！汝问非也。君子不举人以质士。」

齐晏桓子卒，平仲粗衰斩，苴绖带，杖，以菅屦，食粥，居倚庐，寝苫枕草。其老曰：「非大夫丧父之礼也。」晏子曰：「唯卿大夫。」曾子以问孔子。孔子曰：「晏平仲可谓能远害矣。不以己之是驳人之非，逊辞以避咎，义也夫！」

季平子卒，将以君之玙璠敛，赠以珠玉。孔子初为中都宰，闻之，历级而救焉，曰：「送而以宝玉，是犹曝尸于中原也，其示民以奸利之端，而有害于死者，安用之且孝子不顺情以危亲，忠臣不兆奸以陷君。」乃止。

孔子之弟子琴张，与宗鲁友。卫齐豹见宗鲁于公子孟絷，孟絷以为参乘焉。及齐豹将杀孟絷，告宗鲁使行。宗鲁曰：「吾由子而事之，今闻难而逃，是僭子也。子行事乎，吾将死以周事子，而归死于公孟，可也。」齐氏用戈击公孟，宗以背蔽之，断肱，中公孟、宗鲁，皆死。琴张闻宗鲁死，将往吊之。孔子曰：「齐豹之盗，孟絷之贼也，汝何吊焉君子不食奸，不受乱，不为利病于回，不以回事人，不盖非义，不犯非礼。汝何吊焉」琴张乃止。

郕人子蒲卒，哭之，呼灭。子游曰：「若是哭也，其野哉！孔子恶野哭者。」哭者闻之，遂改之。

公父文伯卒，其妻妾皆行哭失声。敬姜戒之曰：「吾闻好外者，士死之；好内者，女死之。今吾子早夭，吾恶其以好内闻也。二三妇人之欲供先祀者，请无瘠色，无挥涕，无拊膺，无哀容，无加服，有降服，从礼而静，是昭吾子也。」孔子闻之曰：「女智无若妇，男智莫若夫。公父氏之妇，智矣！剖情损礼，欲以明其子为令德也。」

子路与子羔仕于卫，卫有蒯聩之难。孔子在鲁闻之，曰：「柴也其来，由也死矣。」既而卫使至，曰：「子路死焉。」夫子哭之于中庭。有人吊者，而夫子拜之。已哭，进使者而问故，使者曰：「醢之矣。」遂令左右皆覆醢，曰：「吾何忍食此！」

季桓子死，鲁大夫朝服而吊。子游问于孔子曰：「礼乎？」夫子不答。他日，又问。子曰：「始死则矣。羔裘、玄冠者，易之而已，女何疑焉」

孔子有母之丧，既练，阳虎吊焉。私于孔子曰：「今季氏将大飨境内之士，子闻诸」孔子答曰：「丘弗闻也。若闻之，虽在衰绖，亦欲与往。」阳虎曰：「子谓不然乎季氏飨士，不及子也。」阳虎出，曾点问曰：「之何谓也？」孔子曰：「已则衰服，犹应其言，示所以不非也。」

颜回死，鲁定公吊焉，使人访于孔子。孔子对曰：「凡在封内，皆臣子也。礼，君吊其臣，升自东阶，向尸而哭，其恩赐之施，不有竿也。」

原思言于曾子曰：「夏后氏之送葬也，用盟器，示民无知也；殷人用祭器，示民有知也；周人兼而用之，示民疑也。」曾子曰：「其不然矣！夫以盟器，鬼器也；祭器，人器也。古之人胡为而死其亲也？」子游问于孔子，子曰：「之死而致死乎，不仁，不可为也；之死而致生乎，不智，不可为也。凡为盟器者，知丧道也，备物而不可用也。是故竹不成用，而瓦不膝，琴瑟张而不平，笙竽备而不和，有钟磬而无簨虡。其曰盟器，神明之也。哀哉！死者而用生者之器，不殆于用殉也？」

子罕问于孔子曰：「始死之设重，何为」孔子曰：「重，主道也。殷主缀重焉，周人彻重焉。」「请问丧朝。」子曰：「丧之朝也，顺死者之孝心，故至于祖考庙而后行。殷朝而后殡于祖，周朝而后遂葬。」

孔子之守狗死，谓子贡曰：「路马死，则藏之以帷，狗则藏之以盖。汝往埋之。吾闻弊帏不弃，为埋马也；弊盖不弃，为埋狗也。今吾贫无盖。于其封也，与之席，无使其首陷于土也。」

曲礼公西赤问第四十四

公西赤问于孔子曰：「大夫以罪免卒，其葬也如之何？」孔子曰：「大夫废其事，终身不仕，死则葬之以士礼。老而致仕者，死则从其列。」

公仪仲子嫡子死，而立其弟。檀弓问子服伯子曰：「何居我未之前闻也。」子服伯子曰：「仲子亦犹行古人之道。昔者文王舍伯邑考而立武王，微子舍其孙腯，立其弟衍。」子游以闻诸孔子。子曰：「否，周制立孙。」

孔子之母既丧，将合葬焉。曰：「古者不祔葬，为不忍先死者之复见也。《诗》云：『死则同穴。』自周公已来祔葬矣。故卫人之祔也，离之，有以闻焉。鲁人之祔也，合之，美夫！吾从鲁。」遂合葬于防。曰：「吾闻之，古墓而不坟。今丘也，东西南北之人，不可以弗识也。吾见封之若堂者矣，又见若坊者矣，又见履夏屋者矣，又见若斧形者矣。吾从斧者焉。」于是封之，崇四尺。

孔子先反虞，门人后，雨甚至，墓崩，修之而归。孔子问焉，曰：「尔来何迟？」对曰：「防墓崩。」孔子不应。三云，孔子泫然而流涕曰：「吾闻之，古不修墓。」及二十五月而大祥，五日而弹琴不成声，十日过禫而成笙歌。

子游问于孔子曰：「葬者涂车刍灵，自古有之。然今人或有偶，是无益于丧。」孔子曰：「为刍灵者善矣。为偶者不仁，不殆于用人乎？」

颜渊之丧，既祥，颜路馈祥肉于孔子。孔子自出而受之。入，弹琴以散情，而后乃食之。

孔子尝，奉荐而进，其亲也悫，其行也趋趋以数。已祭，子贡问曰：「夫子之言祭也，济济漆漆焉。今夫子之祭，无济济漆漆，何也？」孔子曰：「济济者，容也远也；漆漆者，自反。容以远若容以自反，何神明之及交必如此，则何济济漆漆之有反馈乐成，进则燕俎，序其礼乐，备其百官，于是君子致其济济漆漆焉。夫言岂一端而已哉亦各有所当也。」

子路为季氏宰。季氏祭，逮昏而奠，终日不足，继以烛。虽有强力之容，肃敬之心，皆倦怠矣。有司跛倚以临，其为不敬也大矣。他日，子路与焉。室事交于户，堂事当于阶。质明而始行事，晏朝而彻。孔子闻之，曰：「以此观之，孰谓由也而不知礼」